国家社科基金西部项目"新中国成立以来川渝地区城乡关系演变研究"(项目编号:12xzs016)

新中国成立以来川渝地区城乡关系演变研究

Study on the Evolution of Urban-rural Relations in Sichuan-Chongqing Region since the Founding of New China

李益彬 著

中国社会科学出版社

图书在版编目（CIP）数据

新中国成立以来川渝地区城乡关系演变研究/李益彬著.—北京：中国社会科学出版社，2021.12
ISBN 978 - 7 - 5203 - 9447 - 5

Ⅰ.①新… Ⅱ.①李… Ⅲ.①城乡关系—研究—四川 ②城乡关系—研究—重庆 Ⅳ.①F299.277.1 ②F299.277.19

中国版本图书馆 CIP 数据核字（2021）第 267372 号

出 版 人	赵剑英
责任编辑	刘晓红
责任校对	周晓东
责任印制	戴　宽
出　　版	中国社会科学出版社
社　　址	北京鼓楼西大街甲 158 号
邮　　编	100720
网　　址	http：//www.csspw.cn
发 行 部	010 - 84083685
门 市 部	010 - 84029450
经　　销	新华书店及其他书店
印　　刷	北京君升印刷有限公司
装　　订	廊坊市广阳区广增装订厂
版　　次	2021 年 12 月第 1 版
印　　次	2021 年 12 月第 1 次印刷
开　　本	710×1000　1/16
印　　张	20
插　　页	2
字　　数	318 千字
定　　价	108.00 元

凡购买中国社会科学出版社图书，如有质量问题请与本社营销中心联系调换
电话：010 - 84083683
版权所有　侵权必究

序

城市，既是现代社会经济、政治和文化发展的中心舞台，也是人类文明进步的标志；乡村既是孕育城市的母腹，也是人类温饱和情怀的源泉。城市对乡村具有控制、调节、带动和服务等多重功能；乡村对城市发展则具有最基本的支撑和哺育功能。城市作为与乡村完全不同的一个地域经济实体，从其产生之日起就面临着与乡村的关系问题。城乡关系，就是指城市和乡村之间相互作用、相互影响、相互制约的普遍联系与互动关系，是一定社会条件下政治关系、经济关系、社会关系、文化关系等诸多因素在城市和乡村之间的集中反映，因而也是国民经济社会关系中最重要的关系之一，其中，经济关系为城乡关系的核心。

20世纪以来，城市发展日新月异，城市化成为世界各国现代化发展的必由之路。随着城市化的推进，迅速扩大的城乡差距问题引起学者广泛关注。城市与乡村间关系的重构与城乡关系发展、演变的研究日益受到学者重视。自20世纪80年代起，中国从城市史、经济史角度研究城乡关系的成果陆续出现。

四川大学城市研究所是国内最早研究中国城市史的全国重要学术研究机构之一，至今已先后承担国家重大、重点和一般项目数十项，培养硕士、博士400余名，奉献了一批颇有影响的中国城市史研究学术成果。本书作者李益彬教授是四川大学城市研究所较早时期毕业的众多优秀学子之一，现为内江师范学院副校长。在其长期的教学科研工作中，一直延续着四川大学城市研究所的文脉，默默耕耘在当代城市发展研究领域，并在新中国成立以来川渝地区的城市发展研究中逐步形成了其自身的研究特色。

本书是李益彬教授主持的国家社会科学基金项目"新中国成立以来川渝地区城乡关系演变研究"的最终成果。全书以马克思主义理论为指导，以历史学、经济学研究方法为基本研究方法，以发展经济学的二元理论、社会学的城乡关系理论为主要理论基础，以新中国成立以来川渝地区近70年（1949—2016）的城乡关系发展演变为基本历史事实，展开区域城乡关系研究，从"恢复与重建""体制内演化""调适与更新""分化与重组""探索与创新"五个阶段，分别考察了川渝地区半个多世纪城乡关系发展、演变过程中的共性与个性特征及其对川渝城乡发展的影响。通过对不同历史阶段城乡关系变化的特征归纳与总结，对其规律特征和导致规律发生的成因进行了探讨，从而不仅深化了当代中国城乡关系研究，对该研究领域的发展起到了重要的促进作用，而且也在一定程度上为当代发展经济学、社会学、城市学、乡村学和政治学的研究提供了可资借鉴的样本，对正确认识中国道路、中国制度有所裨益。作者在综合总结新中国成立70年来川渝地区城乡关系发展演变的主要规律和内在特征的基础上，还就当前推进新型城市化和乡村振兴战略，构筑具有中国特色的新型城市化道路和乡村振兴路径提出了具有创见性的观点和对策建议。

这是一部颇具创新性和开拓性的研究成果。20世纪中叶以来，随着新中国成立，城乡关系发生了根本性变化，对新中国的发展产生了重要影响。目前关于新中国城乡关系的研究较多，但是由于中国地域广阔，区域差异巨大，因此不同区域的城乡关系变化除了共性之外，还表现出较多的差异性，而学术界对于区域城乡关系的变化研究较为薄弱。本书以川渝地区城乡关系的变化为个案，从城市史、经济史、社会史的视角，长时段、系统地研究了新中国成立以来川渝地区城乡关系的演变过程与特点，从而使该地区城乡关系研究薄弱的状况得到改变，因而极具创新性和开拓性。全书框架合理，语言流畅，条理清晰，逻辑严密，引证规范，引用资料、观点来源清楚。

任何一部专著都不可能解决全部问题，本书亦然。李益彬教授没有停下研究的脚步，就在本书付梓之际，她申报的"新中国成立以来川渝地区城市与区域发展研究"再获2020年国家社科基金立项支持。

"宝剑锋从磨砺出,梅花香自苦寒来",作为她的导师,我为有这样勤勉的弟子而感到欣慰。期待李益彬教授有更多的研究成果奉献给读者。

何一民

四川大学城市研究所所长、
二级教授、博士生导师
2020 年 12 月 25 日

目 录

第一章 绪论 ………………………………………………………… 1

第一节 选题的缘起与研究意义 ……………………………… 1
第二节 国内外研究现状述评 ………………………………… 5
第三节 基本思路、主要内容及研究方法 …………………… 14
第四节 研究的重点难点 ……………………………………… 16
第五节 基本观点及创新之处 ………………………………… 17

第二章 恢复与重建：新中国成立初期川渝地区城乡关系的重构 ………………………………………………………… 19

第一节 历史回顾：近代川渝地区城乡关系的变迁 ………… 20
第二节 川渝地区城乡关系的全面恢复与再造 ……………… 28
第三节 "一五"时期川渝地区的城乡关系 ………………… 47
第四节 新型城乡关系对川渝城市发展的影响 ……………… 64

第三章 共性与个性：计划经济时期川渝地区城乡关系的体制内演化 ………………………………………………… 67

第一节 川渝地区城乡关系的演变与波折 …………………… 68
第二节 川渝地区城乡关系的动荡与发展 …………………… 94
第三节 城乡二元结构对川渝地区城乡发展的影响 ………… 121

1

第四章 调适与更新：改革开放以后川渝地区城乡关系的
　　　　结构性变化……………………………………………… 137
　　第一节 城乡体制改革与川渝地区城乡关系的变化………… 137
　　第二节 市场化改革与川渝地区城乡关系的转变…………… 159
　　第三节 党的十四大之后川渝地区城乡关系的变化………… 183

第五章 分化与重组：1997年以后川渝地区城乡关系的
　　　　多元化发展……………………………………………… 202
　　第一节 1997—2003年的四川：城乡关系的失衡 ………… 203
　　第二节 1997—2003年的重庆：城乡关系的新特点 ……… 215
　　第三节 本阶段川渝地区城乡关系的特点…………………… 229

第六章 探索与创新：2004年以后川渝地区城乡关系的新变迁 … 231
　　第一节 城乡关系的新纪元：国家层面的重大政策转变
　　　　　　——扭转城市偏向，实施"反哺"政策 ………… 232
　　第二节 四川省统筹城乡发展的探索与经验………………… 233
　　第三节 重庆统筹城乡发展的探索与实践…………………… 259
　　第四节 川渝城乡统筹与城乡一体化互动分析……………… 275

第七章 结语………………………………………………………… 280

参考文献…………………………………………………………… 286

后　记……………………………………………………………… 310

第一章

绪 论

第一节 选题的缘起与研究意义

一 选题的缘起

城市,既是现代社会经济、政治和文化发展的中心舞台,也是当今世界各国创造文明和集聚财富的最主要地域。[①] 乡村,既是融入人类血脉的一份独特记忆,也是沁入游子心灵的一抹情感归依。城市的胚胎构造于乡村之中,城市和乡村共同构成人类社会密不可分的两个组成部分。城市是人类文明进步的标志,乡村是孕育城市的母腹,是人类温饱和情怀的源泉;城市对乡村具有控制、调节、带动和服务等多重功能;乡村对城市发展则具有最基本的支撑和哺育功能。

城乡关系,是指城市和乡村之间相互作用、相互影响、相互制约的普遍联系与互动关系,是一定社会条件下政治关系、经济关系、社会关系、文化关系等诸多因素在城市和乡村之间的集中反映,其中,经济关系为城乡关系诸方面的核心与关键。[②] 城市与乡村、工业和农业是国民经济社会不可分割的两个部分,相互联系、相互依赖,互为资源,互为市场。

城乡关系是社会生产力发展和社会大分工的产物,自城市产生后,

[①] 李益彬:《启动与发展——新中国成立初期城市规划事业研究》,西南交通大学出版社2007年版,第9页。

[②] 蔡云辉:《城乡关系与近代中国的城市化问题》,《西南师范大学学报》(人文社会科学版)2003年第5期。

城乡关系便随之而产生。产业革命以前，城市与乡村的经济性质并未彻底改变；机器大工业的产生，撕裂了"农业和工场手工业的原始的家庭纽带"①，才出现严重的城乡二元分化。从历史上看，各国在工业革命初期都经历了城乡关系失衡的非良性互动状态。不过，发达国家由于城市化水平较高，城市化过程较长，消化了一部分流入城市的农村人口，使城乡对立的矛盾得到缓解。而在广大发展中国家，一边是现代化的大城市，另一边却是贫困、落后、分散的广大乡村；原有城市缺乏对农村人口的吸收能力，新城市缺乏发展壮大的动力，加之政府"城市偏向"与城市居民的"乡村歧视"②，城乡二元结构十分突出。

城市作为与乡村完全不同的一个地域经济实体，从其产生之日起就面临着与乡村的关系问题。这使城乡关系成为国民经济社会关系中最重要的关系之一。20世纪50年代以来，中国建构了一个世上独一无二的城乡二元体制。这一制度对当代中国现代化建设的影响之大，怎么估计也不为过。③虽然经历40多年改革开放的发展，城乡二元结构的坚冰早已打破，但包括川渝地区在内的中国广大西部地区，城乡差异还十分明显，城乡之间发展不平衡、不协调的问题依然十分突出。在中国这样一个人口众多、经济社会发展极不充分、极不平衡的大国，如何处理好城乡关系特别是城乡经济关系，始终关系到两个一百年计划能否顺利实现和社会主义优越性能否充分体现这两个根本问题。

川渝地区是中国经济第四增长极，是西部经济发展龙头。由于历史原因，川渝地区原本一家，今日亦在经济社会各个方面存有千丝万缕的联系，成渝经济区和成渝城市群发展战略，让我们无法将二者割离开来。川渝地区城乡关系的协调发展决定了西部何时在何种程度上实现城乡协调和城乡一体；基于川渝地区的城乡关系研究可以为川渝及西部解决"三农"问题，实现城乡经济社会协调发展和乡村振兴提供政策启示。因此，总结川渝地区70年来城乡关系的发展演变及其历史经验教

---

① ［德］卡尔·马克思：《马克思恩格斯全集》（第46卷）（上），中共中央马克思恩格斯列宁斯大林著作编译局译，人民出版社1979年版，第480页。
② 李泉：《中外城乡关系问题研究综述》，《甘肃社会科学》2005年第4期。
③ 王春光：《超越城乡：资源、机会一体化配置》，社会科学文献出版社2016年版，第8页。

训，对于川渝地区、中国西部乃至全国城乡关系的发展建设、对于贯彻落实习近平新时代中国特色社会主义思想、建设繁荣富强美丽和谐中国都是非常有益的。

新中国成立以来川渝地区的城乡关系演变难以完全不同于全国其他地区，但是这并不意味着川渝没有自己的特殊性，忽视自己的特殊性，如同片面强调自己的特殊性一样，都难以看清楚城乡关系的本质以及演进规律。要想更深刻地理解新中国成立以来特别是川渝地区城乡关系的发展演进，"我们必须掠过历史的天际线去考察那些依稀可辨的踪迹"[①]。只有从历史的发展、变迁角度出发对川渝地区城市与乡村的关系及其在城市与乡村发展中的作用、影响进行长时间段考察，才能全面把握川渝地区城乡关系演变的历程、特点及其对川渝地区城市、乡村以及城市化发展的影响；才能站在中外和历史的高度去思考川渝地区城乡统筹协调发展中的重大问题，为实现川渝地区城乡统筹发展和当下的乡村振兴、城乡一体提供更为全面清楚的历史启迪和发展智慧。这便是本书选题的缘起所在。

二 研究意义

1949年中华人民共和国的成立，标志着新民主主义革命在中国的胜利。新中国的诞生，意味着旧中国的消亡，从城乡关系来说，也标志着旧中国"城乡对立""城市剥削乡村"关系的结束，以及新民主主义革命时期"农村包围城市"使命的完成。"城乡互助"作为国家基本经济纲领被载入具有临时宪法地位的《共同纲领》。

从1949年以来的70年间，就全国而言，城乡关系大致经历了三个阶段的演变。一是新中国成立后至改革开放前（1949—1977年），在优先发展重工业战略和快速推进工业化进程中，逐步建立起来的农业支持工业、农村支持城市和城乡分隔的"二元经济"体制下的城乡关系。[②] 二是改革开放以后至党的十六大（1978—2002年），城乡关系进入以对农村"放权让利"为特征的乡村推动城市发展阶段。三是党的十

---

① ［美］刘易斯·芒福德：《城市发展史——起源、演变和前景》，倪文彦、宋峻岭译，中国建筑工业出版社1989年版，第1页。

② 武力：《论改革开放以来中国城乡关系的两次转变》，《教学与研究》2008年第10期。

六大以后（2003年至今），城乡关系进入以"反哺"为特征的统筹城乡发展、城乡一体化发展阶段。党的十六大以后，中央出台了一系列统筹城乡发展的政策措施，如社会主义新农村建设、美丽新村建设、新型城镇化、城乡一体化等，及至党的十九大更进一步提出了乡村振兴战略。

但中国地域广阔，各地区地理、经济、历史、资源等差异甚大，因此在城乡关系上表现出较多差异，不仅东、中、西三大区域之间有较大不同，就是同一大区内，不同省域之间差异也十分明显。

针对目前相关学术研究的薄弱环节，本书以川渝地区为个案展开区域城乡关系研究，具有较强的理论意义与现实意义。

首先，有助于深入认识中国现代化进程中城乡关系的历史演变。本书将从城市史的角度出发，综合考察新中国成立以来川、渝地区城乡关系的发展、演变过程，这种长时间段的研究不仅可以发现不同历史阶段该地区城乡关系发展的阶段特征，更可以揭示其城乡关系演变的作用力、原因及发展规律所在。

其次，有助于深入认识新中国成立以来中国城乡关系发展、演变的共性和不同地区的地域差异，及其对城乡发展的影响。本书以川、渝地区为重点，通过爬梳、综合、比较等方法，不仅探讨新中国成立以来推动中国城乡关系发展、演变的共同原因，且将更进一步探讨作为内地的川渝地区因其独特的地理环境、资源禀赋、经济发展基础以及历史上已形成的区域关系等多种因素共同作用下的城乡关系演变的地域特征、时代特征及其对城乡发展的影响。

最后，可以为当前推进新型城市化进程和乡村振兴战略、构筑具有中国特色的城市化道路提供有益的历史启示。川渝两地历史同脉、文化同源、经济同体，2007年6月，成渝地区又率先被确立为"全国统筹城乡综合配套改革试验区"，因此，通过本书的研究，不仅能够更好地认识四川、重庆两地城乡关系演变的历史过程，而且也可更好地认识其对区域城乡发展的影响，从而为当前推进新型城市化进程和乡村振兴战略、构筑具有中国特色的城市化道路提供有益的历史启示和借鉴。

第二节　国内外研究现状述评

城市和乡村是人类社会分工发展的产物，城乡关系是因城乡之间的人口、商品等要素流动而形成的一种经济、社会关系，涉及范围广泛，是国家现代化进程中的基本关系，两者的良性互动有利于整个国家和地区经济社会的健康发展。一直以来，城乡关系备受社会各界的高度重视，城乡关系既是社会学、经济学的研究重点，也是人类学、历史学研究的重要对象，形成了大量的研究成果，对其理论研究的基本脉络进行梳理，将有利于深化人们对城乡关系的重要性的认识。

一　国外城乡关系相关理论研究成果梳理

城乡关系的产生始于城市和乡村两种空间组织形态的产生和分工。机器大工业的产生推动了城市与乡村经济性质的彻底改变，并激发了城乡二元分化问题。[①] 城乡关系可以细分为和谐和失衡两种基本形态，城乡关系失衡并非某个国家独有的问题。纵观世界各国经济社会发展历史，城乡二元分化和城乡关系失衡是一个国家工业化和城市化初期的基本特征。在城市化过程历史较长的发达国家，因城市经济发展充分，在较长时间里吸收和消化了农村剩余劳动力，有效地缓解了城乡对立的矛盾，进而促进了城乡关系的健康发展，使乡村成为城市经济极为重要的组成部分。在大多数发展中国家，贫富差距逐渐拉大以及政府的部分城市偏向等政策因素加速了城乡之间的二元结构矛盾，城乡关系处于失衡状态，制约着整个国家经济社会的健康发展。从某种意义上来说，城乡二元分化问题及其不断恶化引发了人们对城乡关系的重新思考和研究兴趣，也拓展了城乡关系研究领域和视角。总体上，从学科分类看，国外城乡关系研究主要集中在发展经济学、社会学、城市学和规划学等学科领域。

（一）发展经济学视野下的城乡关系研究

工业革命以来，城市与乡村间关系的重构与城乡关系发展、演变的

[①] ［德］卡尔·马克思：《马克思恩格斯全集》（第46卷）（上），中共中央马克思恩格斯列宁斯大林著作编译局译，人民出版社1979年版，第480页。

研究便受到西方学者的重视。其中，杜能的《孤立国同农业和国民经济的关系》一书树立了城乡联系研究的典范。20世纪以后，从发展经济学的角度对发展中国家城乡关系的研究也引起了西方学者的关注，并形成了基本的理论分析框架。发展经济学以经济增长的方式为研究目标，主要对发展中国家在经济发展中的城乡关系、人口增长变化、环境污染等问题进行探讨。在发展经济学的理论框架内，主要采用二元结构这一概念对经济发展中的城乡、工农关系做出形象的解释。该理论认为，随着人类经济社会发展必然会出现二元经济向一元经济的转换。在发展经济学框架内研究城乡关系的主要代表人物有刘易斯、费景汉—拉尼斯、乔根森、哈里斯—托达罗、缪尔达尔等。

20世纪50年代，刘易斯在李嘉图模型的基础上，构建了一个新的两部门模型，认为二元经济的内在特征是传统农业部门存在着大量的隐性失业的劳动力。如果传统农业部门的剩余劳动力能够顺利地转移到现代工业部门，那么农业部门的劳动生产率将会提高，城市工业部门的要素结构也会得到优化，整个国家的经济将会实现增长。由此可见，传统的农业部门剩余劳动力向城市工业部门的顺利转移是二元经济发展的核心问题。按照刘易斯的理论，发展中国家的农村社区因盛行家庭、部落和村庄内互相帮助和收入分享的习俗而雇用了过多的劳动力，以致劳动的边际生产力即便不为零，也大大低于制度工资率；当农业部门的剩余劳动力被城市工业部门吸收之后，相应于工业部门对劳动力的进一步吸收，农业部门的工资率将沿着它的边际生产曲线提高，服从于古典原则的传统经济转型为服从新古典原则的现代经济，即刘易斯拐点。① 达到刘易斯拐点后，经济的二元性质将不再存在，农业成为现代经济的有机组成部分。

1960年，针对刘易斯模型没有解决的李嘉图—舒尔茨食品问题（"李嘉图陷阱"），费景汉和拉尼斯扩展了刘易斯的研究结论，形成了Ranis-Fei模型。费景汉和拉尼斯认为，在二元经济发展中，劳动力从农业部门向工业部门转移既对经济增长具有促进作用，又能使农产品的

---

① ［美］阿瑟·刘易斯：《二元经济论》，北京经济学院出版社1989年版，第1—15、67—68页。

商品化得以完全实现。二元经济结构模型得出工业部门和农业部门的平衡增长将有助于抑制经济增长停滞的趋势。[1][2]

乔根森模型强调了李嘉图陷阱,除了假定农业部门不存在剩余劳动力和农业部门的工资决定于新古典的边际原理外,他的两部门模型与Ranis-Fei模型十分相似。首先,他对农村剩余劳动力转移假设提出了质疑,他试图探讨在一个纯粹新古典主义框架内,农业部门的发展如何为工业部门的增长提供依赖。[3][4] 乔根森指出,工业部门有必要进行资本的积累,以避免经济陷入低水平均衡陷阱。工业部门的资本积累有利于经济持续发展,正的农业剩余是其资本积累的先决条件。农业部门技术进步对城市化和工业化具有重要意义,农业部门的技术进步将极大地提高农产品的供给水平,有效地满足城市发展对农产品的需求,并有效抑制生活成本的上升,从而降低整个工业化、城市化发展的成本。乔根森模型揭示出工业部门技术进步可以带动储蓄率,从而促进劳动力增长和加快经济增长速度,使二元经济结构完成向一元经济结构的转化。

20世纪70年代,为了对欠发达国家在城市失业率高的情境下,农村劳动力持续向城市转移的普遍现象做出有效解释[5],哈里斯—托达罗提出了劳动力市场分割假说[6]。该理论认为,从根本上解决城市失业及城市病、农村病的途径是发展农村经济、提高农民收入。工业化与农村发展互为补充,相互依存,不可或缺,农村和城市协调发展是工业化的必要条件。[7]

1957年,缪尔达尔提出了扩散和回流两个概念,利用地理二元结

---

[1] 李晓澜、宋继清:《二元经济理论模型评述》,《山西财经大学学报》2004年第1期。
[2] [美]费景汉、古斯塔夫·拉尼斯:《劳力剩余经济的发展》,王月、甘杏娣、吴立范译,华夏出版社1989年版。
[3] 毕世杰主编:《发展经济学》,高等教育出版社1999年版,第145—147页。
[4] Dale W. Jorgenson, "The Development of a Dual Economy", *The Economic Journal*, Vol. 78, No. 282, 1961, p. 334.
[5] [美]马尔科姆·吉利斯:《发展经济学》,中国人民大学出版社1998年版,第222—224页。
[6] Harris, J. R., Todaro, M. P., "Migration, Unemployment and Development: A Two-sector Analysis", *The American Economic Review*, Vol. 60, No. 1, 1970, pp. 126-142.
[7] 张国:《中国城乡结构调整研究——工业化过程中的城乡协调发展》,中国农业出版社2002年版,第12页。

构对城乡关系差异化发展所带来的不利现象进行了解释。受城乡发展不平衡的惯性作用，乡村资源将不断外流，呈现出发展缓慢和衰落，而城市成为资源"洼地"而快速发展，其结果是"累积性因果循环"现象的出现，城乡差异的进一步扩大引起的"马太效应"必然会导致"中心—外围"空间组织结构的形成。① 缪尔达尔认为，总体上，农业对工业化的贡献不仅是提供食品和劳动力，而且还为工业品提供国内市场，并通过农产品出口赚取外汇以及通过税收和金融市场实现储蓄转移；如果没有在发展初期占据支配地位的农业部门的健康发展，工业化和现代经济增长几乎是不可能的。

（二）社会学、城市学和规划学视野下的城乡关系研究

自近代工业革命以后，城乡关系领域的社会问题引起西方社会学者的高度重视。早期研究的代表人物是鲍泰罗，他是一位重农主义学者，他认为城市存在和发展的基础是农产品的剩余。在此基础上，杜能对这一问题进行了进一步深入研究，提出了著名的"杜能圈"理论，该理论为研究空间经济和区域经济提供了理论基础。19 世纪中叶以后，学者在社会学和城市经济学框架内对城乡关系进行了广泛探讨，主要从社会、经济、地理、人口、生态、环境等不同视角展开研究，出现了马克思、恩格斯、列宁、霍华德、沙里宁、芒福德、麦基等代表人物。

马克思、恩格斯、列宁等马克思主义者利用唯物主义辩证思想从多个方面阐释了城乡关系协调发展的重要性。马克思、恩格斯认为，随着城市化的发展，人们的生产、生活方式也会发生变化，而生产、生活方式的变化必然会导致生产者的改变。列宁通过进一步研究指出，在一切现代国家，城市将成为或正在成为人们的政治经济活动的中心，人类社会进步的力量源于城市而非农村。在马克思主义理论体系中，经济的发展必然会导致人们的生产、生活方式的改变，在这一改变过程中，不仅存在人们关系结构的变化，而且会产生城市与乡村的关系的变化，城乡关系对立和加剧将是人类社会发展到城市化、工业化阶段的特征；由城乡分离与对立而引发的不协调的解决方式是消灭资本主义。

---

① Gunnar Myrdal, *Economic Theory and Underdeveloped Regions*, London: Duckworth, 1957.

1898年，英国学者霍华德指出，在工业化条件下，人口向城市聚集的关键原因在于城市对人口的巨大吸引力，为对城市问题进行有效解决，应从城乡结合的角度展开对土地的管理；霍华德认为，要把城市和外围乡村看成一个整体，从城乡协调的角度来阐释城乡绿化发展，城市外围要坚持永久性保留一定面积的绿地。①

为缓解由于城市过度发展而产生的一系列问题，沙里宁提出了有机疏散理论，指出密集的城区可细分为若干集镇，并用保护性的绿地将各集镇联系起来。② 沙里宁将城市看作存在若干相对分离区域的一个有机联系体，即是一种城乡之间具有较小差异的城乡区域均质体。

美国学者芒福德认为，城市是人工环境，而农村是自然环境，自然环境比人工环境重要，城乡之间应该是紧密联系、相互作用的，两者同等重要。③ 芒福德认为，应新建众多城市中心，将区域统一体扩大，将区域统一体引向许多平衡的社区内，重构城乡平衡，以便任何一个地方的居民均能分享相同的生活质量，从而实现霍华德提出的田园城市发展模式。

加拿大学者麦基对亚洲一些国家和地区的工业化和城市化发展进程中的城乡关系进行了探讨，研究结果显示，亚洲一些国家和地区在工业化和城市化进程中的城乡关系与"二元经济理论"的城乡关系有不同之处，其具体表现是城乡差别不断缩小，城乡之间的要素流动顺畅而频繁，农业与非农活动在空间上的界限较为模糊，出现了城乡融合发展的空间布局和组织形式。④⑤ 对于这种特殊区域的空间模式，麦基用城乡

---

① 孙久文：《区域经济规划》，商务印书馆2004年版，第26—27页。

② 陈友华、赵民主编：《城市规划概论》，上海科学技术文献出版社2000年版，第74—75页。

③ 刘易斯·芒福德博士是美国著名城市理论家，在名人词典中，他有时候被介绍为"城市建筑与城市历史学家"，有时又是"城市规划与社会哲学家"，还有时被称为"城市地理学家"。的确，刘易斯·芒福德在上述各个领域的理论研究中都做出了杰出贡献，正如他自己所说，"我是一个通才，不是某一领域里的专家，城市研究只是我思想生活中的一部分"。参见 [美] 刘易斯·芒福德《城市发展史——起源、演变和前景》，倪文彦、宋峻岭译，中国建筑工业出版社1989年版，第1页。

④ 郝寿义、安虎森编：《区域经济学》，经济科学出版社1999年版，第395—399页。

⑤ Mcgee, T. G., "The Emergence of Desakota Region in Asia: Expanding a Hypothesis", *Extended Metropolis Settlement Transition in Asia*, 1991.

一体化来进行概括,在实现了城乡一体化的区域内,城市性和农村性产物同时存在,城乡概念变得模糊,城乡之间不仅物质形态上的差异较小,而且精神形态和公共服务体系方面的差异也在逐渐消失。

(三) 国外城乡关系问题研究述评

基于已有的研究成果,可以看出大多数学者主要从线性关系角度分析发达国家和发展中国家不同发展阶段的城乡关系结构的形成机理和演变规律。在发展经济学的视野中,城乡关系始于农村剩余劳动力的转移,因农村剩余劳动力转移而形成的城乡关系是积极的。

国外学者对城乡关系研究所基于的背景多是在发达国家并无明显的城乡差异的情况下展开的,与发展中国家城乡差距巨大的现实不符,这使已有研究成果对发展中国家城乡关系协调提供的理论支撑不足。西方城乡关系研究城市优先倾向明显,其基本逻辑是在城乡规划基础上,通过优先发展制造业而带动城市发展,并未建立一个明确而清晰的研究框架对城乡关系进行分析研究,缺乏研究的广度与深度。考虑到不同发展中国家实际国情的差异性较大,在城乡关系的形成机理、演变过程和应对策略方面,中国仍存在很多特殊性,因此,在解决我国城乡关系问题方面无法套用他国已有的解决方案和模式,必须立足于中国国情,坚持走中国特色的道路,从中国城乡关系建构历史中去吸收经验和教训,形成中国道路和自己的学术话语体系。

二 国内相关理论研究成果梳理

城乡关系问题的认识和解决以城市与乡村分离和对立为前提条件。中国既有的城乡关系问题与中国经济社会发展的历史演变有关。新中国成立初期,毛泽东提出了兼顾城乡和工农并举的城乡战略,人们可以在城市和乡村之间自由流动、自由迁徙,而且国家也出台政策促进城乡互助和工农联盟,因此,城乡关系问题并不突出,进而国内相关学者更多的是从政策性应用视角出发进行城乡关系的研究。20世纪20年代苏联"协调发展派"和"超工业化派"对中国早期的城乡关系影响较为明显。① 改革开放以后,随着农村、城市经济体制改革的实施,有关城乡关系的调整与重构问题日益受到学术界的关注。

---

① 赵勇:《城乡良性互动战略》,商务印书馆2004年版,第2页。

自20世纪80年代起,从城市史、经济史角度研究城乡关系的成果陆续出现,其涉及时间主要集中于近代以及新中国成立以后两个阶段。如隗瀛涛的《近代长江上游城乡关系研究》(2003)、刘应杰的《中国城乡关系演变的历史分析》(1996)、武力的《1949—2006年城乡关系演变的历史分析》(2007)、完世伟的《当代中国城乡关系的历史考察及思考》(2008)等,不一而足。针对地区城乡关系研究的成果则有周叔莲、郭克莎的《中国地区城乡经济关系研究》(1994)和聂华林、李泉的《中国西部城乡关系概论》(2006)等。

20世纪90年代后,随着改革开放所带来的经济增长,中国城市与乡村发展差距越来越大,因城乡发展差距而引发的"三农"问题引起了广大学者的关注,如何协调城乡关系成为改革开放后,尤其是因改革开放而带来的城乡关系不协调问题十分严重的背景下的学术研究重点。

(一) 国内城乡关系研究路径

1956年,毛泽东曾指出,中国必须要在工业化发展过程中重视农业和轻工业两者之间的协调,并提出只有通过对农业和轻工业的重视才能实现重工业的发展。[1]毛泽东有关城乡关系的论断是马克思主义城乡关系理论在中国的具体应用。[2]然而,受制于中国的具体国情,理论并没有完全落实。新中国成立后,国内研究城乡关系的学者多主张"抑农重工"政策,旨在通过对生产资料优先增长的讨论为国家实行重工业优先发展战略提供理论研究服务。自1958年户籍登记条例实行后,中国的城乡关系发生了彻底转向,城乡之间的要素流动被阻隔。计划经济时期,由于没有对城乡关系问题给予应有的重视,造成了越来越严重的城乡分离与对立问题,制约着中国经济社会的健康发展。

受1984年城乡经济体制改革的影响,中国工业化和城市化进程加快。中国快速工业化、城市化进程中所出现的问题和现象引起了国内外学者的广泛关注,来自不同领域的国内学者从本质特征、发展目标、主体内容、建设模式、动力机制、规划实施等多个方面对城乡一体化发展

---

[1] 毛泽东:《论十大关系》(节选),载《马克思主义著作选读与简介》,人民出版社1991年版,第384—386页。

[2] 董济杰:《马克思主义城乡关系理论的中国化进程》,《理论月刊》2016年第6期。

问题进行了集中研究。①② 社会学者认为打破城乡壁垒、对城乡之间生产要素进行优化配置将有利于城乡协调发展。经济学者认为，在现代经济体系中，农业和工业关系密切，城乡一体化发展是经济增长的前提条件。改革开放后，中国的城乡关系建设先后经过邓小平、江泽民、胡锦涛和习近平等领导人的努力形成不同时代背景下的城乡关系建设路径。深化农村体制改革，发展乡镇企业，重视农村的基础地位是邓小平城乡关系的核心思想；坚持以工补农，以工建农，发展小城镇，统筹城乡发展，重视农业、农村和农民是江泽民对城乡关系建设的探索；进一步深化城乡统筹，建设社会主义新农村，实现城乡经济一体化发展是胡锦涛的城乡关系建设基本思路；进一步推进城乡一体化，健全城乡一体化体制机制，建设美丽城镇和乡村，全面脱贫，实施乡村振兴战略，是习近平重塑城乡关系的实践内容。

(二) 中国城乡关系研究重点的演变

党的十一届三中全会确立了对内改革和对外开放政策，拉开了中国社会主义市场经济建设的大幕。中国市场经济建设始于农村体制改革。农村家庭承包责任制和乡镇企业的发展为改变农村经济、社会的落后状况做出了巨大贡献，也有效地改变了计划经济时代的城乡分割局面。20世纪末，学者周叔莲等就城乡发展的态势和特点如何把握，城乡发展之间的对立与冲突如何协调进行了探讨；③ 陈吉元等对城乡分割体制的形成原因和现实困境进行了研究，指出乡镇企业就是吸纳农村剩余劳动力的主要渠道，正确处理好工业与农业、城市与农村的关系是构建城乡协调发展的关键。④ 1998 年，农业部政策研究中心的一项调研报告显示，我国二元结构包括有 10 余种制度，判断农民和市民阶层可以这些制度为依据，制度安排的不合理是城乡关系不协调的根本性原因，农民和市民阶层在政治、经济、社会等方面的矛盾尖锐，不利于中国经济社会的

---

① 张伟：《试论城乡协调发展及其规划》，《城市规划》2005 年第 1 期。
② 王景新、李长江、曹荣庆：《明日中国：走向城乡一体化》，中国经济出版社 2005 年版，第 6—19 页。
③ 周叔莲、郭克莎：《中国城乡经济及社会协调发展》（下），《管理世界》1996 年第 4 期。
④ 陈吉元等：《中国农业可持续发展之路》，《中国改革》1997 年第 1 期。

健康发展。中国城乡关系的构建应强调打破二元结构的制度,发展现代工业和城市化。

21世纪以来,国内学者将城乡关系纳入"三农"关系的框架内,对城乡关系展开了广泛而深入的研究,统筹发展和一体化发展成了研究的热点。统筹城乡经济社会发展就是要打破城乡之间的小循环、小系统,建立城乡一体的大循环、大系统,充分发挥城市辐射带动和城乡关联优势,实现城乡资源共享,如此方能有效缓解城乡关系不协调而带来的矛盾和冲突。基于国内城乡统筹发展,城乡一体化实践过程中所出现的经验、矛盾,城乡关系的研究重点集中在城镇发展模式、乡村建设模式和城乡互动机制构建等方面,总体来说就是如何构建良好的城乡关系。学者白永秀认为,在对城乡二元结构的生成、固化进行城市、乡村、政府多角度的解释基础上,采取六个"三位一体"的特殊路径是破解中国城乡二元结构、构建良好的城乡关系的重要基础。[1]

同时,21世纪以来,我国城乡关系的进一步不和谐引起了党和国家的重视,补足农业、农村和农民发展进程中的短板也成为城乡关系研究的重点。学者罗必良认为,总体思路是在巩固农村基本经营制度的基础上,通过农地流转,实现"三权分立",促进农业的发展;[2] 学者陈锡文认为,农村发展决定国家的城镇化建设思路,应以新型城镇化与新农村建设为引擎,形成以新型城镇化和新农村建设为双轮的城乡一体化建设模式,促进农村的发展;[3] 学者李文明认为,缺乏长效增收机制,组织化程度不高,农民工的半城市化现象严重,城市融入困难是中国农民的现实发展困境,构建新型农业经营体系,强化农村土地制度改革,加强农民教育投入,培育新型职业农民,赋能和授权是破解农民发展困境的有效措施。[4]

---

[1] 白永秀:《城乡二元结构的中国视角:形成、拓展、路径》,《学术月刊》2012年第5期。

[2] 罗必良:《农地流转的市场逻辑——"产权强度—禀赋效应—交易装置"的分析线索及案例研究》,《南方经济》2014年第5期。

[3] 陈锡文:《以新型城镇化与新农村建设双轮推进城乡一体化》,《求索》2017年第11期。

[4] 李文明:《中国农民发展的现实困境与改革路径》,《农业经济问题》2014年第6期。

（三）国内城乡关系研究述评

城乡关系是城乡之间的要素流动和功能耦合状态，两者之间的差异性和互补性既是城乡关系形成的原因，也是城乡关系的本质。[①] 中国的城乡关系因中国的快速城镇化、工业化而变得更加复杂，具有高度的不确定性。

我国学者对城乡关系的研究大多集中在宏观层面，对城乡分离和对立的根源、不利影响、城乡一体化路径、制度保障和政策支持等进行了深入而系统的研究，为人们对中国城乡关系的整体趋势把握提供了一个宏观的视角。但是，从整体上看，以地区为个案，从城市史、经济史的视角长时段、系统地分析阐述新中国成立以来城乡关系演变的成果尚不多见。中国是一个发展不平衡、不充分的发展中国家，东、中、西部经济社会发展形态各异、发展差距甚大，不同区域的城乡关系既有共性特征，也有个性特征。因此，对中国城乡关系的认识不仅需要宏观层面的研究，而且也需要中观和微观层面的研究，需要从一般到具体的研究，以形成全面而深入的城乡关系研究局面。同时，中国城乡关系严重受制于国家发展战略，是制度建构的结果，而非西方发达国家的自然演化，具有中国特色，将中国城乡关系放在一个纵向的历史角度去审视中国城乡关系，可以更深刻地认识中国城乡关系的演化规律。

第三节　基本思路、主要内容及研究方法

一　基本思路

本书研究的基本思路是纵贯川渝地区 70 年来城乡关系的发展演变，从经济、社会、思想、文化等不同角度，按恢复与重建、体制内演化（共性与个性）、调适与更新、分化与重组、探索与创新五个阶段，分别考察不同时期、不同阶段川渝地区城乡关系发展、演变过程中的共性与个性特征及其对城乡经济社会发展的影响，以期全面、客观地认识新中国成立以来在共有的制度基础下，不同区域的城乡关系演变与城乡发展的关系，为当前中国不同区域推进新型城市化进程和社会主义新农村

[①] 陈方：《城乡关系：一个国外文献综述》，《中国农村观察》2013 年第 6 期。

建设、构筑具有中国特色的契合各地发展实情的新型城市化道路和乡村振兴战略提供有益的历史启示和借鉴。

二 主要内容

本书研究的主要内容包括以下几个部分：

1. 绪论：选题缘起与学术回顾及研究方法

本章主要阐明本书研究的选题缘由、理论与现实意义、研究的思路、主要内容以及研究方法等，同时回顾和梳理国内外相关研究成果。

2. 恢复与重建：新中国成立初期川渝地区城乡关系的重构

本章在对晚清民初和全面抗战时期的川渝地区城乡关系进行历史回顾与梳理的基础上，将1949—1957年的川渝地区城乡关系特征界定为在恢复与重建共有时代特征下的重构。在系统分析党和国家的城乡关系指导思想的基础上，从多个层面研究新中国成立以后对半殖民地半封建社会下的川渝地区城乡关系的全面改造，以及新的社会主义城乡关系对城乡发展的影响。

3. 共性与个性：计划经济时期川渝地区城乡关系的体制内演化

本章将1958年至改革开放前川渝地区城乡关系在典型的计划经济体制内演化的特征界定为共性与个性并存。主要探讨社会主义典型计划经济体制时期，随着国家重工业优先发展战略的启动而引起的川渝城乡关系二元结构的形成、演变过程，以及其中逐渐形成的较为独特的时代性、地域性特征及其对城乡关系发展的影响。

4. 调适与更新：改革开放以后川渝地区城乡关系的结构性变化

本章将1978年至重庆被设为直辖市前的川渝地区城乡关系特征，界定为在国家改革开放的大背景下呈现出以调适与更新为主的结构性变化。主要研究改革开放以后至重庆被设为直辖市前的约二十年间，川渝地区随着经济体制改革和区域经济基础的变化而出现的城乡关系结构性变化，并系统梳理和分析其变化的过程与机理，以及对川渝地区城乡发展的影响。

5. 分化与重组：1997年以后川渝地区城乡关系的多元化发展

本章将1997年重庆被设为直辖市后至2004年国家层面的认识和政策重大转变前川渝地区城乡关系的特征，界定为在分化与重组背景下的多元化发展。主要研究重庆被设为直辖市后，川渝两地分别采取的适应

15

各自省情市情变化的经济发展和改革措施,以及由此衍生出的两地城乡关系的多元化发展特点和两地城乡关系所表现出来的新的共性特征及其对两地城乡发展的影响。

6. 探索与创新:2004年以后川渝地区城乡关系的新变迁

本章将2004年以来的川渝地区城乡关系特征,界定为在国家层面认识和政策的重大转变以及川渝统筹城乡发展改革探索与创新实践背景下的新的制度性变迁。本章以党和国家的一系列有关城乡关系新的认识、指导思想、方针政策为背景,主要研究川渝两地在统筹城乡发展方面所做的探索与创新实践,及其带来的川渝两地城乡关系的新变化、新特点及其对城乡发展的影响。由于学科专业特点及书稿内容研究预设,本章内容所涉时间下限为2016年。

7. 结语

综合总结新中国成立70年来川渝地区城乡关系发展演变的主要规律和内在特征;并就当前推进新型城市化进程和乡村振兴战略、构筑具有中国特色的新型城市化道路和乡村振兴路径提出自己的思考和政策建议。

三 研究方法

本书将以历史学、经济学为基本研究方法,综合运用社会学、人类学以及地理学、规划学等多学科的知识和方法,采取横向研究与纵向研究相结合、史实论述与理论分析相结合、全面分析与重点研究相结合的多角度、多层面研究方法进行研究。

第四节 研究的重点难点

一 研究重点

由于本书的研究目的在于立足城市学视域,借助丰富的史料,从宏观和微观维度着力考察与研究川渝地区新中国成立以来的城乡关系及其对区域城市化进程及城乡发展的影响。这种目的决定了本书的重点在于把握70年来川渝地区城乡关系的特点以及从比较协调到相互隔离——差距扩大——城乡统筹的演变过程,在此基础上分析城乡关系与区域城市化进程以及城乡发展之间的关系。

二　研究难点

由于时段跨度长，内容涉及多，加之研究基础比较薄弱，资料极为分散，这些决定了本书研究的难点在于：一是对 70 年来川渝地区城乡关系的真实把握；二是分析各个不同阶段城乡关系的特点及原因；三是总结与提炼川渝城乡关系发展的地域特征与时代特征，探究其与区域城市化过程及城乡发展之间的关系。

第五节　基本观点及创新之处

一　基本观点

受地理区位、经济基础、资源禀赋以及历史发展差异的影响，近代以来川渝地区的城乡关系便已出现与其他区域相较有所不同的地域特征，这种差异决定了新中国成立以后川渝城乡关系呈现出与其他区域有较大不同的独特之处。70 年来，川渝地区城乡关系发展呈现的区域特征与时段特征对区域城乡发展产生了重大影响。20 世纪 90 年代以后成都"农家乐"经济模式的兴起与直辖以后重庆"大城市带大农村"发展模式的探索、2007 年"成渝全国统筹城乡综合配套改革试验区"的正式确定，决定了川渝地区城乡关系发展路径的彻底转型，由此而带来的新变化为建设社会主义新农村及至今日的乡村振兴战略、构筑具有中国特色的新型城市化道路提供了有益启示。

二　创新之处

（一）选题创新

本书是在研究基础相对薄弱的前提下展开，因而其研究成果可以在相当程度上填补这一地区在这一时段、这一领域的研究空白。

（二）研究视角和研究内容创新

本书不仅从长时段角度出发，综合考察川渝地区城乡关系的发展、演变，而且也充分运用比较的方法，探讨在长期的发展过程中川渝两地城乡关系发展路径的异同，与其他地区的异同，以及由此而引起的区域城市化过程和城乡发展的异同，因而将涉及若干到目前为止国内外学术界尚未深入研究的问题。

(三) 观点创新

本书不仅认为新中国成立以来全国各地城乡关系的变化都具有共性,而且认为独特的自然和人文环境决定了城乡关系发展过程中的多样化特性。因此,如何根据各地的具体情况,探讨适合自身的城乡关系发展模式,为全国统筹城乡发展、为不同区域乡村振兴、为构筑具有中国特色并契合各地发展实情的新型城市化道路提供参考,成为本书研究的重点及特色所在。

第二章

恢复与重建：新中国成立初期川渝地区城乡关系的重构[①]

　　1949年10月1日，中华人民共和国在北京宣告成立，标志着新中国的诞生。但作为国民党政权在大陆的最后一块辖区据点，川渝地区的解放，迟至1949年12月底才得以实现。[②] 1949—1957年，川渝地区行政区划屡经变更：1950年，一度被划分为川东、川西、川北、川南四个行署区加西康省和重庆市，共六个省级行政区，由设在重庆的中共中央西南局统一领导；至1952年8月，川东、川西、川北、川南四个行署撤销，合并成立四川省。1954年6月19日，重庆根据《中央人民政府关于撤销大区一级行政机构和合并若干省、市建制的决定》，由原来的中央直辖市改为省辖市，并入四川省的建制。1955年7月30日，第一届全国人民代表大会第二次会议做出《撤销西康省将西康所属行政区域划归四川省的决定》，据此，1955年10月1日西康省正式并入四川省。

　　新中国的成立，就城乡关系而言，也标志着此前旧社会那种"城乡对立""城市剥削乡村"关系的结束，以及中国共产党在民主革命时期所确定的"农村包围城市"的历史使命的完成。在中共中央西南局

[①] 本章所涉时间主要为1949—1957年，但因叙事和研究的完整性所需，进行了历史回顾，时间上有所前展。

[②] 1949年11月30日，重庆宣告解放，并于11月30日成立军事管制委员会；12月3日，泸县解放，15日成立军事管制委员会；12月10日，南充解放；12月27日，成都宣告解放。

和西南军政委员会的直接领导下，获得解放的川渝地区人民，随即投身于清扫国民党残余反动势力，安定社会秩序，恢复国民生产，追赶全国步伐的斗争和建设中。继农村实行土地改革，城市开展"三反""五反"运动以后，从1953年开始，川渝地区又进行了农业、手工业和资本主义工商业的社会主义改造，并胜利完成了发展国民经济的第一个五年计划的各项生产任务。与此同时，在党和国家的领导下，川渝地区的城乡关系得以恢复和重建。

第一节 历史回顾：近代川渝地区城乡关系的变迁

任何事物的发展都是由对其过去的继承与突破而来，因此在讨论新中国成立以后的川渝城乡关系之前，我们有必要对近代川渝城乡关系的变迁作一个简单的历史梳理。

一 近代中国城乡关系嬗变一瞥

与欧洲中世纪城乡关系是"乡村在经济上统治城市"[1]而近代以来则是"农村屈服于城市的统治"有所不同[2]，古代中国城市与乡村之间并无明显的社会分工，城乡之间亦无十分明显的统治和被统治的关系，相反，城市在很多方面，诸如粮食、燃料等生活必需品，都依赖农村的供给。近代中国是一个遭遇大变动的时代，中国社会经历了一个由封建社会向资本主义社会过渡的历史进程。伴随外国资本的不断入侵，以及半殖民地半封建的社会经济结构的逐渐形成，中国乡村自然经济逐步瓦解，中国内部资本主义缓慢成长，城市的近代化色彩日益浓厚。与此同时，城乡关系的格局也慢慢地开启了由传统向近代化的蜕变过程。

如果说，在古代中国，城与乡的分离，是城乡政治和经济一统的要求，并不是因经济分工而产生：城市既是政治权力的核心，也是农村土地的主要所有者居住的地方，城市在政治上统治农村，但在经济上又依赖农村，城乡在权力结构上是一元的或一体性的；那么，进入

---

[1] 马克思、恩格斯：《马克思恩格斯选集》第4卷，人民出版社1972年版，第161页。
[2] 马克思、恩格斯：《马克思恩格斯选集》第4卷，人民出版社1972年版，第470页。

第二章 恢复与重建：新中国成立初期川渝地区城乡关系的重构

近代后，因为学习西方，国人提出"以商立国""以工立国"等主张，促使工商业从传统的农业社会中"脱颖而出"，并逐渐促成了现代工商业与农业的分离，造就了以上海为代表的现代经济型城市，以及现代意义上的城乡分离和差别出现。只是由于当时的中国，自然经济如汪洋大海般仍一如既往地裹挟着这种新的经济形式，资本主义经济始终未能占据统治地位，城乡关系带有严重的半殖民地色彩和高度的空间不平衡性。

僻处西南的川渝地区，深陷内陆，对外交通不便，所受资本主义的冲击固然较之于沿海及长江中下游地区要晚，城乡关系也没有东部沿海、沿江地区变动得那么明显，但也同样经历了类似的过程。这一过程以全面抗战为界，大致可分为前后两个阶段。

二 晚清民初川渝城乡差距拉大与壁垒的日趋形成

就自然条件而言，川渝地区十分优越：气候温和，四季分明，资源丰富，土地肥沃，一直是中国农业最为发达的地区之一，农村也因此成为城乡关系的主导因素。在漫长的传统农业社会中，农业始终在社会经济中占据着统治地位，土地不仅是重要的生产资料，也是城乡生活的主要来源。农民生活较为安定，土地关系变化也小。直到近代以前，土地形态一直仍是以中小地主和自耕农土地所有为主，自有田和自耕田的中小农与佃农在数量上相差不大。[①] 而在这个时期，发达的农业与富饶的乡村经济成为城市复兴的基础和原动力，农业和土地财产成为支撑城市发展的基础。[②]

由于历史和自然条件而形成的经济上的封闭性，川渝地区自近代以来就远远落后于沿海各省，并长期处于单一农业经济的结构中。农村封建主义生产关系十分顽固，封建剥削方式相当原始。实物地租和劳役地租普遍存在，人身依附特别明显。这一时期土地也高度集中，特别在川渝的一些大城市临近地区，地主阶级兼并土地的现象更为严重。如在成都平原，地主阶级占有80%的土地。重庆市95.6%的土地掌握在占人

---

① 张肖梅编著：《四川经济参考资料》，中国国民经济研究所1939年版，第15页。
② 中共中央马克思恩格斯列宁斯大林著作编译局编：《马克思恩格斯选集》（第46卷），人民出版社2012年版，第480页。

口2%的地主手里。① 农民一年劳动所得的大部分收入为地主所掠夺。这些地主大多居住在城市里。

传统中国的城乡关系基本上是一种单向的贸易关系。城市的商业繁荣主要建立在由农村提供农副产品的流通之上，而农村基本上难以得到城市物资的回流。据统计，1840年以前中国市场主要商品中流通量排在前四位的依次是粮、棉、盐、茶，由此可见农副产品占据着市场绝对优势。这样的一种商品市场结构，无疑充分反映了城市商业对广大农村的依赖程度。换句话说，在传统社会的中国，城市不过是一定范围内农副土特产品的集散中心，"是寄生在乡村农业基础上的人口集中地而已，在社会经济体系上不是一个独立自主的单位"。②

有学者指出，在清代前期川渝地区的城乡之间，呈现出乡村带动城市发展的局面，"正是由于发达的农业和富饶的农村经济支持，城市才得以重建和发展"。③ 不过，这一局面在重庆开埠以后逐渐被改变。随着川渝地区资本主义新式经济的侵入和发展，传统自然经济逐渐解体，与之相伴的是城乡关系随之发生翻转，城市的影响力和作用日益突出，在城乡关系中占据越来越主导的地位，并"逐渐成为近代工业、商业和教育的中心，不仅在政治、经济上统治着乡村，而且在意识形态领域也发挥着先锋作用"。"那种旧有的、无差别的城乡关系逐渐发生变化，并日益呈现出以对立统一为特征的二重性关系"。④

在封建中国，城市通常是一个区域的政治与军事中心，交通条件较为便利。近代之后，随着大量新的市政设施和交通的建设，城市的便利更是广大乡村地区所无法比拟的。由于城市所拥有的各种有利条件，不论在生产还是市场上都能为企业带来更大的规模效益与聚合效益，为各行各业提供更为便利的分工合作，从而使企业的生产经营成本得以有效降低。也正因如此，理所当然地，城市在原有政治、军事

---

① 张兰英：《民国时期四川农村土地制度》，硕士学位论文，四川师范大学，2002年。
② 陈其南：《文化的轨迹》，春风文艺出版社1978年版，第173页。
③ 田永秀：《近代城市统治地位的建立——近代城乡关系析论（一）》，《社会科学研究》2004年第3期。
④ 陈炜：《近代中国城乡关系的二重性：对立与统一》，《宁夏大学学报》（人文社会科学版）2008年第1期。

第二章 恢复与重建：新中国成立初期川渝地区城乡关系的重构

中心的基础上，又发展成为近代各式经济中心。近代川渝地区的情形与此大致一样。

川渝地区城市在本身经历由传统向近代化艰难转型过程的同时，也带动了其周边的乡村日益卷入国内外市场，并极大地促进了农业与手工业商品化的发展。这在通商口岸城市重庆表现得较为明显。重庆自1891年开埠后，由于国际市场对蚕丝的需求，其附近农村桑蚕业迅速发展起来，曾一度出现盛况空前的景象。"巴县在道咸时还寂焉无闻，清末始渐兴盛，乃至有百石之田，夷为桑土者"；同时也有资料显示，在重庆，由于"都市近来人情奢侈，每天宾宴城中豪富"，对鸡鸭等禽畜需求量大，豢养者利润可观，小商小贩常到农村集镇收购返城销售，"一尾之价饼金数角，农妇尤乐，多养之"。[①]

当然，由于其时川渝地区自然经济解体并不是很充分，广阔的农村仍然占据着经济的主体，并主要依赖数量浩大、形式繁多的乡镇市场支撑。而这些乡镇市场的传统功能仍占主导地位，大多为当地自然经济的一种补充，近代性质的新经济市场功能尚未明显表现出来。粮食仍然是乡镇市场中交易的主要物品。如有学者提到，当时的宜宾县"农村市场贸易的种类颇杂，不过一般情形，以粮食为主要，所以粮食是农村市场交易的中心"。虽然场镇上也有一些土产、山货以及近代工业品售卖，但其数量相当有限。与此相对应，农民对市场的依赖程度依然很低，加之，由于农民的购买力十分有限，因此，此时的工业品主要销售途径只能在有限的城市中寻找和拓展。这种局面不免使那些原本对重庆开埠后抱有很大希望的外国商人对川渝地区的市场大失所望。"事实上，我们的洋布主要只供给几个城市的居民使用，例如重庆、万州、叙府、嘉定，而且几乎全部都被中产阶级买去"。[②] 即使是到了20世纪初叶，这一情况也没有太多变化，重庆、成都等大城市里购买洋货的人虽然比较多，但广大的乡镇地区日常所需用品仍然是以本地货物为主，购买洋货的人和洋货购买量都很少。

---

① 四川巴县编纂委员会编：《巴县志》（卷十一）（刻本），巴蜀书社1939年版。
② 田永秀：《近代城市统治地位的建立——近代城乡关系析论（一）》，《社会科学研究》2004年第3期。

在当时,川渝地区的现代工业也十分落后。根据相关统计,全面抗战爆发前,川渝地区传统型和现代型的各类工矿企业共计只有715家,以丝织业、井盐业、制革、印刷、五金矿产、煤矿、陶瓷为主的传统手工业,在其中所占的比重最大;仅有115家企业属于符合登记条件的现代企业。这种状况与沿海省份相比较,非常之落后:不仅现代工厂的总数仅及全国现代工厂总数3935家的2.93%,而且其资本总额与工人总数也分别只占全国的0.56%、2.85%。①

在这一时期,川渝地区的现代工业主要集中在大中城市里。如棉织业,虽然机纱织布厂最初大多诞生在过去的土纺织布地区,但随着原材料来源的变化以及产品销售半径的扩大,逐渐从原有生产交易地迁移至交通运输更为便利的地方或者大中城市。当时重庆、成都的许多棉织工厂,便是这样搬迁而来的。②

与商业、工业集中于城市相应,川渝地区所有传统的和现代的金融组织,也集中在城市。作为旧式金融代表的典当业,其经营范围遍及川渝各地,掌握着农村金融的枢纽,然而根据对川渝地区53个县典当业的调查,结果显示,在当时总数197家典当之中,"成、渝、万、叙、泸五处"就占了141家。显然,从数量上看,典当业以城市为主。作为新式金融机构的银行更是集中分布在城市,1934年,仅成都一地就开设有34家商业银行及其分支机构,而其他中小城市如自贡、泸州、乐山、南充等,也有20—30家银行分支机构。到1937年,川渝地区共设立了银行33家,其中有22家在重庆,占总数的63.3%。③

由于近代工商、金融各业聚集于城市,使城市相较于乡村更具吸引力,在城乡关系格局中的地位日益提高,并在与乡村的对立统一中发展成为经济、政治生活的主导者。再加上城市里聚集了近代教育机构、新闻出版媒体等现代教育文化资源,城乡之间的差异进一步扩大,此前"无差别统一"的城乡关系开始变得"壁垒分明"了。城市的畸形繁华

---

① 张学君、张丽红:《四川近代工业史》,四川人民出版社1990年版,第295页。
② 田永秀:《近代城市统治地位的建立——近代城乡关系析论(一)》,《社会科学研究》2004年第3期。
③ 田永秀:《近代城市统治地位的建立——近代城乡关系析论(一)》,《社会科学研究》2004年第3期。

与衰败、凋零的广大农村形成鲜明的对比,"看大城市,非常繁荣,山水非常秀丽,但一看民间状况,真令人不忍说出。年来因兵匪骤增,鸦片遍种,旱灾迭现,苛税重重"①,川渝地区百姓大多感到自己生活的世界已从"天府"直入"地狱",这直观地反映了当时川渝地区城乡差别日益扩大的事实。

总之,近代以来,因受西方资本主义经济的冲击,川渝地区原有自然经济逐渐解体,与之相伴生的是城乡差异越来越大,城乡之间的壁垒日趋形成,相较于东南沿海地区,只是程度不同而已。

三 全面抗战后川渝城乡从"繁荣"到衰退

(一)战时的"繁荣"

1937年"七七事变"爆发,中华民族全面抗战开始。持续了8年之久的战争,对中国东南西北中都带来深重灾难。不过,战争使大量东中部的政治、经济、社会和文化资源向西南聚集,大大推动了西南地区的发展。随着1937年12月南京、1938年10月武汉的相继沦陷,西南成为东中部内迁机构的主要接受地。国民党政府的党政军首脑机构和一大批高等学校、工厂企业相继迁入川渝地区。川渝地区成为抗日战争的重要战略基地和大后方。有资料显示,抗战初期内迁至川渝地区的民营工厂共有254家,复工的有184家。②

由于大量机构与人口的涌入,在很大程度上促进了抗战时期川渝地区整体经济的发展,尤其是主要城市现代工业的建立和发展。仅以重庆为例,在抗战以前仅有大小工厂39家,1944年增至1518家;其中机器厂抗战前只有10余家,而且以修理业为主,至1939年时突增至84家,1940年又进一步增至132家,其中不少还是大型机器制造厂。③

抗战期间,川渝地区的城市较之以前得到较大发展。其中一个重要表现,就是城市数量的增长。有学者统计,在战前川渝地区仅有重庆、成都两个建置市,战时又有自贡建置成市。另外,县级城市的数量也有

---

① 葛绥成:《四川之行》,中华书局1934年版,第25页。
② 罗元铮主编:《中华民国实录》(第5卷上),吉林人民出版社1998年版,第4910页。
③ 陆仰渊、方庆秋主编:《民国社会经济史》,中国经济出版社1991年版,第583—584页。

增加。1936年川渝地区的县级城市有180个，到1945年时增加到187个，增加了7个。① 尽管建置市与县级城市增加的数量不是很多，但在一定程度上优化了川渝地区的城市空间格局。而且，重庆、成都在抗战时期得到了优先发展，城市用地、经济、人口规模不断扩大，成为各自区域的政治、经济、交通、文化中心。

全面抗战后，川渝地区的工业有了一定发展，一度出现繁荣景象。但就是在这一时期，川渝地区的近代工业产值的比重仍不到工农业总产值的10%。1942年，四川有工厂2382家，资本25.4亿元，其中资本在100万元以下的小工厂占96.3%，资本在500万—5000万元的中型厂占3.5%，拥有资本5000万元以上的大厂仅4家。② 不仅如此，而且工厂设备陈旧，技术管理落后，生产水平极低。

就工业的空间分布而言，川渝地区的情形也很不平衡，主要集中分布于几个区域中心城市，如陪都重庆，四川省会成都，川南水陆枢纽宜宾、泸州，川东北中心城市南充等，尤以陪都重庆为最多。如1937年，川渝地区规模以上（万元以上）工厂115家，在重庆的就有77家，占比67%。而且，其余各县乡的工厂包括手工作坊，也主要集中在县城。又如，在绵竹县，全县共有255家工厂、作坊，60%左右集中在县城；该县从事鞋帽、木梳、铁器等制作的手工业主2009户，80%也都集中在县城。南充县"所产黄丝著名于世，甲于全川"，其缥丝工厂也"多在城内"。在遂宁，该县工业分布也是集中在县城，"全县以城区为中心，计有织袜、毛巾、织布、染布等厂"。③

此时，与川渝地区城市经济发展相对应的是农村依然落后，城乡之间的生活差异几近天壤之别。卢作孚在他撰写的《中国人的生活是这样的》一文中，向我们展示了他对此的观察：就农村一面而言，当时四川农村人口计有7千万余人，但人均年穿棉纱总价折合银两不过六七角；甘薯、玉米是穷苦人家的主食，腌菜是一日三餐佐餐的主要菜品；

---

① 何一民：《抗战时期西南大后方城市发展与空间分布的变化》，《西南民族大学学报》（人文社会科学版）2015年第6期。
② 高宇天：《当代四川基本建设》，四川省社会科学院出版社1987年版，第2页。
③ 田永秀：《近代城市统治地位的建立——近代城乡关系析论（一）》，《社会科学研究》2004年第3期。

住房简陋、拥挤不堪，往往几户人家拼挤一屋；人们的交往活动和日常出行空间范围也仅限于居住地附近的耕地，如果一定需要外出购买一些最简单廉价的生活用品和农用工具，最远的地方也不过就是到几里、十几里外的乡镇市场走一走。然而，生活在城市的人们情况，则与之形成鲜明的对比，"穿洋服、吃大菜，住大洋房，乘坐1934年式的汽车，从剃须刀到抽水马桶，都是非常漂亮的"①。

（二）抗战后的衰退

随着抗战的胜利，国民党中央党政机关迁返南京，一些企业随之纷纷迁出川渝地区。川渝城乡经济随之衰退。

一是农村的萧条衰退。川渝地区农村原本比较落后，尽管在抗战前后一度有所发展，但很快因为国民党官僚资本对农副产品的长期压价统购，以及农村劳动力的锐减，走向衰退。各种农副产品1949年的产量较之其历史最高年产量，都有大幅度的下降。其中，烟叶的产量比1935年下降67.6%，油菜籽比1936年下降48%，甘蔗较1940年下降53.2%，棉花比1947年下降34.8%，麻类较1948年下降60.7%；而占农业种植面积90%的粮食作物，其产量也由1938年的1797.7万吨下降至1949年的1494.5万吨，减少了303.2万吨，下降17%左右，虽较前述经济作物而言下降比例相对轻缓，但大部分粮食被地主和投机商人所掌握。②

二是城市经济濒临崩溃。与此同时，城市的情况也一样很糟糕，经济危机使大批工商企业倒闭。川渝地区的工业自抗战胜利后工厂企业迁出就开始衰退，并随着国民党内战的持续，每况愈下。1946年，四川全省钢铁工业90%、纺织业50%以上都停产，重庆市的倒闭工商企业数量已超过7000多家，约占该市工商企业总数的70%。随着官僚资本企业的相继瘫痪，以及国民党政权为了维持庞大的军费开支，滥发纸币，进而引起通货膨胀，私营企业更是大批停工歇业。到1949年，工业生产全面崩溃，曾经有数万吨钢铁生产能力的企业，彼时只能生产钢铁不过万吨；曾经年产50万吨的原盐，彼时仅能生

---

① 张守广：《卢作孚年谱》，江苏古籍出版社2002年版，第128页。
② 杨超主编：《当代四川简史》，当代中国出版社1997年版，第33页。

产一半左右；10家机制纸厂中，只有1家在日夜赶造钞票纸，其余全都处于半停工状态。

广大农民为了生存，大量流入城市。而城市工人也因城市经济濒临崩溃大量失业。1949年6月，重庆市1000余家大小工厂中关闭停业者达80%，工人被歇业解雇者达12万余人，等待复工的达10万人；成都公营大小工厂企业只有18家，私营工厂仅余100家左右，大部分处于停产或勉强维持开工的状态。① 走投无路的城市贫民和进城农民最后多流为乞丐，甚至不少人的妻女被迫卖淫。城乡社会风气腐败，社会秩序混乱。城乡之间的交流与商业活动处于停滞状态。

第二节 川渝地区城乡关系的全面恢复与再造

1949年10月1日新中国成立，标志着旧时代的终结和新时代的开始。但这并不意味着旧有的一切立刻消失。② 就整体情况而言，当时中国尚处在前工业化阶段，社会产业结构极不合理，仍是一个以传统农业为主的农业国家。有数据显示，1949年年底，中国仅有设市城市136座，大多属于消费性城市，生产功能极为薄弱；县、镇2000多个，城镇人口5765万，占全国总人口的10.6%；全国工农业总产值不到480亿元，城市工业总产值仅36.8亿元。③ 包括川渝地区在内的广大西部地区，城乡发展则远低于全国的平均水平。1949年12月，川渝地区获得解放，经济社会发展步入一个崭新的历史时期。在中国共产党领导下，川渝地区从1950年到1952年年底，进入了国民经济恢复时期。

由于连年战乱和国民党政府的横征暴敛，解放之初的川渝地区和全国其他地区一样，呈现出来的是一个充满千疮百孔的烂摊子：一是农业生产极度衰竭，民族工业陷入绝境，百业萧条。国民经济结构落后，典型的农业主导地区，农业占据了工农业生产总值的83.2%，重工业仅

---

① 四川省地方志编纂委员会编：《四川省志·政务志》（上册），方志出版社2000年版，第177页。
② 陈明：《国民经济恢复时期（1949—1952）的城乡关系研究》，《四川大学学报》（哲学社会科学版）2004年第S1期。
③ 付春：《1949—1957年中国城市化发展进程研究》，《求索》2008年第6期。

第二章 | 恢复与重建：新中国成立初期川渝地区城乡关系的重构

占3.5%，轻工业产值所占比重亦很少，不过13.3%。① 即使是像成都这样的大城市，1949年的时候也仍是以农业、商业和手工业为主，只有几个行业的34家工业企业和900多家手工作坊，工业总产值仅占工农总产值的12%。② 二是交通状况十分落后，整个川渝地区，没有一条铁路，公路通车里程也只有8581公里，内河航程只有8024公里，60%的县不通公路，公路货运量只有37.5万吨。三是教育、科技、文化、卫生等方面极其落后，平均每万人口的在校学生数只有26人，每2万人口专业卫生人员还不到1名，传染病和地方病大面积流行，封建迷信盛行。③ 此外，经济金融秩序混乱，物价飞涨，民不聊生，人民处于极端悲苦的境地。

为了改变上述状况，在中共中央和中央人民政府的政策指导下，在中共中央西南局、西南军政委员会的具体领导下，川渝地区各级人民政府及城乡居民自1950年开始，在千方百计荡涤旧社会污泥浊水的同时，也对旧有城乡之间对立和一度停滞的关系进行了恢复和全面改造，一种新型城乡关系得以重新构建。

一　党和政府对于新型城乡关系构建的思考

随着新中国的成立，中国共产党实现了由革命党到执政党的转变。与此同时，中国共产党及时地调整工作重心，即从农村转向城市，明确要求党员和军队干部"必须用极大的努力去学会管理城市和建设城市"④。为了改变当时中国整体的落后状况，进而为全面迅速启动工业化奠定基础，新中国政府用了3年时间进行国民经济恢复。与此同时，为适应城乡发展的要求，中国共产党对这一时期的城乡关系重构进行了积极探索。

对于近代中国城乡间的对立关系，长期在农村进行革命斗争的党和国家领导人深感其弊，在革命即将胜利、中国共产党即将入城之际，纷

---

① 刘清泉主编：《四川经济地理》，新华出版社1997年版，第50页。
② 杨超主编：《当代中国的四川》（下册），中国社会科学出版社1990年版，第10页。
③ 刘江主编：《中国地区发展回顾与展望》（四川省卷），中国物价出版社1999年版，第24页。
④ 中共中央文献编辑委员会编：《毛泽东选集》第4卷，人民出版社1991年版，第1427页。

纷抽出时间精力，思考和探索如何改造旧有的城乡关系，构建新型的城乡关系。

(一) 毛泽东"城乡兼顾发展"思想的提出

早在新中国成立前夕，以毛泽东为首的中国共产党人适时地改变了以前"农村工作第一步，城市工作第二步"，农村包围城市的革命道路。1948年9月，中共中央在《中共中央关于九月会议的通知》中第一次提出："必须尽一切可能修理和掌握铁路、公路、轮船等近代交通工具，加强城市和工业的管理工作，使党的中心逐步地由乡村转向城市"。到党的七届二中全会时，更加明确地指出，要将党的工作重心从农村转移到城市。毛泽东在此基础上进一步指出，就全国范围来看，农业和手工业依然是国民经济的主体，其在国民经济中的比重几乎达到90%，而现代工业只占国民经济的10%左右。基于这种现实考量，毛泽东更进一步提出"公私兼顾，劳资两利，城乡互助，内外交流"的经济方针，并以此照顾四面八方的利益，达到发展生产、繁荣经济的目的。这一方针也明确写进了具有临时宪法作用的《中国人民政治协商会议共同纲领》①，并据此确定了新中国新型城乡关系的准则和发展方向。

为避免随着党的工作重心转移而出现偏向城市与忽略农村的问题，毛泽东进一步强调，"城乡必须兼顾，必须使城市工作和乡村工作，使工人和农民，使工业和农业，紧密地联系起来。绝不可以丢掉乡村，只顾城市。如果这样的话，那是完全错误"。② 城乡兼顾的发展思想是新中国成立初期毛泽东基于中国社会客观实际提出的实事求是的思想，为新中国成立后中国城乡关系朝较好的方向发展确立了原则性的指导思想。

(二) 党内"城乡兼顾""城乡互助"共识的形成

事实上，城乡兼顾发展在当时党内已成为共识。周恩来认为，"在中国，城乡关系是一种重要的关系"，正确处理这一关系十分重要。1949年年底，对于当时存在的几种处理城乡关系的错误倾向，周恩来

---

① 中共中央文献研究室编：《建国以来重要文献选编》第一册，中央文献出版社1992年版，第7页。
② 中共中央文献编辑委员会编：《毛泽东选集》第4卷，人民出版社1991年版，第1427—1433页。

第二章 恢复与重建：新中国成立初期川渝地区城乡关系的重构

在《当前财经形势和新中国经济的几种关系》一文中给予了严厉批评，强调"城市和乡村，工业和农业都是辩证的两方面，绝不能取消或忽略任何一方面。我们强调城市领导乡村，工业领导农业，绝不是忽略广大的农业生产的作用。如果没有广大农业的发展，工业发展是不可能的"，不仅农村是城市发展赖以依托的支撑，而且农业也是工业发展赖以依托的基础，"我们必须在发展农业的基础上发展工业，在工业的领导下提高农业生产的水平，没有农业基础，工业不能前进，没有工业的领导，农业也无法发展"，"这个辩证的正确方针是毛泽东思想在工农业关系、城乡关系上的运用"。[①] 刘少奇也提出了"要有城乡一体的观点"。他在其1949年3月的《关于城市工作的几个问题》一文中指出，首当其冲的问题就是"要有城乡一体的观点"："过去我们只有乡村，现在加上城市，就是说，加上了大工业、国营企业（社会主义性质的）、国家资本主义、城乡关系等新问题"，并进一步指出，必须改变"单打一"的做法，否则就要犯错误。[②]

此外，中共中央政治局委员任弼时也曾多次特别强调，"必须注意农业发展的配合，加强工农联盟，必须认识这种互助的工业和农业的关系"。在任弼时看来，工农业互相支持是必需的："工业必须照顾农业技术的提高，努力提供水利和农业耕作上所需的机器，供给便宜的工业品，加快农业发展"；农业必须"生产更多的粮食和原料，以满足日益增长的工业需求，以农产品换取外汇和机器并节约劳动力，满足工业发展的需求"。总之，"只有把农村工作做好了，城市工作也就有了稳固的基础，有了粮食等各种原料的保证"。[③]

综上可知，党和国家领导人在新中国成立前夕，基于对城乡旧有关系的深刻了解和认知，对于新中国成立后应该如何构建新型城乡关系已经有了比较清楚的认知，并在思路上大致形成了城乡兼顾、城乡互助、协调发展的共识。正是以这些思想为指导，中共中央制定了一系列改造

---

① 中共中央文献编辑委员会编：《周恩来选集》（下卷），人民出版社1980年版，第78—79页。
② 中共中央文献编辑委员会编：《刘少奇选集》（上卷），人民出版社1986年版，第419页。
③ 中共中央文献编辑委员会编：《任弼时选集》，人民出版社1987年版，第456页。

城乡关系的政策，国民经济恢复时期包括川渝地区在内的中国城乡关系，慢慢展开了全面的恢复与改造。

二　川渝地区旧有城乡关系的改造

伴随新中国的诞生和全国的解放，人民当家作主的热情被充分激发了出来，全国上下情绪高昂。然而，由于国民党的长期压迫和多年战争的破坏，摆在人民面前的国家千疮百孔、破烂不堪：城乡经济残败凋敝，城乡交通被阻塞破坏，通货膨胀愈演愈烈，物价奇高，城乡居民的生活极度艰难；还有与此相伴的城乡之间的二元对立结构，即城市不仅在政治上统治压迫农村，而且在经济上剥夺农村，城乡之间只有乡村流向城市的单向往来。川渝地区获得解放的时间较晚，其情况与全国整体情况差不多：凋残破败的城乡经济亟待恢复。于是，解放后的川渝地区，在中央新的城乡关系政策指导下，开始对旧有的城乡关系进行改造。

当时，川渝地区面临的首先任务就是要清扫国民党反动派的残余势力，安定社会秩序和人民生活，并尽快恢复国民生产，赶上全国步伐，同时进行生产资料私有制的社会主义改造。[1] 但在当时的条件下，要实现财政经济状况的好转，需要三个前提：一是完成土地改革；二是对现有工商业进行合理调整；三是对国家机构所需经费大量节俭。[2]

根据党和国家的整体部署，川渝地区对旧有城乡关系的改造，侧重于根据新形势对农村和城市进行改造与培育，一方面，在农村先后开展了征粮、清匪反霸、减租退押，以及实行土地改革等运动，彻底地消除了存续了几千年的封建土地所有制；另一方面，也在工矿、交通企业以及城市广泛开展"三反""五反"运动，并进行民主改革。

（一）对农村的改造与培育

川渝地区是国民党政权在大陆的最后据点，在其撤离之前留下了大量的特务。随着人民解放军在川渝地区摧枯拉朽的进攻，各大中城市得以相继解放，然而广大农村，则一时仍是旧有的乡、保、甲长当权。而

---

[1] 杨超主编：《当代中国的四川》（下册），中国社会科学出版社1990年版，第37页。
[2] 中共中央文献研究室编：《毛泽东文集》第6卷《为争取国家财政经济状况的基本好转而斗争》，人民出版社1999年版。

第二章 恢复与重建：新中国成立初期川渝地区城乡关系的重构

且土地相当集中，大地主尤多，其中在川西平原以及大中城市附近情况尤为突出。例如重庆市郊原十区十八保，地主占据该保田地的96%；在成都市附近的华阳县白家乡，该乡97户地主占有耕地1.7万亩，平均每户176亩之多，而该乡3000户中农、贫农则户均耕地只有0.4亩，此外，还有143户贫农没有任何土地。[①] 地主剥削所得，大多用于挥霍或增置田产。大、中地主纷纷进城买房寓居，形成畸形的消费城市。

为了培育新型城乡关系，中共中央西南局及川渝地区各级党和政府根据全国的统一部署，在各地农村，继清匪反霸、安定社会秩序之后，积极开展减租、退押活动，进而从1950年冬季开始，根据《中华人民共和国土地改革法》，由城乡抽调干部和农村积极分子组成土地改革工作队，在川渝地区农村分期分批开展轰轰烈烈的土地改革，废除封建土地所有制。广大农民先通过"吐苦水，挖穷根"，控诉地主阶级的剥削压迫罪行，继而按照土地改革政策没收地主的土地和其他生产资料，征收富农的出租土地，并把它们分给无地和少地的农民。到1952年夏，除少数民族地区外，川渝地区约5700万人口的地区胜利完成了土地改革的任务，从地主和富农手里共没收和征收土地5700多万亩，使数千万农民分得了土地。根据对温江一个乡的典型调查可对当时情况略窥一斑：该乡农民通过土地改革，人均占有土地的面积都有增加，其中雇农和贫农增加最多，与地主形成鲜明的对比。地主从人均26.56亩下降为1.67亩，中农则从1.88亩上升到2.2亩，贫农从0.17亩上升到1.9亩，雇农从0.02亩上升到2.29亩。[②]

经济、政治大翻身的农民，生产积极性大为提高，农业生产力得到极大解放。在此基础上，党和政府又按照"组织起来"的原则，进一步开展农业合作化运动，推动农村完成从单干到互助组、初级社再到高级社的发展，实现从农民个体所有制到社会主义集体所有制的转变，到1957年，更是普遍建立起高级合作社。

为了帮助农民恢复生产，川渝地区的党和人民政府进行了大量工

[①] 杨超主编：《当代中国的四川》（下册），中国社会科学出版社1990年版，第46—47页。

[②] 杨超主编：《当代中国的四川》（下册），中国社会科学出版社1990年版，第47—48页。

作。1950年，紧急拨粮救济大批农村饥民。随后又通过发放农贷、收购农副土特产品、组织城乡物资交流等办法，促进农业生产。此外，为了保证成都平原数百万亩良田的春灌，成都市发动军民历经两个多月时间，完成都江堰的岁修任务，为成都平原在解放后获得第一个丰收年创造了极为有利的条件。

在国民经济恢复时期的三年里，农业恢复速度很快。1950年，尽管当时剿匪、征粮任务紧迫，农村局面还不是很安定，当年的农业总产值仍比1949年略有提高；1951年农业总产值比1949年增长9%；1952年随着土地改革的胜利结束，农民的生产积极性空前提高，农业获得大丰收，该年的农业总产值比1951年增长了9%，比1949年增长18.8%，大大超过了1950年、1951年两年年均增长4.4%的增幅。①

随着农业生产力的解放与发展，农民的收入不断增加，农村逐渐摆脱了以往积贫积弱的状态，这为新型城乡关系的形成，奠定了坚实的基础。

（二）对城市生产的恢复与城市主体的培育

和培育农村主体相呼应，川渝地区各级党和政府也积极采取措施，恢复城市生产，着力城市主体培育。

1. 大力恢复工商业和交通运输业

在城市，川渝地区各级政府按照党的七届二中全会精神和《共同纲领》的规定，积极贯彻"依靠工人，团结职员，搞好生产"的方针，大力恢复工商业和交通运输事业。

在重庆市，工人群众迅速修复被国民党军警破坏的大批工业设备，为新中国轧制出第一批重轨和第一批无缝钢管。在自贡，因其盐业在川渝工业中一直占据着极其特殊的地位，产品供应着川渝地区及邻省几千万人的食用所需，而且是当地政府税收的重要来源。在国民党政权瓦解、经济全部崩溃的形势下，自贡盐业已经奄奄一息。人民政府为了自贡盐业的发展，一方面派出武装部队护运，同时发动工人并贷款360万

---

① 杨超主编：《当代中国的四川》（下册），中国社会科学出版社1990年版，第48—49页；刘江主编：《中国地区发展回顾与展望》（四川省卷），中国物价出版社1999年版，第53页。

元支持恢复生产,还实行合理的价格政策保证资本家的合理利润。到1950年年底,自贡盐业生产基本得以恢复政策,至1951年,资方生产信心增大,增资71万多元用以扩大生产。①

针对解放初期川渝地区部分私营工商业停工停产、停店歇业,公私关系、劳资关系一度紧张的情况,当地人民政府根据"公私兼顾,劳资两利"的原则,对工商业进行调整,并由国营商业机构收购这些私营企业的产品。仅重庆一地,国营百货公司、土产公司、油脂公司、花纱布公司在1950年1—6月就向私营企业收购了1378万元的产品,使大批私营工业户得以恢复正常生产;与此同时,政府还通告银行向私营企业发放贷款,以帮助其恢复生产;仅中国人民银行重庆分行就在1950年上半年向私营煤矿、丝织、航运、机器等企业发放378万元贷款。②

2. 打击不法商人投机倒把,稳定市场

由于川渝地区解放前夕国民党政权的破坏和工农业生产的落后,市场上物资仍然严重匮乏,重庆、成都等城市里一些投机商利用手中掌握的物资和货币趁机兴风作浪,哄抬物价。为此,人民政府采取有力措施,凭借刚刚建立起来的国营经济的力量,调运粮食,掌握棉纱,适时抛售,打击不法商人的投机活动;同时推销公债、节约开支、回笼货币,严禁囤积居奇和投机倒把,在短期内即制止了物价上涨趋势,使市场稳定下来。

3. 大力解决大批失业工人的就业问题

解放之初,川渝地区境内失业人数达到14万人以上,此外,还有半失业的搬运工人、矿工及盐业工人共约22万人。为了解决这些工人的失业问题,川渝地区各省级政府(如前介绍,当时有6个省级区划)从各地拨出5000吨救济粮,并从党政军机关开始,在城市发起捐款运动,解决吃饭问题。在此基础上,从1950年4月起,在各地开始失业登记,并组织救济委员会,组织失业工人通过修筑成渝铁路、修建公

---

① 杨超主编:《当代中国的四川》(下册),中国社会科学出版社1990年版,第54—55页。

② 杨超主编:《当代中国的四川》(下册),中国社会科学出版社1990年版,第54页。

路、建筑仓库、搞运销等形式以工代赈，积极进行生产自救。同时还为失业工人举办职业技术训练班，提高就业能力。由于救济工作采取标本兼治，成效十分明显，严重的失业问题基本解决。这不仅使广大城市居民耳目一新，对人民政府增强了信赖，也为城市生产的进一步发展奠定了坚实的基础。

4. 帮助城市私营企业解决原料供应问题

主要由人民政府工商管理机关批发企业帮助组织供应私营工业户所需的棉花、木材、中药、土产等原料。1950年1月，重庆市在陕西省等产棉区设立购棉办事处采购原棉，按纱锭分配供应给国营、公私合营、私营纱厂。1950年5月，成都市国营花纱厂布公司分别同私营申新、裕华两纱厂，签订原棉交换纱布的合同，保证了这两个厂的原料供应。政府还调解处理劳资纠纷，不仅使资方得以正常进行生产而有利可图，保障了工人的基本工资福利，还通过工会参加工厂的劳动和生产管理。

与此同时，政府积极采取措施没收城市内的官僚资本，并本着"利用、限制、改造"的方针，对手工业、资本主义工商业进行社会主义改造，逐步建立和发展起全民所有制经济和集体经济。

随着城市生产的恢复和发展，城市经济日趋恢复和壮大，这从另一方面为新型城乡关系的形成奠定了基础。

(三) 铁路、公路的修建

建立、巩固、发展工农联盟，不仅是中国共产党带领人民夺取民主革命取得胜利的根本保证，也是进行社会主义革命和社会主义建设的根本保证。而连接城乡、工农，缩短空间距离的，则是现代铁路与公路的修建。

1950年6月15日，成渝铁路正式开工修建。成渝铁路全长505公里，是连接成都、重庆两大城市的重要交通干线。经过10万多军民的共同努力，至1952年7月1日胜利建成并全线通车。这是新中国成立后我国自行设计、使用国产材料建设的第一条500公里以上的大型铁路。川渝地区翘首期盼了半个世纪的千里川渝铁路只用了一年半时间就实现通车。为了早日建成通车，时任中共川西区党委第一书记、川西行政公署主任兼军区政委的李井泉同志，领导川西区党委和政府动员了大批成都失业工人和川西民工，与驻军、西南工兵共同筑路，并在物资给养的调拨方面给予全力支持。

与此同时，康藏公路、成都阿坝公路、宜（宾）西（昌）公路亦相继开建。1952年7月2日，天（水）成（都）铁路开工。

在党和政府的领导下，经过1950—1952年的三年恢复，川渝地区在医治战争创伤的基础上，也使国民经济迅速步入正常发展的轨道。到1952年年底，全省（原四川省范围，今川渝地区）工农业生产总值达到59.08亿元，比1949年的43.51亿元增长了35.8%。[1]

三　正趋形成的新型城乡关系

国民经济恢复时期（1950—1952年），川渝地区在稳定农村经济社会秩序，恢复和发展城市经济，医治战争创伤，使国民经济迅速步入正常发展轨道的过程中，逐步构建起了新型的城乡关系。

（一）城乡市场日趋稳定

新中国成立之初，川渝地区的情况和全国总的情况一样，由于国民党政府之前的疯狂发售纸币和土匪、特务频繁的骚乱袭扰使城乡交通受阻、物流不畅，加之城市投机商人趁机囤积居奇，哄抬物价，扰乱城市市场，城市和乡村物资价格如脱缰野马，粮、油、纱、布等多种商品物价暴涨。如果我们以1949年年底（12月）的物价为参照基数，到1950年1月，粮食、油料、棉纱、棉布、糖果等25种主要商品的平均价格增幅达35.2%，而到2月，上涨幅度更是达到66%，尤以大米上涨幅度最大，达到1.8倍，棉纱则上涨了70.5%。当时，主要大城市是物价暴涨的重灾区。如在重庆，1950年2月的主要商品平均价格，较之1月上涨了1.08倍，而切关民生的大米、面粉则涨幅最大，几近2倍；同样的情况也出现在成都，其2月的物价亦较之前有急剧的上涨。[2]

城乡主要商品价格的暴涨，不仅严重扰乱了市场秩序，影响到人民群众的日常生活，而且也弄得城乡居民人心惶惶，严重威胁到社会的稳定。好在川渝地区各级人民政府，在中共中央和中共西南局的正确指导

---

[1] 四川年鉴编辑委员会编：《四川年鉴（1991）》，四川年鉴编辑委员会1991年版，第498页。

[2] 杨超主编：《当代四川简史》，当代中国出版社1997年版，第33页。

下，采取了各种有力措施平抑物价、稳定市场，很快解决了川渝新政权面临的第一次重大挑战。根据西南贸易部所做的统计，1950年，各主要城市之物价，3月比2月大幅下降了28.2%，4月比3月再进一步下降了28.7%，至5月，物价便已回到正常状态。① 在平抑物价、稳定市场的过程中，川渝地区各级人民政府采取的主要政策措施，一是积极推动国营粮食、花纱布等公司积极多方筹措货源，并以低价大量抛售；二是加大政府公债销售，挖掘拓展税源，加强税收征缴，进一步紧缩市场银根；三是允许公粮货币化；再配之剿匪肃特的胜利、征粮工作的顺利开展以及城乡交通的逐步恢复等。在这一过程中，政府发挥着决定性的主导性作用，似乎反映不出城乡之间的经济关系。但我们的视角不能仅仅停留在事实的表层，虽然由于当时川渝地区社会局势还比较混乱，政府理所当然地在稳定社会和经济秩序的过程中担当主角，但让人不能忽视的是，城市和乡村之间的工业、农业生产的恢复与发展正是政府赖以发挥这种作用的基础。在当时时局极端复杂艰苦的情况下，川渝地区工业和农业生产仍然得以保持稳中有升。如果以1949年工农业生产总值为100，1950年则分别为100.1和101.5。②

增幅虽然微弱，却犹如给当时的城乡居民吃了一颗定心丸，安定了民心，使之能够积极投入此后城乡的生产建设之中，并使川渝地区国民经济迅速恢复和发展起来，至1952年，同全国整体状况一样，恢复到了较高水平。如前所述，1952年川渝地区工农业总产值达到59.08亿元，比1949年的43.5亿元增长了35.8%。其中：工业总产值16.08亿元，比1949年的7.3亿元增长了120%；农业总产值43.00亿元，比1949年的36.2亿元增长了18.8%。③ 当然，这并不是一项简单的工作。不过，正因为其不简单，才更加凸显了川渝地区乡村对城市的支持。别的暂且不论，单就粮食而言，已足以充分反映乡村对城市的巨大贡献。

新中国成立之初，川渝地区人民政府所有粮食总计只有1.75万吨，

---

① 杨超主编：《当代四川简史》，当代中国出版社1997年版，第34页。
② 四川年鉴编辑委员会编：《四川年鉴（1991）》，四川年鉴编辑委员会1991年版，第500页。
③ 四川年鉴编辑委员会编：《四川年鉴（1991）》，四川年鉴编辑委员会1991年版，第498页。各项比例根据本页数据计算而得。

第二章 | 恢复与重建：新中国成立初期川渝地区城乡关系的重构

而当时西南地区（主要是川渝地区）需要政府供给粮食与衣物的人数高达200万（包括人民解放军、旧时机关工作人员、学校教职员、国营企业职工以及起义投诚和被俘的国民党官兵）。① 200万人的吃饭穿衣能否解决，直接决定社会能否稳定。正如邓小平在1951年6月27日作的《关于西南局工作情况的报告》中所指出的，"如果不好好解决这200万人的吃饭穿衣问题，势必大乱"。② 从后来川渝地区并没乱的事实来判断，农村很显然在政府安排这群城市人群吃饭穿衣等问题上，发挥了重要作用，避免了社会的混乱。

不仅如此，为平抑当时城乡的高昂物价，保证城镇居民粮食供应，也需要大量的粮食。而川渝地区广大农民在征粮工作队（主要由解放军官兵和地方干部组成）宣传动员之后，便十分积极踊跃地上交公粮，一度出现交粮热潮。仅1950年大年三十（公历1950年2月14日）一天里，川东地区（不包括酉阳专区）就完成了该年征粮总任务的43.5%。③ 至是年秋收时节，川渝地区公粮入库已约达200万吨，相较于解放之初的1.75万吨，增长了114.29倍。广大乡村百姓的节衣缩食、踊跃交粮，不仅保障了新政府能有效解决大量城市人口的吃饭难题，同时也对于当时川渝地区城乡社会局势的稳定，尤其是城市社会局势的稳定，发挥了重大作用。

（二）城乡物资交流活跃

1950—1952年，中央政府多次发布关于开展城乡物资交流、活跃城乡经济的指示，全国各地积极响应，川渝地区亦不甘人后，纷纷举办不同形式、不同层次的城乡物资贸易会。限于条件，无法获取官方的相关文件，但我们仍可以从当时报端刊载的各地举办各类城乡物资交流的广告中，大致了解当时城乡物资交流盛况。通过对1952年9月5日至1953年2月15日《四川日报》第2、第3、第4版所刊载有关各地各类城乡物资交流大会广告的粗略统计，可以发现，川渝地区在短短不到半年的时间里，在30个县，先后举办了近50次规模不等、形式不同的

---

① 杨超主编：《当代四川简史》，当代中国出版社1997年版，第34页。
② 中共中央文献研究室、中共重庆市委编：《邓小平西南工作文集》，重庆出版社2006年版。
③ 杨超主编：《当代四川简史》，当代中国出版社1997年版，第39页。

39

城乡物资贸易大会①,此举极大地促进和活跃了当时川渝地区城市与乡村之间的货物交流。而且,还有一种情况不容忽视,就是当时有的县虽然只是举办了一次物资交流大会,但在大会期间常常在该县的很多地方同时布置有分会场,这使物资交流大会的影响范围大为扩大。②

城市与乡村之间如此频繁的货物交流,不仅充分反映了新中国成立以来川渝地区城乡间社会生产不断恢复的好成绩,同时亦充分说明了城乡间在经济上的彼此紧密联系。1952年9月14日《四川日报》刊发《西南区农村购买力增长市场日益繁荣,西南贸易部号召做好推销工作》一文,就盛赞了此类城乡物资交流大会所取得的成绩,"西南全区今年约有三分之一的县(主要是川渝地区)和这些县内的主要乡镇,在七、八月召开了物资交流大会,通过这些大会及其他努力,不仅打开了土特产品的销路,更重要的是把工业品推销到了县级和县级以下的市场。因此,使全区大小市场呈现出一片兴旺的景象"。

川渝地区城乡间的紧密联系,还突出地表现在城市和乡村各自为顺利开展物资交流所做的准备上。以邛崃县为例,该县人民政府在1952年9月为了做好第2次物资交流的准备工作,进一步扩大城乡间的物资交流,曾组织12名工作干部、200家工商户,分成3个农村访问团,分别到该县的丘陵山地(第6、第7、第8、第9区)和平坝区域(第2、第3、第4、第5区),深入了解当地土特产品的生产销售情况和农村购买力情况,同时,还向农村市场积极宣传推广工业产品。由于农村访问团所代销产品适销对路,多为广大农民生产、生活急需和必需的,加上农民收入增加、购买力提升,因此成绩当然自不待言。有资料统计,农村访问团在访问农村期间,仅土布一项就卖出了价值786.53万元,只该县第9区火井乡1天就卖了价值为116.97万元的工业商品;该县山区农民主要购买他们所需的洋布、油盐、挂面等,以及汤瓢、铜调羹、

---

① 陈明:《国民经济恢复时期(1949—1952)四川城乡关系及其对城乡发展的影响》,《乐山师范学院学报》2008年第1期。
② 如在广汉县举行特产交流会和物资交流大会期间,就在该县的3—5个地点先后举行,此举极大地扩大了城乡间物资交流的规模及其影响。类似的行动及成就在同一时期的成都、宜宾、泸县等也曾出现,参见成都市工商界《通过农村推销组取得经验教训,准备广泛开展农村推销工作》,《四川日报》1952年9月22日和《宜宾泸县等县举办集镇物资交流大会活跃了农村初级市场》,《四川日报》1952年9月8日。

第二章 恢复与重建：新中国成立初期川渝地区城乡关系的重构

铁铲等小五金，而百货、文具、纸张等则在该县平坝地区最为行销。

此外，通过城乡间的物资交流，不仅城乡居民的收入得到不同程度的增长（其中农村居民尤为突出，因为他们的收入增长极为直接和明显），而且城乡居民的生产、生活所需也得到充分满足，极大地改善和提高了城乡居民的生产生活质量。当时，广大乡村特别是一些边远地区对工业品是迫切需要的。比如，根据报道，在屏山县物资交流大会交易期间，其工业品购销总额就占66%。物资交流大会为期5天，总计成交147笔交易，购销总额达52.13亿元，比预定计划超出5倍多（原计划估计会达到10亿元），其中主要是工业品和农村土特品的交易。工业品共计35.358亿多元销售额，在总购销额中占比67.8%；土特产品共计8.8734亿元销售额，在总购销额中占17%。在交易会上，单就花纱布，农民就购买了14.14多亿元。一些在城里长期滞销的商品受到热捧，被畅销出去。宜宾蕨溪的农具、土布，横江的土纱，以及云南绥江的土布、油脂等都在屏山大量售出。[1]

(三) 城乡经济联系更加密切

交通特别是运量大、速度快、安全性较高的铁路交通的发展，是推动城市与乡村之间各种经济要素密切往来交流的前提和基础。交通运输的便利，货物往来交流的顺畅，一方面满足了城市居民对于农副土特产品的需求，另一方面也满足了农村居民对工业产品和化肥等的需要，同时，也及时满足了少数民族地区居民对布匹、食盐、茶叶等生活必需品的需求。[2] 要谈及铁路对于川渝地区城乡间经济交往的影响与作用，就不能不提川渝地区城市与乡村之间经济社会生活联系的重要纽带——成渝铁路。

作为新中国成立后兴建的第一条铁路，成渝铁路西起成都，东至重庆，横穿四川盆地中心，全长共505千米，是连接川西、川东的经济、交通大动脉。铁路串起川渝地区16个县（市）（当时的区划），惠及腹

---

[1] 《沿边地区人民迫切需要工业品》，《四川日报》1952年9月20日。此外，1952年9月7日《四川日报》刊载由宋禾、朱买撰写的《远离城市的地方——记高兴乡开展物资交流前后的变化》一文，向我们展示了一个偏僻的川西集镇在城乡物资交流前后所发生的巨大变化。

[2] 《解放三年以来西南交通事业迅速发展》，《四川日报》1952年9月29日。

地人口1100多万人。成渝铁路所经之地都是川渝地区人口稠密、工农业基础较好、经济较为发达的地区，富产大米、井盐、白糖、煤焦、铁矿等物资。① 它的修筑并通车，不仅将沿线丰富的物产源源不断地运往祖国各地，也成为川渝地区的一条经济大动脉，有力地促进了川渝城乡之间的人、财、物的密切联系和交流，对发展川渝地区工农业生产、繁荣地方经济、提高城乡居民生活水平等，都发挥了极其重要的作用。

成渝铁路始建于1936年，但到1937年7月，因抗日战争爆发而停工，仅完成工程量的14%，而且一寸钢轨未铺。新中国成立后，即在当时极其困难的条件下，本着党中央"就地取材"的指示，于1950年6月15日调动人力、物力，发动广大军民重启修筑，从成都向东以每日铺筑5公里又30尺的速度推进；同年8月1日也从重庆向西开始铺轨，1951年6月30日铺轨到永川，12月6日铺轨到内江，1952年1月26日铺轨到资中，至6月13日铺轨到达终点站成都。7月1日成渝铁路实现全线通车。

有资料显示，在成渝铁路通车后仅两年里，就为广大川渝农村地区运送了2.3万多吨化肥、3600多套播种机、圆盘耙等各地新式工具，此外还"给国营机耕农场运送了2台拖拉机和2台五铧犁"。这些物资的及时运达，为川渝地区广大农村顺利完成农业增收任务、巩固和发展农业生产互助合作运动做出了重要贡献。同时，由于成渝铁路也为川渝地区运来了大批工业建设所需器材和设备，极大地促进了川渝地区工业生产的发展。低廉的铁路运输，为川渝地区工农业生产发展、城乡物资交流、人民生活改善等都起到了十分重要的作用。例如，在铁路通车前，隆昌义大煤矿因为运输成本太高极大地限制了其产煤数量，成渝铁路通车后煤的运价比之前降低了21倍，从而促使煤的产量提高了135%，进而更带来了一连串相应的效果：由于煤炭运价的降低，内江地区糖业生产成本随之降低了11%；由于糖厂有了价格低廉、数量足够的燃煤，糖产量在1953年年中就较上年增加了2倍多。除此之外，成渝铁路带来的便利运输还极大地保证了经济作物地区百姓对大米等粮食作物的需求，保证了经济作物地区百姓的生活必需，进而也促进了川

---

① 胡景祥：《逐渐成长的成渝铁路》，《成都工商导报》1954年7月2日。

渝地区经济作物的增产。比如，在内江市，1953年甘蔗就增产了5亿多斤；与此同时，由于运价在铁路通车后较之以前平均降低了4倍，川西北以及少数民族地区生产的300多种药材，也源源不断地被运出售卖，当地农民随之得以增收，社会经济也获得了很大的发展。①

由于成渝铁路的通车，川渝各地区间工农业产品的差价得以大幅度的缩小。如隆昌农民在1951年要用350斤大米才能换回1包棉纱，到1953年则只需要250斤大米就可以换回；成都平原在1951年要用15斤烟叶才能换到一个暖水瓶，到1953年则只需要用6斤。② 又如，成渝铁路通车前，川西平原一匹白细布的价格相当于农民售出的568斤大米，通车后则降至411斤大米，减少了150多斤；通车前，农民要卖出366斤大米才能换回100斤盐，通车后，则只需254斤；通车前，100斤白砂糖的价格相当于1100斤大米，通车后，则降至700斤。另据相关资料，成渝铁路建成运营后，共"有3000多种工业品价格普遍降低，而川西平原农民生产的农副产品价格却由于川渝铁路的通车而大为提高"。③

随着川渝铁路的通车，川渝城乡交通变得更为通畅便利，大大缩小了当地工农业产品价格差，城乡居民对彼此的需求和依赖不断增强，城乡之间的联系和交往也随之变得更加紧密。

四　新的城乡关系下川渝城乡的发展与变化

城市与乡村之间各类要素的往来与联系对城乡各自的发展都存在不可估量的影响，一种新的城乡关系一旦构建，城市与乡村的景象将随之发生重大变化。

（一）城乡经济发展主要指标成绩耀眼

国民经济恢复时期，川渝地区与全国一样，逐渐呈现出一种较为和

---

① 陈明：《国民经济恢复时期（1949—1952）四川城乡关系及其对城乡发展的影响》，《乐山师范学院学报》2008年第1期。

② 《成渝铁路成为我省建设的纽带》，《四川日报》1954年7月1日。另外，1954年7月5日《成都工商导报》刊载的《成渝铁路物资运输量不断增加》、《成渝线上的集镇》都反映了成渝铁路通车后，对于川渝地区物资运输和集镇发展的影响。

③ 张国辉：《接受我国工人和农民的生活状况》，《新建设》1954年第3期。转引自陈明《国民经济恢复时期（1949—1952）四川城乡关系及其对城乡发展的影响》，《乐山师范学院学报》2008年第1期。

谐的城乡关系，这种新构建起来的城乡关系给城乡发展带来的积极影响已充分反映到了城乡的各项经济和社会发展事业上，最直接的表现就是1950—1952年川渝地区所取得的重大成就，详见表2-1。

表2-1　　　　1949—1952年川渝地区工农业总产值
（按1952年不变价格计算）　　　　单位：亿元

年份	工农业总产值	农业总产值	工业总产值	工业总产值构成	
				轻工业	重工业
1949	43.51	36.20	7.31	5.79	1.52
1950	43.65	36.23	7.42	5.99	1.43
1951	50.57	39.44	11.13	8.18	2.95
1952	59.08	43.00	16.08	11.29	4.79

资料来源：《四川年鉴（1991）》，四川年鉴编辑委员会1991年版，第498页。

三年间，川渝地区工农业生产总值年均增长10.7%，工业总产值更是达到年均30.1%的增长率。具体言之，钢产量从1950年的0.9万吨增加到1952年的5万吨，增长了近6倍；生铁产量则由1950年的1万吨增加到9.2万吨，增长了9倍多；原煤也大幅增长，从1950年的201万吨增加到1952年的337万吨。此外，布匹、食盐、白糖等的产量，较之以往也有较大幅度的增长。[①] 同期，农业生产方面的成绩也十分突出。比如川渝地区粮食产量最高纪录是1938年的1797.7万吨，1949年已降至1494.5万吨，但经过三年的恢复建设，至1952年粮食产量已恢复至1642万吨，接近1938年的历史最高水平。与此同时，棉花的产量也超过了解放前的最高水平。按照可比价格计算，1952年川渝地区实现社会总产值53.4亿元，比1951年增长了19.3%；实现国民收入36.74亿元，比1951年增长了11.8%；实现社会商品零售总额19.11亿元，比1950年增长了42.2%。[②]

（二）城乡居民生活有了极大改善

随着工农业的发展，川渝地区城乡居民的生活也较之以前有了很大

---

① 杨超主编：《当代四川简史》，当代中国出版社1997年版，第68页。
② 杨超主编：《当代四川简史》，当代中国出版社1997年版，第68页。

第二章 恢复与重建：新中国成立初期川渝地区城乡关系的重构

程度的改善。

第一，城市失业问题基本上得以解决。仅在 1950 年一年内，川渝地区就有总数为 22 万的失业工人得到了妥善安置。

第二，城市工人收入水平大幅增加。重庆市曾详细调查过本市的 341 户职工，其收入水平，如以 1949 年 9 月为基准 100，至 1952 年 9 月则增加到了 217，增长达 1 倍多。

第三，城市工人住宿条件大为改善。重庆、成都等地工厂，为改善工人住宿条件，新建了数量可观的职工住宅楼。仅从当时 61 个厂矿的不完全统计来看，国民经济恢复时期的 3 年里川渝地区就共修建职工住宅 260 万平方米①，大大地改善了城市工人的住宿条件。1952 年 9 月 10 日《四川日报》曾刊载了重庆市修建第一批工人住宅的情况：在重庆市区内为搬运、建筑等工人修建了 10 幢 4 层高的住宅；在市郊嘉陵江边为工厂区工人修建了 40 幢居住大楼。这些住宅建成后，将可以解决 1360 户家庭和 2400 多位单身职工的居住问题。② 而且，这批住宅的卫生、水电设备将一应俱全。郊区工人居住区还将有较为完备的小区花园和对外联系的道路交通，并将预留地基以备将来兴建市场、学校等生活配套设施。

第四，与此同时，广大农民也因获益于农副产品价格的提升、工农产品比价的缩小，以及城乡之间蓬勃开展的货物交易，而使收入得以很大幅度的增加，并由此使生活得以较大改善。

（三）城市化进程得到显著推动，城市化发展迅速

由于川渝地区城乡间的关系日益紧密，使当时中共中央西南局在考虑与决策包括川渝地区在内的西南地区发展时，也不得不认真周密思考当地城乡之间的这种业已形成的紧密关系。如中共中央西南局在 1951 年向中央作的关于当时城市工作的报告中，就根据当时西南地区各主要城市和集镇人口中工人及其家属所占比重较大的情况（像渝蓉两个较大的城市，工人及其家属在内均占总人口的一半以上，昆明、贵阳、万县等其他城市，工人及其家属也占总人口的一半），确定了西南局此后要加强对城市工作的指导，使城乡之间、工农之间不至于出现脱节的危

---

① 杨超主编：《当代四川简史》，当代中国出版社 1997 年版，第 68 页。
② 《重庆市开始修建第一批工人住宅》，《四川日报》1952 年 9 月 10 日。

险。各省、区党委的工作重心土地改革前仍在农村，而市委则要认真做好各项城市工作。①

当然，这种城乡间良好发展状况，不仅直接影响了当时川渝地区的城乡发展格局和演变，也十分明显地推动了该地区的城市化进程。这一时期被认为是川渝地区城市化发展比较快的一个时期。川渝地区在国民经济恢复时期城市化所取得的发展主要表现为以下几个方面：

首先，城市人口快速增长。新中国成立之初，川渝地区的城市人口所占比重非常低，仅为4.3%，与当时全国的平均水平10.64%相去甚远。② 但到1952年，川渝地区的市镇人口已达到8.0%。③

其次，城市的数量大幅增长。从1949年新中国成立之初到1952年，城市数量从3个增加到9个。

最后，城镇的数量也在不断增加。城镇数量由1949年的280个建制镇，增加到1952年时的346个，3年间共增加了66个建制镇。

表2-2　　国民经济恢复时期川渝地区城市和建制镇增长情况

年份	数量	具体城市名称	建制镇数量
1949	3	重庆、成都、自贡	280
1950	6	重庆、成都、自贡、万县、南充、泸州	271
1951	10	重庆、成都、自贡、万县、南充、泸州、北碚、内江、宜宾、五通桥	307
1952	10	重庆、成都、自贡、万县、南充、泸州、内江、宜宾、五通桥、合川	346

注：①新中国成立后，重庆一度被确立为中央直辖市，为西南军政委员会所在地，至1954年划归四川省；②1952年北碚市划归重庆市管辖。

资料来源：刘江主编：《中国地区发展回顾与展望》（四川省卷），中国物价出版社1999年版，第129页。

---

① 《西南局关于城市工作会议报告》（1951年1月8日），载中共中央文献研究室《建国以来重要文献选编》（第二册），中央文献出版社1992年版，第15—16页。
② 杨超主编：《当代中国的四川》（下册），中国社会科学出版社1990年版，第473页。
③ 四川省统计局、国家统计局国情调查总队编：《四川统计年鉴（1989）》，中国统计出版社1989年版，第72页。

第二章 | 恢复与重建：新中国成立初期川渝地区城乡关系的重构

综上所知，国民经济恢复时期，川渝地区城乡之间的交流与联系是通畅的、紧密的，是活跃的、生动的，城乡关系是互利互惠、互促互补的。正是得益于这种和谐联通的城乡关系，这一时期川渝地区的城市和乡村都得到了极好发展。而城乡各自的健康发展，则又进一步推动了城乡之间互利互惠、互促互补的和谐关系的发展。二者彼此影响，互相促进。

第三节 "一五"时期川渝地区的城乡关系

新中国成立伊始之时，在中国的经济结构中，小农经济仍占绝对主体地位，现代工业基础尤其薄弱，重工业在工业总产值中所占比重极低。在政治上已经获得独立的新中国要摆脱这种状况，早日实现经济独立，就必须尽快实现国家工业化。党和国家领导人在基于对当时国内外政治、经济环境的谨慎考量之后，最终决定效法苏联的工业化模式，走重工业优先发展的赶超型国家发展战略，即"用一切方法挤出钱来建设重工业和国防工业"。[1] 在"一五"计划时期，中央政府集中全力，投入156项苏联援助的重点工程建设中。[2] 为了最大限度地从农业和农村摄取更多生产剩余，同时避免在发展重工业过程中因农村劳动力的大量转移而对城市造成过大的压力，党和政府实施了一套具有明显城市偏向的制度安排，这些制度包括户籍制度、统销统购制度、人民公社制度以及由此衍生出来的就业制度和公共服务供给制度等，结果造成城乡在经济、社会等领域的各个方面出现了严重分割的局面。

和全国各地一样，川渝地区从1953年开始进入第一个五年计划建设时期，至1957年胜利完成了第一个五年计划的所有生产建设任务。川渝地区在"一五"计划时期，根据国家制定的过渡时期总任务要求，在对农业、手工业和资本主义工商业等经济领域完成社会主义改造的同时，也根据党和国家的总体部署，实施重工业优先发展战略，开展积极

---

[1] 中共中央党史研究室：《中国共产党历史》第2卷（1949—1978），中共党史出版社2011年版，第198页。

[2] 这些项目涉及航空、航天、兵器、船舶、电子等领域，因后期中苏关系破裂，实际施工的有150项。

并富有成效的经济建设。5 年间，川渝地区继续执行以重工业为主的投资理念，重工业在基本建设中的投资比重虽较国民经济恢复时期有所减少，但仍然达到 83.4%①，共完成基本建设投资 18 亿多元，施工建设的大中型项目数量达到 932 项之多。而且，作为进出川的重要交通干线的宝成铁路也在"一五"计划时期建成并通车。到 1957 年，川渝地区全面超额完成"一五"计划任务，工农业总产值达到 108.2 亿元，比 1952 年增长 83.1%，平均每年增长 12.9%；其中工业总产值 47.54 亿元，比 1949 年增长了 5.5 倍，比 1952 年增长了近 2 倍；工业总产值在工农业总产值中的比重由 1952 年的 27.2% 上升为 43.9%；轻重工业的结构也发生了变化，重工业产值占工业总产值的比重，由 1949 年的 20.8% 上升为 36.8%。②

随着川渝地区开始实施重工业优先发展战略，城乡关系也在主流和谐的形势下，开始出现一些不和谐的特征。

一 城乡之间不和谐关系的出现

"一五"计划时期，川渝地区城乡之间关系的一些不和谐症状，主要表现为以下方面：一是因粮食紧缺而出台并实行的统购统销政策阻隔了城乡间各要素的自由流动；二是城市居民对农村人口入城"挤占资源"心生排斥，农村居民对城乡差异日益扩大萌生不满等。

（一）粮食紧缺与统销统购政策的出台及实施

"一五"计划期间，为了响应国家号召，同时也立足于自身实际，川渝地区制订了自己的具体发展目标与实施计划。事实上，"一五"计划期间，"重工业优先发展"战略在川渝地区的表现较之其他地区显得更为明显和突出。姑且不论数量不小的本地工业的建设发展，仅国家 156 个重点建设项目而言，布局在川渝地区的就有 11 项，其中第一批 6 项，1952 年起就陆续开始动工，至 1958 年前后建成投产（第二批 5 项，本来 1958 年已开始动工，但后因中苏关系破裂，中止合同，受援项目不得不调整方案，不仅压缩规模，建设工期也一延再延，最晚的到 1965 年才最后建成投产）；再加上 694 个限额以上项目安排在川渝的 16

---

① 刘清泉主编：《四川省经济地理》，四川科技出版社 1985 年版，第 372 页。
② 杨超主编：《当代中国的四川》（下册），中国社会科学出版社 1990 年版，第 75 页。

个和其他重要工业及交通项目等,"一五"计划期间川渝地区重要的建设项目总数达93个。①

表2-3　　1949—1957年四川省轻重工业基本建设投资比重

时期	轻工业（%）	重工业（%）
恢复时期	12.7	87.3
"一五"计划时期	16.6	83.4

资料来源：刘清泉主编：《四川省经济地理》，四川科技出版社1985年版，第372页。

表2-4　　1949—1957年四川省工业基本建设投资及其比重

时期	四川工业基本建设投资（亿元）	四川工业投资占全省基本建设总投资（%）	四川工业投资占全国工业投资（%）
恢复时期	1.02	23.6	—
"一五"计划时期	10.19	38.1	4.1

资料来源：刘清泉主编：《四川省经济地理》，四川科技出版社1985年版，第372页。

随着大批重要建设工程项目的迅速上马与推进，急需大量建设工人，再加上伴随国民经济的快速恢复和人民生活水平的大幅度改善，出现了一个生育高峰，这些新情况，使城市管理层需要花大力气去考虑如何应对大量新增长人口所需的食粮问题。与此同时，为了满足一些工业生产对经济作物日益增长的需要，政府还规定必须在有限的可耕地当中，划拨出一定数量的土地去种植这些经济作物，这使原来并不宽裕的粮食增长空间变得更为狭窄。

此外，还有来自自然的影响。1953年春，就在第一个五年计划开端之年、大干之时，川渝地区因春旱出现严重春荒。这次春荒，受灾区域范围大，涉及县份53个之多，缺粮人口总数达到162.7万余人。② 由于其中有些县当时尚未进行摸底统计，因春荒而缺粮的人口应该不止此数。尽管在当年3月20日前四川省政府曾先后向受灾地区拨发了专项的社会救济金和口粮贷款，但问题并未因此根本好转，直至后来立足于川渝地区本身的固有优势，积极发动城乡居民进行同心合力的生产自救

---

① 杨超主编：《当代四川简史》，当代中国出版社1997年版，第69页。
② 《我省五十三个县遭受严重春荒》，《四川日报》1953年3月26日。

新中国成立以来川渝地区城乡关系演变研究

运动,缺粮问题才得以缓解。

表2-5　　　1952—1956年四川省历年粮食增减产情况比较　　　单位:万斤

年份	粮食总产量	其中				较1952年增减百分比		
		水稻	占比	薯类	占比	总粮食	水稻	薯类
1952	3375496	2100971	62.24	448775	13.30			
1953	3663245	2285886	62.40	410893	11.23	+8.52	+8.80	-8.44
1954	3893314	2440081	62.67	495491	12.72	+15.34	+16.14	+10.41
1955	4046914	2378389	58.77	623426	15.42	+19.89	+13.20	+38.92
1956	4451605	2693640	60.51	672062	15.10	+31.88	+28.21	+49.75

注:①表内数字为原粮计算单位。②薯类按四斤折一斤原粮计算。
资料来源:杨超主编:《当代中国的四川》,中国社会科学出版社1990年版,第74页。

但是,随着工业项目的大批上马,粮食供给明显出现了问题,随之而来的便是粮食收购与供给全部纳入管制,即便是在拥有"天府之国"(川西平原)的川渝地区(当时的四川省),情况也是如此。就在中共中央于1953年10月16日颁布《关于实行粮食计划收购和计划供应的决议》之后,10月20日,四川省委立即召集各地、市、县委书记以及省委所属各部门的主要干部等148人在成都开会。会议重点讨论并通过了《关于执行中央粮食计划收购计划供应的决定的初步计划方案》(省委于当月31日批转)。① 根据该方案,粮食的计划收购与计划供应同步进行,并将于当年11月25日起实行。至于如何具体实施,除坚持中央和省委相关规定外,四川省财委还在11月13日发布了《关于中小城市粮食计划供应工作的初步意见》和《关于场镇粮食统销的初步意见》。② 根据这两个意见规定,四川省所有大中城市以及交通沿线地区至1953年底全面实行凭证供应粮食。全国粮票与四川粮票、料票自11月起在川渝地区(当时的四川省)同时使用。随着粮食的日益紧张和统销统

---

① 陈明:《"一五"计划时期的四川城乡关系(1953—1957)》,《成都大学学报》2008年第1期。
② 龚白德主编:《中共四川地方史专题纪事(社会主义时期)》,四川人民出版社1991年版,第68—69页。

第二章 恢复与重建：新中国成立初期川渝地区城乡关系的重构

购工作的推进，川渝地区进一步扩大了粮食管制范围。例如，规定自 1955 年 8 月起，不仅城镇居民的生活口粮要通过区别工种、等级来定量供应，而且城镇的熟食工业生产和销售的粮食制品也需要凭票购买。① 依据上述政策，从此，在川渝地区，一切流动人口和临时外出的城市与农村居民，都要凭证凭票才能购到粮食或食物，此举大大限制了农村人口向城市的流动。

表 2-6　　1953—1955 年四川省粮食征、购、销、调、存情况统计

单位：万斤

年度	征购实绩 数量	征购实绩 占产量比重	城乡销售实绩	购销相抵收支余额 数量	购销相抵收支余额 较中央规定增减数	调出省外数量	年末库存
1953	789807	26.53	517140	272667	+142539	130001	488873
1954	976954	30.90	581538	395416	+66158	215327	645530
1955	919407	27.58	450083	469324	+95634	317306	862998
与上年比较							
1954 比 1953	+187147	+4.37	+64398	+122749		+85326	+156657
1955 比 1954	-57547	-3.32	-131455	+73908		+101979	+217468

注：①表内数字为贸易粮计算单位。②征购实绩占产量比重是将产量折为贸易粮后计算的。

资料来源：四川省财委档案《四川省人民委员会财委五办、省粮厅关于 1955 年全省粮食情况统计资料》，四川省档案馆藏，案卷号：601-309，档案号：建川 61。

表 2-7　　　1953—1955 年四川省历年粮食销售情况统计

单位：万斤、%

年度	销售合计	城市 数量	城市 占合计比例	乡村 数量	乡村 占合计比例	其中 纯供应农村数	其中 占合计比例
1953	517487	273244	52.22	244243	47.78	220648	42.64
1954	581550	264587	45.50	316963	54.50	236365	40.64

---

① 陈明：《"一五"计划时期的四川城乡关系（1953—1957）》，《成都大学学报》2008 年第 1 期。

51

续表

年度	销售合计	城市		乡村		其中	
		数量	占合计比例	数量	占合计比例	纯供应农村数	占合计比例
1955	450062	236636	52.58	213426	47.42	141302	31.40
与上年比较							
1954 比 1953	+64063	-8657	-3.17	+72720	+29.77	+15717	+7.12
1955 比 1954	-131488	-27951	-10.56	-103537	-32.67	-95063	-40.22

注：①表内数字系贸易粮单位计算。③纯供应农村数系供应农村缺粮户的数量。

资料来源：四川省财委档案《四川省人民委员会财委五办、省粮厅关于1955年全省粮食情况统计资料》，四川省档案馆藏，案卷号：601-309，档案号：建川61。

表2-8　1953—1955年四川省历年农村农民负担和留粮情况统计

单位：每人平均为斤，纯征购为万斤

年度	农业人口	每人平均粮食产量	每人平均征购量	每人平均销售量	每人平均留粮		纯农村征购粮
					贸易粮	原粮	
1953	57987439	631.73	136.20	38.05	415.30	501.40	569.159
1954	59044834	659.38	155.77	40.03	409.97	493.32	740.589
1955	60961904	663.84	150.81	23.18	419.16	496.00	778.105
与上年比较							
1954 比 1953	+1057395	+47.65	19.57	+1.98	-5.33	-8.10	171.430
1955 比 1954	+1917070	+4.46	-4.96	-16.85	+9.19	+2.70	37.516

注：①平均产量系原粮，购、征、销量系贸易粮。②平均销量系以纯供应农村数计算。

资料来源：四川省财委档案《四川省人民委员会财委五办、省粮厅关于1955年全省粮食情况统计资料》，四川省档案馆藏，案卷号：601-309，档案号：建川61。

川渝地区在对粮食实行统购统销两年后，又将统销统购的对象进一步扩大到食油、油料。1955年9月，川渝地区根据中央政府1954年9月颁布的《政务院关于实行棉布计划收购和计划供应的命令》《政务院关于实行棉花计划收购的命令》，确定对棉花、棉布实行统购统销，并全面实行凭票证定量供应。随着统购统销政策的全面实行，川渝地区城乡间的关系日趋不和谐。

第二章 恢复与重建：新中国成立初期川渝地区城乡关系的重构

表 2-9　　1950—1955 年四川省毛猪生产和屠宰情况统计　　单位：头

年度	生产量			屠宰量		
	总数	比上年增减数	比上年增减（％）	总数	比上年增减数	比上年增减（％）
1950	11357787			3223551		
1951	11672588	+314801	+2.77	5478639	+2255088	+69.96
1952	13778524	+2105936	+18.04	6478874	+1000208	+18.27
1953	17130509	+3351985	+24.33	9660861	+3182014	+49.11
1954	21439423	+4308914	+25.15	12666022	+3005161	+20.76
1955	19072823	-2366591	-11.04	11532440	-1133582	-8.95

注：生产量系统计局资料，屠宰量系税务局资料。

资料来源：四川省财委档案《四川省人民委员会财委五办、省粮厅关于 1955 年全省粮食情况统计资料》，四川省档案馆藏，案卷号：601-309，档案号：建川 61。

政府对于城镇粮食等农产品实行统销统购制度，其本意是控制农村人口进入城市，以免给城市发展造成压力，不过这一政策的实施，人为地在城乡之间设置一道鸿沟，进而和其他因素一起，影响城乡关系朝着不和谐的方向发展。相对于其他地区而言，川渝地区自身固有条件还算不错，然而自然灾害的发生、大批重大工程的实施，也促使其在贯彻国家政策方面表现得更为积极，成为川渝城乡关系发生变化的一个重要转折点。

（二）城乡居民间的排斥与不满

在国家政策和全国形势的推动下，川渝地区（当时的四川省）对粮食等农产品实行统购统销，已然使城乡关系渐呈不和谐趋向；而两者因围绕一些相对稀缺性资源展开的获取竞争，则更使城市与乡村居民对于"侵入"自己"领地"的外来人口开始萌生排斥与不满情绪。

新中国成立以来，川渝地区（当时的四川省）与全国其他地方一样，在国家"重生产、轻生活"理念指导下，一方面，将大量社会积累投放于工业生产建设；另一方面，对于城市基本生活服务设施如居民住房等，则坚持尽可能节约原则。这种理念指导下的城市建设，必定会严重制约城市对人口的吸纳能力；加上粮食等统购统销的限制，又更进一步限制了农村人口向城市人口的转化。

表2-10　1952—1955年四川省粮食产销余缺综合统计

分类 年份	人口（百人）	产量（百万斤）包括薯类	产量（百万斤）不包括薯类	国家收入（万斤）征收	国家收入（万斤）收购	农民留粮（百万斤）包括薯类	农民留粮（百万斤）不包括薯类	国家供销（万斤）	总消费量 总量（百万斤）	总消费量 每人平均（斤）	国家购销差（万斤）	国家应存（万斤）
1952—1953	613890	26124	21812	324604	164720	21231	16919	403207	25263	411.76	-238487	86117
1953—1954	618833	28379	24428	341882	429759	20663	16711	499568	25659	414.63	-69809	272069
1954—1955	629642	30376	25587	366517	581375	20897	16108	561038	26508	421.00	+20337	386854
1955—1956					509034	22867	17859	505200	27919		+3834	340388
以1952—1953年为100，各年比较 1952—1953	100	100	100	100	100	100	100	100	100	100	100	100
1953—1954	100.80	108.63	111.99	105.32	260.90	97.32	98.77	123.89	101.56	100.69	-29.27	315.93
1954—1955	102.56	116.01	117.30	112.91	352.94	98.42	95.20	139.14	104.92	102.24	+8.52	449.21

注：①年度划期：本表按粮食年度划期：征购，小春作物自每年4月至次年3月为一年度，大春作物自7月至次年6月为一年度；销售，自7月至次年6月为一年度。②各项解释：A. 农民留粮，系国家收入后剩余之数。B. 总消费量，系加上国家供应数。C. 国家收入消费量，系国家收购减国家供应合计。D. 国家收支应存，系国家征购减国家供销后之结存。③折率：薯类四折折粮食一斤，水稻折大米，按统计折率1952年为66%，1953年为69%，1954年为70%计算。④单位：一律以贸易单位计算。

资料来源《四川省人民委员会财委五办、省粮厅关于1955年全省粮食情况统计资料》，四川省档案馆藏，档案号：建川61。案卷号：601-309。

第二章 | 恢复与重建：新中国成立初期川渝地区城乡关系的重构

尽管国务院在1953年4月17日发出了《关于劝止农民盲目流入城市的指示》，希望以此控制农民盲目从农村流向城市，减轻城市承载压力，但由于是年春天川渝地区（彼时四川省）的大面积灾荒，以及出于对城市"美好"生活的向往，依然有不少当地农村居民怀揣梦想不断涌入城市，给城市带来极大的资源供给压力。与此相伴的是，城市居民也因为有限资源"被挤占"而萌生出一种排斥农村人的心态。当然，直接证实这种情绪存在的官方材料现在已然是难觅踪迹，不过我们仍然可以从当时报纸上的一些零散报道中窥见端倪。如1953年4月5日《四川日报》以"读者来信"的形式在其第3版刊发了两封来信，这两封来信的内容所折射出来的情绪就是一个典型案例。其中一位在信中首先称赞自1953年2月四川省人民政府颁布《四川省劳动力统一介绍办法（草案）》以来，各地都很好地遵照执行了，克服了"劳动就业中一度产生的混乱现象"；但随即转入其内心想要真正表达的想法："至今还有部分的县，因对区、乡缺乏具体领导，仍盲目将失业的人员，或不符合登记条件的人员，介绍来大城市，要求介绍工作"。通过作者对这类就业"违规"事件的不满反映，来自城市居民内心的、出于对自身就业所面临挑战而产生恐惧的心理状态，已是一览无余了。另外那位读者所反映的情况以及表示方式，与此差不多。[①] 这些信息从相当程度侧面反映了当时城市居民已经开始滋生对外来人员挤占城市有限资源的排斥情绪而不自知。说其不自知，是因为在当时"人民当家作主""工、农、兵、学、商平等"的社会政治生态环境下，表达这种"责备""嫌弃"情绪是不恰当的。

事实上，不单单是当时的城市居民有"嫌弃""排斥"不断涌入城市的农村人员，在一些农村地区，部分公社社员也因为感受到城乡之间巨大的物质差异而对现实、对城市居民产生了一些不满情绪。比如，有的社员在访问城镇居民后，就发现并意识到了工农、城乡间存在的差异，认为农民与城市居民和工人相比较，劳动强度更大，生活质量却更差；农民不仅分得的食粮少，且更以粗粮为主，而城市居民和工人吃住都相对较好，生活质量更高，不仅吃粮多、有保障，而且还有很大比例

[①]《重庆市动员盲目流入城市的人返乡生产》，《四川日报》1955年3月24日。

新中国成立以来川渝地区城乡关系演变研究

的细粮,因此不满情绪较浓。①

当然,彼时川渝地区城乡关系间所呈现出来的不和谐状态,肯定不止上述这些,但当时也仅仅是萌生出一些状态,尚未成型。不过,正是由于当时城市偏向政策的陆续出台、农村人口向城市自由迁移的受限,以及户籍制度的日渐确立等局面的出现,开始在城乡间从体制上萌生出一些不和谐因素并逐渐使之固化。特别是国家针对农村人口流入城市的情况所颁布的一系列政策与意见指示,让城乡之间逐渐形成一道坚固的壁垒:1954年3月12日,内务部与劳动部联合发布《关于继续贯彻〈劝止农民盲目流入城市〉的指示》,再次强调限制农民流入城市的必要性,并给出具体的措施②;1956年12月30日,国务院发出《关于防止农村人口盲目外流的指示》,将此前的"限制"变为"防止";至1957年3月2日,国务院又发布《关于防止农村人口盲目外流的补充指示》,除强调应继续贯彻国务院上年发布的指示外,更结合当时的实际情况,指出应着重做好的4项工作。③ 是年5月13日国务院批转了内务部《关于灾区农民盲目外流情况和处理意见的报告》。至当年12月18日,中共中央和国务院联合发布《关于制止农村人口盲目外流的指示》,更将原有的"防止"进一步修改为"制止"。从"限制"→"防止"→"制止"的持续变化,真实地反映出政府在农村人口流入城市的态度问题上更趋强硬。

虽然,上述这些举措的最初动机,只是为了防止农村人口的大量外流,使农业生产的发展和农业生产合作社的巩固不因为农村劳动力的减少而有所妨碍,同时也避免给城市增加一些无业可就的人口,进而给城市各方面工作带来困难,而且其所针对的也并不只限于川渝地区出现的情况,但作为政府发出的一份正式文件,必然也会在川渝地区予以强力实施,也势必会影响川渝地区城乡之间的关系朝着更趋不良性的方向发展。

---

① 《峨眉县白马寺三社社员访问城镇居民职工家庭解开了在工农、城乡关系上的思想疙瘩》,《四川日报》1957年9月13日。
② 中央人民政府法令:《内务部、劳动部关于继续贯彻"劝止农民盲目流入城市"的指示》,《中华人民共和国国务院公报》1954年第8期。
③ 中央人民政府法令:《国务院关于防止农村人口盲目外流的补充指示》,《中华人民共和国国务院公报》1957年第7期。

56

二 和谐依然是川渝城乡关系的主旋律

由前所知,"一五"计划时期,川渝地区的城乡关系已经开始出现一些不和谐迹象。但我们通过当时的大量材料和数据发现,由于川渝地区(当时的四川省)与其他省份比较而言,资源相对富裕,城乡之间围绕资源获取所出现的关系紧张度并不是那么大,城乡关系并不很是糟糕。因此,与其他省相比较,城乡关系总体尚好,和谐依然是主旋律。这可以通过以下几方面反映出来。

(一)以物资计划交流为主的城乡间经济联系仍较密切

虽然全国各地从1953年开始对主要农产品实行了统购统销政策,但农民仍有一定的生产自主权。在"一五"计划时期,尽管很少再有国民经济恢复时期的城乡物资交流大会,城市与乡村之间的物资交流仍由于成渝铁路的良好运转以及宝成铁路的上马修筑和通车而得以仍然进行。

以宝成铁路为例,这条沟通中国西北、西南的第一条铁路干线,北起宝鸡,南至成都,全长669公里。1952年7月1日在成都动工,1954年1月宝鸡端开工,1956年7月12日南北两段在黄沙河接轨。由于该铁路实行边修筑边通车,在铁路不仅尚未完工,而且只修筑完成了成都至中坝那一段路轨的情况下,1954年5月就进行了试运营通车。虽然时间不长,只试行了2个多月,却给川西北铁路沿线地区广大城乡居民的经济生活带来了便利,促进了这一地区的经济发展。而铁路的建造与通车,进一步促进了沿线公路的建设,成为串起沿线公路和城市的纽带,并由此建立起新的交通网络,大大提高了物资流转的便利。特别典型的当数罗江、中江两县,铁路通车前,这两县的各类物资必须先运抵甘肃碧口,然后转水路,顺白水沿嘉陵江下重庆。为改变这种状况,铁路通车后,当地政府百姓积极筹划和实施公路修筑,以便与铁路衔接,使物资可以从当地直接上汽车转火车运达目的地。

不仅如此,由于铁路运输的便利促进了沿线城乡货物交流的活跃,更是极大地刺激了沿线地区的农业、手工业者的生产积极性,从而有力地推动了川渝地区特别是川西北地区农业、轻工业的发展。成都至绵阳一线多为平原地区,原本就是川西北的一块富饶地,稻麦、烟叶、药材等农特产品闻于世间;中坝更是当时川北一个重要的药材集散中心。但由于过去交通工具的落后、交通设施的不便，只有部分货物能走公路运输，大多数物资主要还是依靠鸡公车、板板车甚至人挑马驮等最为原始的交通工具和运输形式销往外地。由于运输成本高，以致实际售价亦很高，进而影响到了很多农特产品的外运外销，农民收入因之大受影响。上述情况伴随宝成铁路的修建与通车大为改善，从而大大促进了当地城乡间的物资贸易和货物交流。如宝成铁路通车前，德阳县所产黄糖、油枯虽然生产成本每百斤不过2000元和900元，然而如果要将其运输到60多公里之外的绵阳地区的话，每百斤的运费就需要1700元；而宝成铁路正式通车之后，运费较之以前大幅度下降，售价自然降低，因而极大地刺激了当地农特产品的外销；仅1954年第一季度，由德阳经宝成铁路运达成都的农特产品就有：粮食5700多吨，棉花、棉纱600多吨，药材40余吨。[①] 与此同时，农民急需的化肥，也伴随宝成铁路隆隆的火车声，被运到广大农村地区。就在前述同一时段（1954年1—3月），四川省供销合作社联合社就将2000多吨化肥从成都经铁路运达、供销川西北各地农民，为农业增产增收提供了保障。

"一五"时期，宝成铁路即使是部分路段通车，也不断促进了沿线地区工农业产品价差的缩小。例如，绵阳、三台、射洪一带的盐场和居民所需燃煤，过去多为木船从涪江、嘉陵江逆流而来，来回一趟需要耗时20多天，运费成本高昂，售价自然较高。即便是产区较近的安县、绵竹县等地的劣质煤，其每吨的售价也需要105万元（旧币），以致绵阳很多本来需要用煤作为燃料的手工业由于煤价很高，无法开工，产量大受影响。在宝成铁路通车之后，煤产量大但较远的永川、威远以及成渝铁路沿线地区的优质煤，随着火车源源不断地运输到绵阳，煤的售价因之比原来降低了50%。煤价的降低，工业生产的相应成本也大大降低，进而促使工业产品的售价随之降低。又如，绵阳地区，铁器工具平均每件成本较之以前下降700—800元；石灰售价较之此前下降15%左右；水泥售价则几乎降低了一半，从每吨230万元下降至118万元（均为旧币）；与此同时，燃煤销量大增，仅1954年1—3月的销售量就堪比1953年的全年量。伴随成渝铁路—宝成铁路的联通，自贡地区自流

---

① 《宝成铁路给川西北人民带来了繁荣》，《四川日报》1954年5月4日。

井出产的洁白精盐也被大量运至绵阳售卖,其每百斤售价也较之前明显下降,从原来的 16.5 万元降到当时的 14.8 万元。①

在"一五"计划时期,成渝铁路仍然是川渝地区城乡间经济紧密联系的主要载体和纽带。大量工业生产建设所需器材通过铁路运抵川渝地区各新建工厂、矿区和工业城市,促使沿线许多工、矿企业迅速完成改、扩建和新建任务,生产得以迅速恢复和发展起来。如永川的煤矿、内江的糖厂等都是借由成渝铁路这条川渝运输大动脉而迅速完成新建、改扩建庞大任务的。在农业农村方面,成渝铁路的强大支援作用也是显而易见的,仅 1955 年上半年的时间里,就通过成渝铁路经由重庆站运出总数达 13000 多吨的肥田粉、农药、农具钢等以及 1 万多部各新式农具和喷雾器。②另外,粮食、药材、烟叶等农产品,经由成渝铁路调运出去的数量也在逐年增加。

(二)工人农民情感上互相理解,城市乡村行动上互相支援

尽管当时川渝地区城乡间开始出现了一些不和谐迹象,不过,事实上,当时的工农关系并没有因为城乡间的一些不和谐变化而发生明显的变化。之所以会出现这种局面,一方面固然是因为当时工农、城乡之间的实际经济状况和地位差距并不十分突出;另一方面则是与国家强大的政策宣传分不开。由于政策的有效宣传,工人也好、农民也罢,都逐渐接受了城市与乡村、工人和农民必然要彼此依赖、相互支持、相互共存的事实。特别是通过双方之间的交流、参观访谈等,彼此都逐步认识到工农业之间互相支持、彼此共存的重要性。许多农民也感受到了工业化对农业生产的好处以及工人阶级对农村居民致富的重要性;同时,许多工人也认识到了农民在工农联盟中的重要性,认识到农民是自己最值得信赖和依靠的同盟军,并意识到了自己作为领导阶级在工农联盟和工业建设中的重大责任。

"一五"计划时期,川渝城乡关系相对和谐,不仅表现为工农情感上的相互理解,还更表现在彼此对相互发展的自发支援上。

当时农村自发支援城市、支援工业建设的典型例子比比皆是。如

---

① 《宝成铁路给川西北人民带来了繁荣》,《四川日报》1954 年 5 月 4 日。
② 《成渝铁路通车三年来担负了繁重的运输任务》,《四川日报》1955 年 7 月 2 日。

1954年6月6日《四川日报》曾刊载了一位名叫刘桂莲的农民大娘的事迹。她本是当时一名普普通通的农村妇女，但在响应农村支援城市建设，多卖余粮、多认购公债一事上，主动积极、思想觉悟甚高。按照她本人的说法，她本打算售卖250斤小麦以支援城市建设，然而当她回到家发现自己家里还可以多卖50斤之后，主动多卖了50斤，并主动认购了10万元经济建设公债。① 又如，"一五"计划时期，根据国家整体布局和四川省总体安排，川渝地区重点建设的城市是省会成都，为此各地农村农民积极支援成都建设：不仅从川渝各地源源不断地运来上万吨各种建筑材料，而且从农村抽调了大量建筑工人支援各个工地。为了保障城市及工业建设所需砖瓦，不仅成渝、宝成沿线的十几个市县扩大、提高了砖瓦的生产，而且泸州、遂宁等未通铁路的市县，农民也接受了相关公司的订货任务；成都周边各县，农民为了积极支援成都的建设，更是恢复了土窑来生产砖瓦。随着工业项目和城市建设工程的不断开工，对技工和普工的需求量越来越大。以负责成都地区大厂建设工程的建筑部西南第一工程公司为例，1955年该公司旗下职员总数只有2000多人，至1956年，达到1万余人，增加了8000人。这些新增加的工人有来自成都周边及温江等地农村的，也有来自重庆方向江津等地农村的。到1956年第四季度，因为成都各项目和工程工地建设任务紧张，又从温江、内江、遂宁等市县农村招收了成千上万的工人。② 随着人口的不断增多，吃饭问题随之凸显。为了解决城市建设工人的伙食问题，市郊的菜农积极参加生产合作社，通过更新技术、增施化肥等手段想方设法扩大蔬菜品种，提高蔬菜产量，以保障城市建设的后勤供应。③ 此外，达县、纳溪、富顺、叙永、永川等地农村，为了支援当时的城市建设和工业生产，也自发地向城市和工厂、矿区等输送了大量肥猪，及时改善了城市居民和工人的伙食水平。④

在农村遭受困难而影响生产之时，城市为了支援农村生产，也同样

---

① 《支援国家工业建设的人》，《四川日报》1954年6月6日。
② 《全省各地支援成都地区重点建设》，《四川日报》1956年12月20日。
③ 《本市郊区菜农成立生产合作社，发展蔬菜生产积极为城市建设服务》，《成都工商导报》1954年3月23日。
④ 《出售肥猪支援城市建设工矿区》，《四川日报》1956年12月20日。

第二章 | 恢复与重建：新中国成立初期川渝地区城乡关系的重构

表现出格外的真诚和热情。1955年川渝地区发生旱灾，农业生产大受影响。在旱灾比较严重的地区，许多工人、解放军、机关干部和城市居民不顾艰苦与辛劳，纷纷奔赴农村生产第一线，积极参加农村抗旱保收斗争，极大地支援了农村农业生产。我们仅根据当时自贡、泸州、合川、南充、万县5个城市就支农数据进行的不完全统计，可以看出，这种支援的力量都是巨大的。在1955年5月下旬至6月中旬，上述5个城市的"城里人"支援当地农村的抗旱总人数，就多达1.71万人次。[①] 当时川渝地区到处呈现出城里人帮助农民兄弟抗旱保收的一幕幕感人画面：

重庆狮子滩水电站，当时还是建设工地，但"工人们共运出6部抽水机投入抗旱队伍，工程局也派出10名技工，帮助附近农民进行抽水灌田"；"内江三元糖厂、合川市六一一纺织厂、新建干蛋厂、肥料厂"也纷纷拿出抽水机等抗旱工具，帮助所在地区农民进行抗旱保收。"各地机关干部也抽出时间参加车水、戽水等各种抗旱保收活动"：在蓬安，2000名多县委、县政府机关干部及市民等，投身到从嘉陵江及其各条溪流中提水抗旱保苗的大军中；在峨眉，也有2000多名机关干部和城镇居民，来到该县受灾最为严重的胜利、新楼两乡，协助农民进行淘河抗旱，经过大家的共同努力，结果使大堰的水位增加了3寸，虽然只有3寸，但是极大地缓解了当地的旱情，挽救了上述两乡的农业生产。[②] 另外，为了支援春耕，南充铁工厂出厂了大批步犁，到1955年2月下旬，出厂的新式犁的数量已达742部之多[③]；与此同时，成都职工为了支援当时已经蓬勃开展的农业合作化运动，也纷纷表示要生产更多更好的工业品。1956年，川渝地区工业职工为了支援春耕生产，使本省（原四川省范围）农民在繁忙的春耕季节里得到大量农具、肥料和农药等生产物资，纷纷放弃春节的休假投入生产。[④] 在机关干部、解放

---

① 陈明：《"一五"计划时期的四川城乡关系（1953—1957）》，《成都大学学报》2008年第1期。
② 《各地工人、解放军、机关干部和城市居民大力支援农民的抗旱斗争》，《四川日报》1955年6月16日。
③ 《南充铁工厂又有一批步犁出厂支援春耕》，《四川日报》1955年2月28日。
④ 《生产大量农具肥料农药支援春耕》，《四川日报》1956年4月11日。

军、工人和城市居民的多方支援下，各地农民抗旱保收的信心更加增强，纷纷表示要以抗旱增产的实际行动，来支援城市建设和工业建设。更为难得的是，工农之间、城乡之间的关系通过这种兄弟般的无私支援，得到巩固和深化。

值得一提的是，我们发现"一五"计划期间川渝地区在重点推进城市建设和城市发展的同时，也积极统筹引导农村农业发展，尤其是针对城郊蔬菜生产，实行政府计划管理、统一经营，进一步突出蔬菜的专业性和季节性生产。这不仅满足了城市居民对于农产品的需求，也促进了农村、农业的更好更快发展。这种措施带来的效果在自然条件比较优越的成都市表现得更明显，由于政府的高度重视，加之成都自身优越的自然条件，使其在很多年以后，仍能"以蔬菜品种多、产量大、四季供应足"等优势而在全国闻名。除此之外，当时成都还计划将市郊凤凰山、狮子山和远郊龙泉驿区、金堂县等区县的山地开发建设为花果基地。[1] 这些措施，不仅丰富了城市职工居民的副食品供应，也极大地促进了当地农民收入的提高和生活水平的改善。

在川渝（原四川省范围）各市县区，"一五"计划期间，城乡关系总体而言不和谐的趋向及其直接产生的负面影响，在当时尚不是十分明显，省内工农业继续保持着原来良好的发展势头。川渝地区的粮食产量在"一五"计划期间，以年平均5.3%的速度逐年递增，进而成为全国重要的商品粮基地之一。这使川渝地区不仅能够保障自身军民的粮食供应，还能根据国家的调拨计划，承担起重要的粮食外调外运之任务。整个"一五"计划时期的5年间，川渝地区共向国家上交了粮食813万吨、食油9.6万吨，外调物资供应地区遍及全国20多个省、市、自治区，对于保证人民的粮食供应、支援各地救灾与生产建设，以及安排出口和稳定粮食局势等工作，都做出了积极、重大的贡献。[2]

（三）川渝城乡居民生活水平进一步改善

当然，我们在注意上述事实的同时，也应该清楚地看到，正是当时地方政府的计划协调得当，以及川渝地区自然条件的优越、自然资源的

---

[1] 谭力主编：《当代成都简史》，四川人民出版社1999年版，第114页。
[2] 杨超主编：《当代中国的四川》，中国社会科学出版社1990年版，第74页。

第二章 | 恢复与重建：新中国成立初期川渝地区城乡关系的重构

丰富，才使川渝地区相较于其他省份情况更为良好，工农业发展更具实力和潜力。与之相应，川渝地区城乡居民的生活水平也得到了逐步改善。川渝地区（原四川省范围）城乡居民各项收入及生活指标变化情况详见表2-11。

表2-11 "一五"时期川渝地区城乡居民收入及生活指标变化情况

项目名称	1952年	1957年	增长幅度
农民人均收入	43元	60元	39.5%
全民所有制企业职工人均年工资	325元	467元	43.7%
农民人均消费品购买力	17.45元	27.84元	59.5%
非农居民人均消费品购买力	115.08元	136.97元	19%
城乡居民人均棉布消费量	3.4米	5.7米	67.6%
城乡居民人均猪肉消费量	6.6斤	8斤	21.2%

资料来源：龚自德主编：《中共四川地方史专题纪事（社会主义时期）》，四川人民出版社1991年版，第67页。不过，《当代四川简史》一书相应的数据与此稍有差异：1957年全省农民人均纯收入达到67.5元，全民所有制职工人均工资达到498元，扣除物价因素，分别增长41.1%和36.3%；参见该书第76页。

另一个佐证是"一五"计划时期川渝地区城镇居民储蓄的快速增长。根据《四川日报》1955年1月19日报道，成都、自贡等19个大中城市1954年9月底存款户数达到449万户，同比增长43.74%，城镇居民储蓄存款年均增长率达28.1%；仅1954年，全省各地城镇居民储蓄存款总额就较1953年增加904亿元，按1954年购买力折算，相当于修建一座年产6千瓦的自动火力发电站。[①]

总之，"一五"计划时期川渝地区的城乡关系总体是和谐的、平稳的、正常的。虽然也曾由于受当时种种政治因素的影响，出现了一些不协调的迹象，但由于计划经济模式的有效管控，整体来说，"和谐"仍是当时城乡关系的主流特征。这是自然和人为两种因素共同作用的结果。当然，这种主流和谐的局面没有能持续多久，随着全国范围的"大跃进"和"食堂化"，加之川渝地区的一些人为因素，四川（含重

---

① 《我省城市人民参加储蓄的人数增加》，《四川日报》1955年1月19日。

庆市）成为外调粮食的大省，逐渐丧失了天府之国在自然资源方面的固有优势，粮食的大量透支外调使四川和豫、甘、皖等省区一样，由供粮省区变为缺粮省区，随后更由于工业下马，农村年馑，元气大伤，成为"人民公社化"运动的重灾区。

第四节　新型城乡关系对川渝城市发展的影响

在新中国成立初期，尽管在"一五"计划时期城乡之间出现了一些不和谐因素，但川渝地区城乡关系，总体来说，还是一种相对自由的开放关系。其主要表现为：人口可以在城乡之间自由流动。一方面，伴随土地革命的完成，农民分到了土地，城市里的许多人被土地所吸引，积极回到农村。另一方面，农民可以向城市自由流动。这种城乡关系下，城市与乡村经济都得到了较好的发展。城乡经济发展的良好成绩前文已述，本节主要分析这种新型城乡关系对川渝地区城市化发展的影响。

一　城市人口不断增长，城市化水平明显提高

新中国成立之初，川渝地区的城市人口比重较低，低于当时全国平均水平。随着国民经济的恢复和"一五"计划时期工业建设的展开，川渝地区的城市发展较快，城市人口增加较多。至1957年，市镇人口达到878.60万人，非农业人口达到892.49万人。① 详见表2-12。

表2-12　　1949—1957年川渝地区人口总数及城乡构成（一）　单位：万人

	年份	总人口	按城乡分		按农业、非农业分	
			市镇	乡村	农业	非农业
	1949	5730.00	483.49	5246.51	5163.88	566.12
	1950	5830.00	522.18	5233.59	5233.59	596.41
恢复时期	1951	6120.00	566.02	5486.58	5486.58	633.42
	1952	6411.00	614.56	5735.92	5735.92	675.08

---

①　四川省统计局编：《四川社会统计资料（1949—1988）》，中国统计出版社1989年版，第23页。

续表

年份	总人口	按城乡分		按农业、非农业分	
		市镇	乡村	农业	非农业
"一五"计划时期 1953	6551.00	646.19	5826.92	5826.92	724.54
1954	6648.61	708.94	5894.29	5894.29	754.32
1955	6790.64	748.96	6008.91	6008.91	781.73
1956	6945.17	828.91	6096.10	6096.10	849.07
1957	7081.01	878.60	6188.52	6188.52	892.49

资料来源：四川省统计局编：《四川社会统计资料》（1949—1988），中国统计出版社1989年版，第23页。

表2-13　　1949—1957年川渝地区人口总数及城乡构成（二）　单位：万人

	年份	占总人口比重（%）			
		市镇	乡村	农业	非农业
恢复时期	1949	8.44	91.56	90.12	9.88
	1950	8.96	91.04	89.77	10.23
	1951	9.25	90,75	89.65	10.35
	1952	9.59	90.41	89.47	10.53
"一五"计划时期	1953	9.86	90.14	88.94	11.06
	1954	10.66	89.34	88.65	11.35
	1955	11.03	88.97	88.49	11.51
	1956	11.94	88.06	87.77	12.23
	1957	12.41	87.59	87.40	12.60

资料来源：四川省统计局编：《四川社会统计资料》（1949—1988），中国统计出版社1989年版，第23页。

表2-14　　1949—1957年川渝地区人口增长情况　　单位：万人

时间	增长总人数	按城乡分		按农业、非农业分	
		城镇	农村	农业	非农业
恢复时期	622.34	127.26	495.08	518.72	103.62
"一五"计划时期	570.48	254.50	515.98	363.23	207.25

资料来源：四川省统计局编：《四川社会统计资料（1949—1988）》，中国统计出版社1989年版，第23页。

二 城市数量较大增加，城市结构渐趋完善

自 20 世纪 20 年代开始，川渝地区才正式设置城市。1928 年设成都市，1929 年设重庆市，1939 年设自贡市，至 1949 年时，川渝地区仅有成都、重庆、自贡 3 个设市的城市、190 个县城和 280 个建制镇。至 1950 年，川渝地区有成都、重庆、自贡、万县、南充、泸州 6 个设市城市，建制镇 271 个。1951 年，又增加北碚、内江、宜宾、五通桥 4 市，川渝地区设市城市达到 10 个，建制镇也有增加，达到 307 个。1952 年，随着川东、川西、川南、川北行署区撤销及四川省建制的恢复，北碚市划归重庆市管辖，另外设立合川市，川渝地区设市城市仍为 10 个，但建制镇数则增加到 346 个。1954 年重庆市划归四川省，1955 年原属西康省的雅安市划归四川省，1957 年撤销合川市。至 1957 年，川渝地区设市城市仍然维持在 10 个，但建制镇数则增至 380 个。[1] 在空间分布上，因设市城市和建制镇的增加而促进了城镇空间布局的更加广阔和更趋合理。当然，由于自然和历史因素，在新中国成立前后很长一段时间，川渝地区的城市、城镇主要集中分布在四川盆地及腹心的成都平原地带，根据相关统计，高达 92% 的城市和城镇集聚在四川盆地。[2]

---

[1] 刘江主编：《中国地区发展回顾与展望》（四川省卷），中国物价出版社 1999 年版，第 130 页。

[2] 刘江主编：《中国地区发展回顾与展望》（四川省卷），中国物价出版社 1999 年版，第 131 页。

第三章

共性与个性：计划经济时期川渝地区城乡关系的体制内演化[①]

第一个五年计划结束时，随着农村农业合作化和城市工业手工业社会主义改造的完成，以及重工业项目的优先投入，新中国的经济结构发生了巨大变化。而在此基础上，城乡二元结构也基本在全国范围内形成，这种城乡区别明显的二元结构不仅体现在经济领域，也反映在社会甚至文化领域。为了快速推动以重工业和军事工业为导向的工业化，国家通过户籍制度、粮食统购统销和城市职工就业等基本的制度建构，人为促成了城乡二元结构的形成。川渝地区的城乡关系正是在这样的历史背景下步入"全国一盘棋"式的基调中。

然而这样人为的建构，在短时间内是很难彻底改变一个地方因长期历史发展所形成的独特的区域经济社会基础，并湮灭全国各地区之间的区域差别的；而且在计划经济体制下，全国不同区域在国家战略安排中所承担的任务和所要求扮演的角色也是不同的，这也使川渝地区的城乡关系在全国共同的基调下，形成了有其一定个性的演化路径。尤其是在"一五"计划的末期，党和国家领导人开始思考摆脱苏联的发展模式，试图在工农业发展和如何处理工农业之间的关系问题上走出中国自己的

[①] 本章内容所涉时间主要为1958年至1978年党的十一届三中全会召开前。由于1978年是公认的我国改革开放元年，归属于第四章所涉时间，为避免交叉叠加，本章内容在相关数据的引用上，时间尽可能前置到1977年。某些对川渝地区城乡关系发展影响较大的特殊事件，如"上山下乡"运动、三线建设等，为了叙事和研究的完整性，在内容和数据引用上，时间亦有所前展和后延。这些个别的时间前展和后延均不会影响该阶段的整体趋势特征。

一条路。随后的"大跃进"和"人民公社化"运动,直至"文化大革命"和三线建设,都是在这样的政治前提下展开的,对川渝地区城乡关系的发展产生了既有正面又有负面的影响。

第一节　川渝地区城乡关系的演变与波折

"一五"计划时期,由于国家集中力量建设以苏联援建的156项重点工程为代表的重工业,农村和农业发展相对滞后,工业产量几乎是农业的五倍,每年的增长率工业是18.7%,农业是3.8%。① 工农业增长速度的不平衡不仅限制了农村人口对工业消费品需求的提升,也大大束缚了重工业和城市人口的进一步发展。国情和发展现实促使党和国家领导人开始思考苏联这种以重工业为"重中之重"的发展模式的利弊,1956年毛泽东在《论十大关系》的报告中指出,"我国的经济建设是以重工业为中心,这一点必须肯定。但是同时必须充分注意发展农业和轻工业"。② 并提出关于学习苏联的问题:"学习苏联也不要迷信。对的就学,不对的就不学","学习苏联也得具体分析。我们搞土改和工商业改造,就不学苏联那一套"。③

因此从1958年开始,党和政府为了推进国家工业化,并尽快在中国建立社会主义制度,在农村和城市进行了一场规模浩大、持久深远的社会变革,而其中改变最深刻、对其后城乡关系的塑造影响极大的政策,即人民公社化运动。如果说城市工商业社会主义改造和重工业建立引领了"一五"时期城乡关系的发展,那么从第二个五年计划开始,我国城乡关系的转变关键却是从农村开始的。

一　"二五"时期川渝地区城市重工业化与农村人民公社化

(一)川渝地区城市以重工业为主的工业继续发展

虽然毛泽东在《论十大关系》中提出了兼顾农业和轻工业的思想,

---

① [美]麦克法夸尔、费正清:《剑桥中华人民共和国史(1949—1965年)》,中国社会科学出版社1990年版,第379页。
② 中共中央文献编辑委员会编:《毛泽东选集》第5卷,人民出版社1991年版,第400页。
③ 薄一波:《若干重大决策与事件的回顾》(上卷),人民出版社1997年版,第500—501页。

第三章 | 共性与个性：计划经济时期川渝地区城乡关系的体制内演化

但 1957 年 11 月，中共领导人赴莫斯科参加十月革命 40 周年庆典活动，毛泽东即兴提出在十五年后中国钢产量超过英国，12 月中共中央正式宣布了这一计划。"从此，在钢铁和其他重要工业产品的产量方面赶上或超过英国，就成为发动'大跃进'，特别是工业'大跃进'的一个重要口号"。[①] 关于城市工业的发展又被拉回以重工业特别是以钢铁工业为主的思路上来。

与此同时，1957 年 9 月 20 日，党的八届三中全会通过了《关于改进工业管理体制的规定（草案）》《关于改进商业管理体制的规定（草案）》《关于改进财政体制和划分中央和地方财政管理权限的规定（草案）》，这三个文件总的精神是把一部分工业管理、商业管理和财务管理的权力，下放给地方行政机关和厂矿企业。[②] 1958 年 1 月 31 日，中央在《工作方法六十条（草案）》中提出，从 1958 年起，中央和省、市、自治区党委要着重抓工业，抓财政金融贸易。各地方的工业产值，争取在五年内，或者七年、十年内，超过当地的农业产值，并提出中央和地方的生产计划要有两本账。[③] 实际上是希望充分发挥地方的"主观能动性"来提出生产计划，提高工业发展的速度，实现城市工业的"大跃进"。

在这样的指导精神下，除了国有工业企业的权力扩大之外，川渝地区的工业管理机构也进行了相应的调整。如 1958 年 5 月，四川省人民政府鉴于工业的迅速发展，为了便于管理、加强管理，决定分别成立重

[①] 薄一波：《若干重大决策与事件的回顾》（下卷），人民出版社 1993 年版，第 691—692、713—714 页。

[②] 具体规定：（一）分别不同情况下放一部分工业和商业企业，改由省、市、自治区管理。（二）扩大省市在物资分配方面的权限，对当地的中央企业、地方企业和地方商业机构分配到的物资，在保证各企业完成国家计划的条件下，有权进行数量、品种和使用时间方面的调剂。（三）下放地方管理的中央工业企业和中央各商业部门的企业（粮食、外贸的外销部分除外），其全部利润 20% 归地方所得，以便进一步发挥地方的积极性和主动性。（四）商业价格实行分级管理，三类农副产品的收购价格与销售价格，次要市场与次要工业品的销售价格由省、市、自治区自订。（五）实行外汇分成。（六）企业的管理权限也适当扩大。国家给工业企业只下达主要产品产量、职工总数、工资总额、利润四个指令性指标。企业与国家实行利润分成。参见当代中国的计划工作办公室《中华人民共和国国民经济和社会发展计划大事辑要》，红旗出版社 1987 年版，第 110 页。

[③] 当代中国的计划工作办公室编：《中华人民共和国国民经济和社会发展计划大事辑要》，红旗出版社 1987 年版，第 217 页。

工业厅和轻工业厅，原属西南大区一级的纺织、蚕丝、盐务、造纸、地方工业等机构和原省工业厅内的轻工局、化工局、手工业局、专县工业局等合并组成轻工业厅。①

从1958年年初开始，川渝地区迅速掀起了"全党办工业""全民办工业"的运动，钢铁和机械制造工业优先，交通、电力等也都相应开展"全民大办"，全省就有5600多个建设项目上马，动员了大量农民和市民参加。1958年9月以后，由"遍地开花"办工业转入"以钢为纲""大办钢铁"，掀起兴建土高炉的运动，目标从1万座发展到10万座，不仅从厂矿企业、机关团体、文教卫生等单位抽调了大批职工突击，更多的是从农村调动大量青壮年农民参加，人员最多时近1000万人。参加大办工业、大办钢铁的人员主要是农民，他们大批转为正式工人、职工队伍迅速膨胀。1958年与1957年比较，全省职工总数从302.51万人暴增至534.04万人，增长了76.5%。同时又大搞企业的所有制升级，大量集体所有制企业变为全民所有制企业，大量集体所有制工人转为全民所有制工人，1958年与1957年比较，集体所有制职工由112.59万人减至63.19万人，全民所有制职工由于大量招收新工人和集体转全民，从189.97万人猛增到470.83万人，增长了1.5倍。② 相应地四川省1957—1960年的工业产值也大幅增长，详见表3-1。

由表3-1可见，1960年与1957年相比，四川工业产值翻了一番，其中重工业产值增加超过4倍，轻工业产值仅增长28.45%，重工业产值一举超过轻工业成为川渝地区城市的支柱产业，彻底改变了四川城市的经济结构，从原来以城市轻工业为主转变为以重工业为主的生产基地，但这样急速的重工业化，也预埋了城市经济结构失衡的危险。

表3-1　　　　　1957—1960年的四川省工业产值表　　　　单位：亿元

年份	工业总产值	轻工业产值	重工业产值
1957	42.83	27.94	14.89

---

① 杨超：《当代四川轻工业》，当代中国出版社1997年版，第15页。
② 袁泉、邓坚主编：《当代四川的工人阶级和工会运动》，四川人民出版社1991年版，第100—101页。

续表

年份	工业总产值	轻工业产值	重工业产值
1958	60.00	30.00	30.00
1959	78.00	33.54	44.46
1960	96.20	35.89	60.31

注：本表按当年价格计算。

资料来源：四川省统计局编：《四川统计年鉴（1991）》，中国统计出版社1991年版，第48页。

（二）川渝地区农村的人民公社化运动

人民公社是在新中国成立初期农业合作化运动的基础上，在急躁冒进的"左"倾思想的推波助澜下，试图掀起中国农村的社会主义高潮的产物，它有其特定的社会政治基础和历史根源[1]，也有解决现实的工农业发展问题的要求。

一方面，从新中国成立初期农村合作化运动开始，已经体现了农业的合作化组织是适应统购统销政策，服从国家"以农养工"的工业化战略所必需的农村制度安排。如温铁军所说的"能够弱化、抑制农民反抗，对统购统销确实有保障作用"[2]。而"覆盖一切"的人民公社制度，在服从和实现统购统销政策方面可以说是最为极致的一种制度安排。

另一方面，在低工业化水平的约束条件下，为了进一步提高粮食产量和农业生产率，大规模修缮和新建农田水利基础设施成为促进当时中国农业发展最重要的投入方式。而水利基础建设所需要投入的劳动力和工业品极为巨大，如1957年投入水利建设的人数，最高时期达到1亿人左右。这种巨大规模的水利建设运动，牵涉面极其广泛。如工程修好了，要加强管理，年年进行岁修；新增加的灌溉面积，要做田间工程，平整土地，进行灌溉；做了水土保持工程的要加以巩固提高；以及抽水

---

[1] 安贞元：《人民公社化运动研究》，中央文献出版社2003年版，第48—79页。
[2] 温铁军：《"三农"问题与制度变迁》，中国经济出版社2009年版，第172页。

机站、水电站、水力动力站的管理等，都需要劳动力。① 在动员农村劳动力兴修水利的过程中，一种跨原有的行政区划，劳动者的生产资料和生活资料都完全集体化的组织形式诞生了。如在四川省，到1957年冬天，因为要大规模地平调劳动力进行农田水利建设，一些地方又陆续开展并社工作，约有1/3的农业生产合作社还开始兴办公共食堂，其中一些合作社已将社员私养的生猪收归集体所有，大部分的自留地收归合作社统一经营管理。② 这些合作社的措施后来都成为人民公社的主要政策。

1958年8月，中共中央政治局北戴河会议通过了《中共中央关于在农村建立人民公社的问题的决议》，拉开了全国农村人民公社化运动的帷幕。四川作为农业大省，人民公社的推广设立得到极高重视。1958年9月7—11日，中共四川省委在重庆召开第一届第八次全委（扩大）会议，传达贯彻中央政治局北戴河会议精神，讨论、部署在四川全省建立人民公社等问题，做出了《关于贯彻执行〈中共中央关于在农村建立人民公社问题的决议〉的决定》（以下简称《决定》）。③

《决定》第一点对省内不同地区建立农村人民公社的要求是作了区分的：人口稠密、交通方便的平坝和丘陵地区，每个县可试办一两个万户以上的大社，个别地委可试办一个一县一社。少数民族地区，仍抓紧发展和巩固农业合作社的工作，暂不建立公社；建社较早、合作化比例较大的县，可由县进行建立公社的试点。然而自相矛盾的是，在第二点又要求9月中旬至月底，掀起建立人民公社的高潮，9月底要求全部建成人民公社。到10月1日，全省各人民公社都要举行盛大的庆祝国庆和庆祝人民公社成立大会。④

这种"先挂牌子，后搭架子""跑步进入共产主义"的方式，完全抛开了试点的意义，使人民公社在极短时间内就在四川农村达到全面覆盖，如成都市郊区，到1958年9月18日，已将市郊农村全部13个乡

---

① 赵作为编著：《从水利建设看人民公社的优越性》，中国农业出版社1959年版，第9—10页。
② 李井泉：《人民公社是我国社会发展的必然产物》，《红旗》1959年第20期。
③ 中共四川省委党史研究室编：《中国共产党四川历史大事记（1949—1978）》，四川人民出版社2000年版，第173页。
④ 四川省农业合作经济史料编辑组编：《四川农业合作经济史料》，四川科学技术出版社1989年版，第63页。

第三章 | 共性与个性：计划经济时期川渝地区城乡关系的体制内演化

及 8 个国营农场、71 个农业生产合作社统一建成为 5 个人民公社①；内江市，仅用了 1 个星期的时间，就将 247 个农业生产合作社合并为 4 个人民公社。宜宾县，从 8 月上旬开始试点，至 9 月 28 日，已将全县 85 个乡合并建成为 56 个人民公社。② 仅用了 19 天，到 9 月 30 日止，全省已建成的农村人民公社达到 4821 个，入社农户在总农户中所占比重亦增至 96.69%，实现了"公社化"。据 10 月 1 日的《四川日报》报道："在最近一个多月的时间里，我省原有的 16 万多个农业生产合作社，经过并大社转公社的高潮，现已改组建成 5000 多个工、农、商、学、兵五位一体，农、林、牧、副、渔全面发展和政社合一的人民公社。"③

四川的人民公社化运动之所以发展极为迅速，完成速度之快在全国各省区中也属前列。除了省委及其以下各级党委当作最高政治任务来大力推行之外，也与 1957 年省内出现的对提倡包工包产的观点和现象的批判有关。如 1957 年 2 月 12 日《四川日报》发表了芦山县人民银行干部吴明玉写的《包工包产到户能更好地贯彻责任制》的文章，之后作者受到批判，被打成"极右分子"，强制劳动改造。11 月 4 日《四川日报》报道了江津县龙门区委副书记刁有宽，借推行包干包产变相解散农业社；同日的评论员文章《决不允许这样办》对此严厉批判，认为这"是一种不折不扣的开倒车行动""不是工作方法上的错误，而是立场的错误，原则性的路线上的错误"。④

另外，对单干农户在政策上采取了进一步限制。时年川渝地区各地农村参加合作社的户数达到总数的 95% 以上，为四川农村人民公社化运动提供了坚实的基础，而且针对剩余的 4% 多一点的单干农户，在 8 月 17 日，四川省委提出了不仅要加强教育，而且在政策措施上加以各种限制：一是国家分配到单干农户的统购物资的计划安排，其生产、交售、超额交售均予以严格检查、督促，使之不能多留或自行出售；二是

---

① 谭力主编：《当代成都简史》，四川人民出版社 1999 年版，第 137 页。
② 杨超主编：《当代四川简史》，当代中国出版社 1997 年版，第 116 页。
③ 中共四川省委党史研究室编：《中国共产党四川历史大事记（1949—1978）》，四川人民出版社 2000 年版，第 174 页。
④ 四川省农业合作经济史料编辑组编：《四川农业合作经济史料》，四川科学技术出版社 1989 年版，第 455、61—62 页。

73

对于计划外生产的"二类产品",除了规定自留和卖予国家或其代理机关外,禁止在市场出售;三是所产"三类"物资,严格限制在就近市场出售,且大部分售给供销社;四是公粮依率计征,按时先交,对拖延拒交者严格处理,并恢复农林特产税的八级累进税法;五是严禁经商,违者严办;六是单干户应参与农业社组织的劳动生产;七是乡政府必须指定专人管理单干户。①

这一系列限制政策,不仅严重挤压限缩了游离于合作社外的单干农户的生存空间,使加入合作社成为唯一的选择,为1958年川渝地区农村的完全人民公社化扫清了最后的障碍;而且更重要的是,对于统购统销计划外的农民的生产和销售活动的极端限制,基本上切断了围绕自由市场交易所形成的传统的城乡联系。

二 人民公社化运动对川渝地区城乡关系的影响

学者胡鞍钢将1949—1977年看作计划经济体制下城乡二元经济社会结构分割和强化的阶段。② 如果说1958年之前的农业合作化、城市工商业的社会主义改造、统购统销以及户籍制度等政策的实施,是将城乡关系持续分割的过程;那么,人民公社化,虽然从出发点来说,是"农村逐步工业化的道路,农村的集体所有制逐步过渡到全民所有制的道路,社会主义按劳分配逐步过渡到共产主义的按需分配的道路,城乡差别、工农差别、脑力劳动和体力劳动的差别逐步缩小以至消失的道路"③;但从实践结果来看,1958年开始的人民公社化运动(包括之前对单干农户的限缩政策),就是城乡关系完全进入了计划经济体制下"界线清晰"的二元结构的历史节点,川渝地区的城乡关系亦是如此。

人民公社以"一大二公"和"政社合一"为其主要特点,它对川渝地区的城乡关系的影响主要体现在以下三个方面。

---

① 四川省农业合作经济史料编辑组编:《四川农业合作经济史料》,四川科学技术出版社1989年版,第60页。
② 胡鞍钢、马伟:《现代中国经济社会转型:从二元结构到四元结构(1949—2009)》,《清华大学学报》(哲学社会科学版)2012年第1期。
③ 中华人民共和国国家农业委员会办公室编:《农业集体化重要文件汇编》(下),中共中央党校出版社1981年版,第110—111页。

第三章 | 共性与个性：计划经济时期川渝地区城乡关系的体制内演化

（一）人民公社的建立强化了城市汲取农村剩余的能力

在所有制方面，实行生产资料公社和生产队两级所有，或者公社、生产大队和生产队三级所有的集体所有制经济；而且除了土地、耕畜和农具以外，在中共四川省委《关于贯彻执行〈中共中央关于在农村建立人民公社问题的决议〉的决定》中，还要求对社员的私有猪折价入社、自留地收归公社集体所有和经营；社员所私有的林木、果树、竹林等，应折价转为公社所有；并且规定了如下纪律：不准私分种子、储备粮、公共积累；不准乱砍树木，乱杀私卖生猪；不准隐瞒产量。[①] 这些"消灭私有制残余"的措施，一切生产资料和部分生活资料的高度公有化，同城市工商业的全民所有制相结合，本质上是将农村及农民完全地纳入全国统一的计划经济体制当中，"无论是作为集体经济组织的公社、大队或生产队，还是作为个体的社员，实际上都不再可能是集体经济的所有者，而只能是使用者、经营者、劳动者或消费者"。国家不仅掌握了农村的经济资源，也控制了农村的"经济过程"。[②] 而在国家以重工业为长期优先发展的基本战略下，无论领导人对于人民公社制度促进农村工业化和农业集约化发展有多么高的主观期待，但其客观上是极大降低了国家获取农业剩余的制度成本，更有利于通过工农业产品价格的"剪刀差"汲取农村的剩余产品，为城市的重工业再投资积累资金。这是人民公社制度建立后，包括川渝地区在内的全国城乡关系的基调。

（二）人民公社的建立使得城乡关系的内涵发生转移

人民公社的组织范围囊括了乡镇一级，乡镇的经济结构被改造，功能发生变化，进而使城乡关系的内涵发生转移。

关于人民公社组织范围，最初规定："公社管理委员会的办事机构，兼任乡人民委员会的办事机构。"随后又明确规定："乡党委就是社党委，乡人民委员会就是社务委员会"[③]。四川省委在1958年9月20

[①] 四川省农业合作经济史料编辑组编：《四川农业合作经济史料》，四川科学技术出版社1989年版，第665页。

[②] 吴毅：《村治变迁中的权威与秩序：20世纪川东双村的表达》，中国社会科学出版社2002年版，第119页。

[③] 许建文：《中国当代农业政策史稿》，中国农业出版社2007年版，第135—136页。

|新中国成立以来川渝地区城乡关系演变研究|

日发出的《关于建立人民公社过程中几个应注意问题的通知》详细规定了由乡级政府转化建立为人民公社的几种方式。① 四川省的人民公社组织范围是一乡一社，或数乡一社，甚至一个县一社。而在人民公社化运动的初期，很多地方认为，公社"越大越好"，兴起建大社的风潮，如新繁县搞的"一县一社"，即把全县编为一个公社，乡编为大队，村编为中队；郫县红光人民公社辖5个乡；宜宾郊区19万多人口全部纳为一个人民公社管理；射洪的前锋人民公社含8个乡，等等。② 人民公社的管理机构往往继承于之前的区公所，驻地一般设立在场镇上，如巴县在1958年10月共建乡级公社55个，乡级管理区9个，分别设在界石、南彭、公平、忠兴、鱼洞、大窝、小坝、石马、百节镇上。③ 1962年泸县几经调整后划分为15个区、10个镇、96个公社、809个大队、7366个生产队，具体情况见表3-2。

表3-2　　　　　　　　　泸县人民公社区划

区别	区所在地	区辖镇	人民公社
兆雅	兆雅		兆雅、新溪、奎峰、特兴、长春、杨九
太伏	太伏		太伏、新路、白云、万定
弥陀	弥陀	弥陀镇	弥陀、白马、分水、文明、中兴、黄舣、泰安
牛滩	牛滩	牛滩镇	牛滩、保安、天兴、一心、天洋、瓦子、石鱼
海潮	海潮		海潮、高店、青林、大坝、王坪、兴隆、清和

---

① 几种方式分别为：第一，建社规模为一乡一社者，原乡人民代表大会即为公社社员代表大会，原乡人民委员会即为公社管理委员会，原乡长即为社长，原副乡长即为副社长。第二，建社规模为数乡一社者，原各乡的人民代表仍为合并后的公社社员代表，原乡人民委员会委员仍为公社管理委员会委员。新任公社（乡）的社（乡）长亦应按前条规定选举产生。第三，公社内党的组织形成，一乡一社的，原有组织在办社初期基本适应，可以不打乱原有组织，党员超过100人的乡，可考虑将原乡党总支改为公社党委。数乡一社和一区一社的公社，建立公社党委，并根据生产组织分布情况下设总支、支部、小组。第四，干部问题，不管一乡一社或数乡一社，脱产干部均不能超过原有区、乡的干部数。参见中共四川省委党史研究室编《中国共产党四川历史大事记（1949—1978）》，四川人民出版社2000年版，第173—175页。

② 四川省农业合作经济史料编辑组编：《四川农业合作经济史料》，四川科学技术出版社1989年版，第210、224、264、278页。

③ 巴县志编纂委员会编：《巴县志》，重庆出版社1994年版，第35页。

第三章 | 共性与个性：计划经济时期川渝地区城乡关系的体制内演化

续表

区别	区所在地	区辖镇	人民公社
胡市	胡市	胡市镇	胡市、太平、官渡、金龙、来龙
福集	福集	福集镇	福集、青龙、戴坝、石岗、大田、太和
宋观	宋观		宋观、顺江、德胜、光明、塘坎
玄滩	玄滩	玄滩镇	玄滩、石桥、涂场、复兴、平安
奇峰	奇峰		奇峰、曹市、观音、宝藏、喻坪、万寿
毗卢	毗卢		毗卢、仙佛、宝峰、中峰、元通
云锦	云锦	立石镇	云锦、立石、石马、和平、百和、青狮、泸永、土主、五通
喻寺	喻寺	喻寺镇、嘉明镇	喻寺、胡楼、方洞、天宝、雨坛、嘉明、护国、大同、桐兴、顺和
通滩	通滩	通滩镇	通滩、玉合、宜定、石龙、况场、和丰、华阳
石洞	石洞	石洞镇	石洞、安宁、永寿、毛坝、云龙、嘉祥、双嘉

资料来源：泸县县志办公室编：《泸县志》，四川科学技术出版社1993年版，第72页。

根据1959年年初做出的《关于适应人民公社的形势，改进农村财政贸易管理体制的决定》把国家在农村的国有之财政、粮食、商业、银行等部门的基层机构及其人员、资产、业务管理权限下放给人民公社，国家的农业税、工商税收、企事业收入、地方附加及其他收入，也一概由公社包干上交。人民公社不仅要从事农、林、牧、副、渔等农业与涉农产业的生产经营管理，还要办社队工业和商贸企业等，从事农业机械修造、化肥农药、建筑、建材、运输、物资供销、金融信贷等众多经济领域的经营管理活动。因此，"大跃进"开始后各地人民公社大批上马工业项目，而且这些工业项目往往选址于所辖的场镇。

这种追求"大而全"自给自足的经济模式，加上作为城乡商品流通主要管道的供销社，在1958年完全转为全民所有制企业，极度限制了场镇的市场交易，压缩了农民"赶场"的次数。如灌口镇"场期曾一度由白日场（天天场）改为逢五、十赶场，市场成交量锐减"；新繁镇"赶场日期亦由原来隔天赶一场改为一个星期赶一场，买卖极不方便"；成都郊区的石羊镇，曾是川芎的集散地，具有专业市场的经济特点，1958年，石羊乡、镇合并成立石羊人民公社，到1959年全镇商业

77

在农村所设全部网点被撤销，镇内仅保留了一家饭店、一家小食店、一家酒店。① 三年"大跃进"期间，全省城乡集市贸易的状况是：一部分地区仍在坚持有买有卖；大部分地区时断时续，成交量减少；少部分地区集市贸易完全停止。②

由此可见，原来场镇作为农副产品的交易市场的功能发生转变，此时川渝地区城乡之间的"相互支援开始从商业结合发展为生产结合"③，使场镇开始成为计划经济体制下代表农村接受城市"生产支援"物资的运输和分配的节点，并因此而在此后发展出了乡镇一级的工业。例如，大邑的悦来镇办起了化肥厂、玻璃厂、火药厂、墨水厂、运输社、机面厂、酒厂、机械厂等企业。这些企业与四川硫酸厂、成都420厂（新都机械厂）、四川大学、四川工学院、四川财经学院等单位建立了购销协作关系。④

而就近代的城乡关系来说，川渝地区的场镇虽然是城市文明传递到乡村的中间站，场镇人们的生活方式对乡村生活也具有重要的示范作用，但整体上来说还是为农村各种交流服务的，"赶场日的集镇，不仅是商品流通的场所，更是乡村人口汇集的空间，人流、物流、财流的聚集与发散，打破了乡村的宁静"。⑤ 但新中国成立以后，尤其是人民公社建立以后，场镇虽然被纳入农村人民公社的组织范围，但更多是代表国家汲取农业剩余的征收点，以及城市工业化扩散和支援农业的前哨站，城乡分界线和城乡关系的内涵也因此发生了变化——可以说为改革开放以后的城市化，甚至当前提出的新型城镇化打下了历史的基础。

（三）人民公社的建立某种意义上拉近了城乡间的距离

人民公社作为国家政权在农村的代表，以政治运动的方式改造了农

---

① 杜受祜、张学君主编：《近现代四川场镇经济志（一）》，四川省社会科学院出版社1986年版，第26、102、130页。
② 杨超等主编：《当代四川商业》，四川人民出版社1991年版，第47页。
③ 厦门大学经济研究所：《人民公社化后城乡关系》，《厦门大学学报》（哲学社会科学版）1960年第1期。
④ 杜受祜、张学君主编：《近现代四川场镇经济志（一）》，四川省社会科学院出版社1986年版，第42页。
⑤ 李德英：《民国时期成都平原乡村集镇与农民生活——兼论农村基层市场社区理论》，《四川大学学报》（哲学社会科学版）2011年第3期。

村社会的生活和文化，从某种意义上拉近了城乡之间的距离。

人民公社是一种"政社合一"的农村基层政权机构，这种集政治、经济于一体的政权组织形式将国家权力的触角伸到了农村社会的各个方面，这是所谓"皇权不下县"的传统社会所不能想象的。①

对川渝地区农村社会生活的改造，其实是从新中国成立初期的土地改革就展开的，政治运动逐渐开始成为农村生活的一部分。学者吴毅对川东达州双村的考察显示，土地改革之后，"'毛主席'、'共产党'、'工作队'、'干部'、'土改'、'开会'，乃至'抗美援朝'、'三反五反'等词汇在村民中使用得越来越频繁，几至成为社区生活中带有支配性和导向性的权威性标志语言"。②此后的农业合作化，越来越多的农民被纳入合作社，同时也参与到"冒进""反冒进""反右"等一系列运动当中；到了人民公社时，各种运动达到顶峰，所有的农民无论是被动还是主动，全国性的政治运动都成为他们生活中最主要的一部分。从这个层面来看，人民公社运动是一个标志，在此之后，川渝地区的城乡居民，在社会生活和文化方面都被笼罩在运动和革命的话语当中，无形中却也消弭了一部分城乡之间的差别。

但总的来说，在这种全国性的社会主义改造和人民公社化运动中，极大程度上消除了川渝地区发展符合地方社会经济条件的城乡关系的可能。而且人民公社以"一大二公""政社合一"为特征的制度安排，使川渝地区农村被完全纳入全国性的二元结构当中，为"大跃进"运动对川渝地区经济和城乡关系造成严重损害埋下了伏笔。

三 "大跃进"运动对川渝地区城乡关系的损害

1957年11月13日，《人民日报》发表社论《发动全民，讨论四十条纲要，掀起农业生产的新高潮》，以"跃进"代替"冒进"，标志着

---

① 学者胡恒梳理了"皇权不下县"这一说法的思想和学术源流，并论证了清代县以下实际存在大量的正式官僚人员，而且承担了大量的行政职能，甚至近乎州县无疑，并成为县以下的行政划分，得到官方和民间的双重认可。但如果以人民公社对于乡村社会的影响和改造程度为观察立足点，传统社会"皇权不下县"这一说法是成立的。参见胡恒《皇权不下县？清代县辖政区与基层社会治理》，北京师范大学出版社2015年版，第301—308页。

② 吴毅：《村治变迁中的权威与秩序：20世纪川东双村的表达》，中国社会科学出版社2002年版，第110—111页。

"大跃进"口号的正式提出。① "大跃进"运动的发动,既有现实国内外的因素,又有历史的渊源。② 本质上是在资金、物资匮乏,工业化水平较低的条件下,希望最大限度发挥共产党人和人民群众的主观能动性,产生克服物质方面的障碍的巨大力量,使中国的工业化水平实现跨越式发展。

在这种精神的指导下,从1958年起在全国范围内开展了以"大炼钢铁"为主的工业"大跃进"运动;与此同时,随着人民公社化的完成,农业生产的"五风"("共产风""命令风""浮夸风""干部特殊风""瞎指挥风")也愈演愈烈。由于这些政策严重脱离了经济发展的客观规律,对此后两三年全国的工农业生产和人民的生活水平造成了灾难性的后果,也在全国范围内严重损害了城乡之间的关系。

如前所述,社会主义改造完成后,川渝地区已经被纳入"全国一盘棋"的计划经济体制当中,川渝城乡也不可避免地投入"大跃进"运动中。而在"一五"计划后期,权力过大和管得过死的中央经济管理体制弊端逐渐显现,因此,1957年10月后出台了一系列的改革文件:《国务院关于改进工业管理体制的规定》《国务院关于改进商业管理体制的规定》《国务院关于改进财政管理体制的规定》③,在体制上为地方领导"一平二调""浮夸风"和"瞎指挥"开了口子。不幸的是,四川由于地方和各级党委在运动中的"左"倾错误相当严重,纠正错误也很迟缓④,再加上自然灾害的影响,"大跃进"运动对川渝地区的经济民生造成灾难性的后果,在全国范围内也属于最严重的地区之一。

单从统计数据来看,"大跃进"时期的四川,农业产出1961年比1957年减产30%,工业产值的平均增长速度,从1953—1957年的

---

① 《发动全民、讨论四十条纲要,掀起农业生产的新高潮》,《人民日报》1957年11月13日。
② 李庆刚:《十年来"大跃进"研究若干问题综述》,《当代中国史研究》2006年第3期。
③ 中共中央文献研究室编:《建国以来重要文献选编(第十册)》,中央文献出版社1994年版,第664—681页。
④ 陈东林:《"三年自然灾害"与"大跃进"——"天灾"、"人祸"关系的计量历史考察》,《当代中国史研究》2004年第1期。

21.6%，下降到 1958—1962 年的 0.06%。基本的经济数据参见表 3-3。

表 3-3　　　　1957—1962 年四川地区生产总值　　　　单位：亿元

年份	地区生产总值	第一产业	第二产业	第三产业	人均国民生产总值（元）
1957	81.84	47.88	16.86	17.10	117
1958	90.10	44.39	26.95	18.76	127
1959	93.77	40.38	31.58	21.81	134
1960	83.98	28.18	33.13	22.67	124
1961	69.70	31.56	18.26	19.88	107
1962	77.44	45.40	15.28	16.76	120

资料来源：四川省统计局编：《四川统计年鉴（1991）》，中国统计出版社 1991 年版，第 30 页。

由此造成了人民生活水平的严重下降，甚至出现了饿死人的现象。这期间，尤其是 1959 年起，四川人口出生率和死亡率都出现了较大的波动，出生率从 1957 年的 29.22‰、1958 年的 24.03‰，下降到 1959 年的 16.71‰、1960 年的 11.73‰、1961 年的 11.81‰；1958—1962 年，年平均死亡率上升到 34.03‰，高出全国水平 1 倍以上。[①] 对于川渝地区的城乡关系而言，"大跃进"运动所造成的损害主要体现在以下两个方面。

（一）"大跃进"运动严重损害了川渝地区的农业生产力，破坏了城乡发展的基础

如前所述，四川农村的人民公社化的速度在全国名列前茅，而且在"一大二公"方面，四川各地人民公社也做得非常彻底。四川省委大力"消除私有制残余"到了禁止私杀生猪和将自留地与社员的个人财产完全收归公社的地步，而且在"大炼钢铁"和大修水利等基础设施的时候，这些生产资料和生活资料被大量无偿平调，以郫县的红光人民公社

[①] 刘洪廉：《中国人口》（四川分册），中国财政经济出版社 1988 年版，第 87—88、120 页。

为例，据1961年清理统计，社员个人财产被平调的计有：房屋1800余间、大小农具2067件、家具725件、铁锅901口、各种碳罐233个、其他生活资料1240件、家禽家畜280只；这些政策不仅完全剥夺了社员对于生活自留地的支配权，所谓"人民公社不分你的我的，不分集体和私人的，各自除了身上穿的和吃进肚的，其余都是公家的"①；而且在粮食减产的情况下还严重威胁到农民的基本生存。

在城乡粮食自由市场完全关闭，以及生产资料归公社所有的条件下，公共食堂政策的施行，实际上是将社员的粮食产出和供应完全归公社支配。这一政策四川最初推行的非常积极。据1958年10月28日《四川日报》的报道，全省已建立了公共食堂61万多个，农村95%以上的人都参加了公共食堂，实现了农村公共食堂化。② 公共食堂在举办初期实行吃饭不要钱，敞开肚子吃，造成了粮食的严重浪费；而且公共食堂集中设点，往往造成距离较远的社员吃饭极不方便，实际上浪费了劳动生产力和生产时间。出现"出工一条龙，放工一窝蜂，盖章就拿钱，吃饭抱罐罐"的现象。③

另外，农村"大跃进"的各种生产运动极大地浪费了人民公社所支配的生产资料和生活资料，造成公共食堂在掌握社员的饭碗后，很快就出现入不敷出和办不下去的现象。在这样的情形下，四川省委不仅忽视现实，甚至将中央的指示撇在一旁，实际上造成了灾难和损害的扩大化。如1958年冬，泸州各地就开始出现了以"放假"为名义停办公共食堂的现象，到1959年5月的县委书记会后解散了大部分的公共食堂，受到了省委的严厉批评。④ 甚至到了1960年，省委领导同志还在《上游》杂志发表《公共食堂是人民公社的心脏》的署名文章。

1959年5月中共中央发布《关于农业的五条紧急指示》，提出允许

---

① 四川省农业合作经济史料编辑组编：《四川农业合作经济史料》，四川科学技术出版社1989年版，第226页。

② 四川省农业合作经济史料编辑组编：《四川农业合作经济史料》，四川科学技术出版社1989年版，第359页。

③ 郭昌耀：《泸州地区反右倾斗争的前前后后》，载四川省农业合作经济史料编辑组《四川农业合作经济史料》，四川科学技术出版社1989年版，第488—489页。

④ 郭昌耀：《泸州地区反右倾斗争的前前后后》，载四川省农业合作经济史料编辑组《四川农业合作经济史料》，四川科学技术出版社1989年版，第488—489页。

私人养猪，可以给社员恢复一部分自留地。① 而四川在转发这个指示时却指出："四川各地已规定结合公共食堂和专业养猪基地留了一定数量的菜地和饲养基地，这样就可以达到多养猪的目的，一般即可不必再恢复自留地了。如果恢复自留地，就会影响公共食堂的巩固。"同年6月，省委根据中央关于自留地等四个问题的指示精神，发出了把几项权力下放给生产队的规定，但仍明确规定"一般不给社员划自留地"。因此，曾任四川省委第一书记的廖志高认为，公共食堂解散过晚和自留地恢复迟了是造成饥荒的首要原因。②

如果说人民公社和公共食堂的政策是造成"大跃进"时期农村经济灾难的制度原因；那么四川在农业生产中刮的"五风"，尤其是"浮夸风"的愈演愈烈，则是损害农业生产的直接原因，它也间接严重破坏了四川城乡关系的基础。

四川农业生产的"浮夸风"，是从郫县开始的。1958年8月6日《四川日报》报道，郫县83596亩旱稻，平均亩产515.2公斤，其中最高亩产达2260公斤，是全省的早稻"卫星"。③ 1958年9月12日《四川日报》报道，郫县友爱乡九社用并秧移栽的办法，将35.7亩即将成熟的稻谷，移栽到1.08亩的田里，共收干谷44563.5公斤，平均亩产41262.5公斤。而四川省委对"浮夸风"也推波助澜，1958年11月25日，省委发布《关于开展1959年农业大面积高产运动的指示》，指出：根据中央少种、高产、多收的指示精神，明年全省只种1亿亩耕地，其余1500万亩分别情况停耕还林或种植绿肥。在1亿亩耕地中，6000万亩种粮食，4000万亩种经济作物和蔬菜。争取在6000万亩耕地上产1500亿公斤粮食；在4000万亩耕地上产2000万担棉花、1亿担油料和高于1958年产量几倍的其他经济作物。④ 这项指标，把高指标、浮夸风的发展推向了新阶段。而"浮夸风"是导致城市对农村的粮食过多

---

① 中共中央文献研究室编：《建国以来重要文献选编》（第十二册），中央文献出版社1994年版，第292—293页。
② 廖志高：《关于四川调粮的回顾反思》，载谭继和《当代四川要事实录》（第一辑），四川人民出版社2005年版，第75—76页。
③ 《帅旗越举越高，卫星层出不穷》，《四川日报》1958年8月6日。
④ 四川省农业合作经济史料编辑组编：《四川农业合作经济史料》，四川科学技术出版社1989年版，第64页。

征收最直接的原因，也是严重损害川渝地区城乡关系的主要原因。

总的来说，"大跃进"运动时期，四川的农业生产力遭到严重破坏：公共食堂造成了粮食的浪费，"浮夸风"造成粮食的过多征收，1958年四川粮食的国家征购为70.11亿公斤，1959年高达77.40亿公斤，接近当年实际产量的一半。①"共产风"严重打击了农民的生产积极性，大量农村劳动力脱离农业生产，再加上一定的自然灾害的影响，四川粮食生产受到了严重损害。据统计，1959—1961年，四川粮食连续三年大减产，共减产粮食109亿公斤，其中1959年比上年减产66.3亿公斤；三年平均粮食产量135.8亿公斤，比1957年减产77.2亿公斤，减产36.3%；人均粮食产量，由1957年的344公斤，下降到1961年的210公斤。②从地域上来说，1961年列为粮食严重困难的有井研、犍为、眉山、江北、璧山、富顺、荣县、涪陵、长寿、华阳、大足、安岳和雅安专区的8个县等20个县，1961年比1955—1957年三年平均粮食产量减产61.7%，其中，减产70%以上的有江北、璧山、荣县、涪陵、长寿。这些县人均粮食产量仅174公斤，低的还不到100公斤。③

粮食的减产，农业生产力的被破坏，意味着城市工业的再投资和扩大生产均受到严重限制，甚至很多在"大跃进"初期投资的工业项目也被迫下马，造成了资源的极大浪费，工业产值也必然随之而下降。而从前述表3-3的数据来看，第一产业（农业）的产值在1958年即开始下降，1960年更是下降了19.7亿元，下降幅度达到41.14%。而第二产业（工业）因为"大跃进"初期的大量投资，到1961年才开始明显下降，下降幅度达到44.88%。这样的不同步，但却是同样趋势的数据变化很明显地证明了农业生产对于工业乃至第三产业的基础作用。而"大跃进"运动对农业生产力的破坏，也整体上损害了城乡协调发展的基础，在川渝地区城乡关系史上来说，也是一次很严重的波折。

---

① 四川省地方志编纂委员会编：《四川省志·粮食志》，四川科学技术出版社1995年版，第319页。
② 周国璋：《四川农村粮食购销》，四川大学出版社1993年版，第26页。
③ 四川省粮食厅：《全省20个困难县粮食生产和负担情况》，1962年8月6日。

第三章 | 共性与个性：计划经济时期川渝地区城乡关系的体制内演化

（二）"大跃进"运动造成不正常的工业化和城市化，严重损害了川渝地区城乡间的协调关系

"大跃进"运动的提出，主要目标就是要实现工业的跨越发展，加快建立中国自己的工业体系。"通过充分发动闲散劳动力以弥补工业和农业方面的资金不足"①，最大范围内发动群众参与"大炼钢铁"和大兴城乡基础设施建设，是"大跃进"运动在非农生产方面的主要内容。

其中钢铁工业是"二五"计划期间四川工业发展的重中之重。1958年5月四川省委在重庆召开全省地方工业会议，会议提出要大大提高本年度钢产量，扩大基建规模，在"二五"计划期间上几个钢厂（江油、达县、乐山），扩大钢厂，要求各地有条件的都要办铁厂。8月召开市、地、州委书记会议，决定以发展钢铁为中心，建立重庆、成都、西昌等协作区。钢产量的计划制订也在节节高升，在9月举行的中共四川省委一届八次（扩大）会议上，提出年产钢86万吨、铁120万吨，争取完成140万吨。

动员城乡庞大的劳动力，在缺乏技术和资金的情况下参与"大炼钢铁"运动，成为四川工业"大跃进"的主要手段。据何郝炬回忆，在大办钢铁最集中的1958年10—12月三个月内，一下动员了八九十万人。②虽然1958年的大炼钢铁已经出现了炼出的钢铁质量不过关，炼钢过程中浪费严重的现象，但1959年四川所提出的钢产量计划依然达到了140万吨，比1958年翻了一番。"大跃进"期间因"大炼钢铁"总共所抽调动员的劳动力，缺乏具体的统计数据；然而当时有号称800万人上山（砍树炼铁），《四川日报》也有"一千万钢铁大军战斗在大巴山、华蓥山、峨眉山、邛崃山等崇山峻岭当中"的报道。③

若以1000万的劳动力计算④，这样约占全省1/7比例的人口脱离

---

① ［美］麦克法夸尔、费正清编：《剑桥中华人民共和国史（1949—1965年）》，中国社会科学出版社1990年版，第379页。
② 何郝炬：《四川"大办钢铁"始末》，载谭继和《当代四川要事实录》（第一辑），四川人民出版社2005年版，第79—80页。
③ 张如兰、邹一清：《"大办钢铁"运动的回忆》，《巴蜀史志》2014年第3期。
④ 参与水利工程也是"大跃进"时四川动员庞大劳动力的重要原因，据不完全统计，自1959年12月到1960年1月的几十天里，全省水利工程中的出工人数达到380万人次。参见杨超《当代四川水利》，四川人民出版社1991年版，第56页。

农业生产，不仅短时间内增加了极为庞大的非农劳动力，也大量增加了对农业产出的粮食和原材料的需求，据《四川省志·粮食志》记载，1960年四川省吃供应粮的人口超过了1000万人[①]，这对农业形成巨大的压力，间接破坏了农村的生产力，这显然是一种非常不正常的工业化现象，更是与"大跃进"运动希望协调工农业发展的初衷完全背离。

在城乡二元结构的框架下，不分城乡"多点开花"式的工业发展模式所造成的规模巨大的劳动力"非农化"，并不能将其全部定义为城市化——实际上绝大部分参与"大炼钢铁"和基础设施建设的劳动力都是农民工的身份，是需要自带口粮的。按照1958年9月30日省委发出的《关于参加炼铁民工生活待遇问题的通知》的规定，"凡不在家住宿，上山参加炼铁的民工（包括土高炉操作人员，挖矿运矿及其他人员），从10月1日起，每人每天供应粮食一斤半（粗细精搭配供应）"；所需粮食由当地政府粮食部门暂时垫支，但将来还是必须由各地民工所在的乡、社核算归还。[②]

但是，由于"大跃进"时期工业投资的加快，由此带动了工业就业人数的激增。1958年与1957年比较，全省职工总数从302.51万人增加至534.04万人，增长了76.5%，到1960年达到顶峰，当年全省职工总数增至550.19万人，比1957年增加了229.68万人。[③] 自然而然，川渝地区的城市人口在"大跃进"的初期也出现了较快增长的现象。作为四川最大的工业城市重庆，"大跃进"运动开始的第二个五年计划，国家用于重庆市的基本建设投资总计达到14.92亿元，到1962年，全市工业企业数达到3412个，相当于1957年的1.6倍。[④] 重庆市的"大跃进"造成城市人口急速增长。单1958年一年，重庆市厂矿吸收

[①] 四川省地方志编纂委员会编：《四川省志·粮食志》，四川科学技术出版社1995年版，第30页。

[②] 四川省地方志编纂委员会编：《四川省志·粮食志》，四川科学技术出版社1995年版，第56页。

[③] 袁泉、邓坚主编：《当代四川的工人阶级和工会运动》，四川人民出版社1991年版，第100—101页。

[④] 重庆市经济地理编辑委员会编：《重庆市经济地理》，重庆出版社1987年版，第44—45页。

了十万多名新工人。① 成都市区人口增长幅度较大是在 1959 年，1958 年年末为 167.22 万人，1959 年年末达到 180.41 万人，增长了 13.19 万人；增长人数仅次于 1956 年。但是，1956 年除了市区人口增长外，周边县区也增长了 8.34 万人；而 1959 年周边县人口却减少了 14.46 万人。考察当年周边农村，其经济已经开始出现问题，而成都市区的许多工业项目的上马投产，可能导致了周边人口的迁入和市区人口的增加。② 因此可以得出这样的结论：与 1956 年以城市人口带动周边人口自然增长和迁入的模式比较，1959 年成都市区的人口增长由域内人口"农转非"的性质更明显。

其他中小城市人口的增长，也大多是由工业项目的上马导致非农人口增加所带动的。例如，南充市的非农人口从 1957 年年末的 11.1715 万人增加到 1958 年年末的 12.4095 万人③；自贡自流井区 1960 年年末的全区职工人数达 6000 人，比 1957 年增长 30.5%。④ 宜宾市的人口由 1957 年年末的 19.7042 万人增加到 1958 年年末的 30.6972 万人，人口增加一部分的原因是行政区划的变动，但就非农人口来看，宜宾市在 1958 年也增加了近 1 万人。⑤

县级城市也出现了类似的非农人口增加现象，人口增速都在 20%—300% 不等。万县吃供应粮的人口从 1957 的 1.08 万人、粮食 556 万公斤，激增到 1958 年的 3.64 万人、粮食 1576.5 万公斤；1959 年的 4.18 万人、粮食 925.5 万公斤。⑥ 岳池县的非农人口 1957 年为 3.3036 万人，1958 年增加到 6.6954 万人。⑦ 资中县的非农业人口从 1957 年的

---

① 重庆市地方志编纂委员会总编辑室编：《重庆大事记》，科学技术文献出版社 1989 年版，第 421 页。
② 以上数据参见陶武先、王荣轩主编《成都五十年》，中国统计出版社 1999 年版，第 421 页。
③ 南充市地方志编纂委员会编：《南充市志》，四川科学技术出版社 1994 年版，第 64 页。
④ 四川自贡市自流井区志编纂委员会编纂：《自贡市自流井区志》，巴蜀书社 1993 年版，第 111 页。
⑤ 四川宜宾市地方志办公室编：《宜宾市志》，新华出版社 1992 年版，第 83—84 页。
⑥ 四川万县志编纂委员会编：《万县志》，四川辞书出版社 1995 年版，第 332 页。
⑦ 四川岳池县志编纂委员会编纂：《岳池县志》，电子科技大学出版社 1993 年版，第 98 页。

6.5869万人增加到1958年的13.2149万人。① 1957—1958年绵竹县的总人口变化不大，农业人口却从32.1023万人下降到30.0906万人，"农转非"是下降的主要原因。②

但是建立在这样的工业化基础上的城市人口增长是不正常的。一般认为，工业化促使城市手工作坊变为工厂，城市由原来的商品集散地转变为工业生产集中地，非农人口逐渐向城市集中，城市化成为近代工业化的产物，这是城乡关系的一般演进逻辑。③ 然而，"大跃进"运动时期的工业化是在计划经济体制下，违背经济发展规律盲目地招工开工，是既缺乏国家的严格计划，又缺乏市场价格引导的"畸形"工业化，是种不可持续的增长。这从前述表3-3的统计数据就可以很明显地看出，四川省第二产业的产值到1960年都还保持着一定增长，但到1961年就大幅度减少，减少幅度达到44.88%。

在此基础上造成的城市人口的增加，很大程度上也是一种"泡沫"。随着工业比例的失调导致产值的下降，再加上农村的"大跃进"运动造成粮食生产的年年下降，这种"泡沫"也就不得不被戳破。此后全省各级城市，甚至区、场镇都出现了大多数炼铁、炼钢和煤矿等社办企业下马，大部分企业职工回流到农村和农业生产的现象，图3-1就是对这一现象直观的展示：1960年城镇人口达到300多万人的顶峰，此后一直呈现一种下降再持平的趋势。从本质上说，这是依照城乡关系所必须遵循的发展规律对人为错误政策的一定纠正。

总的来说，这一时期的所谓"城市化"，实际上是错误的经济政策导致短期内人口不正常流动而已，如果从长远的眼光看这一时期的工业化政策，虽然在一定程度上为此后的乡村工业和乡镇企业的诞生和发展埋下了种子④，但是这种大规模人口不合理的流动，造成了工农业投资比例的严重不平衡，物质和人力资源的极大浪费，不仅影响城乡整体的

---

① 四川资中县志编纂委员会编纂：《资中县志》，巴蜀书社1997年版，第64页。
② 四川绵竹县志编纂委员会：《绵竹县志》，四川科学技术出版社1992年版，第79页。
③ 白永秀、吴丰华等：《中国城乡发展一体化：历史考察、理论演进与战略推进》，人民出版社2015年版，第37页。
④ 类似观点参见崔之元《中国农村工业化新探：灵活专业化与"莫比乌斯带"组织》，载崔之元《第二次思想解放与制度创新》，牛津大学出版社1997年版，第95—119页。

第三章 | 共性与个性：计划经济时期川渝地区城乡关系的体制内演化

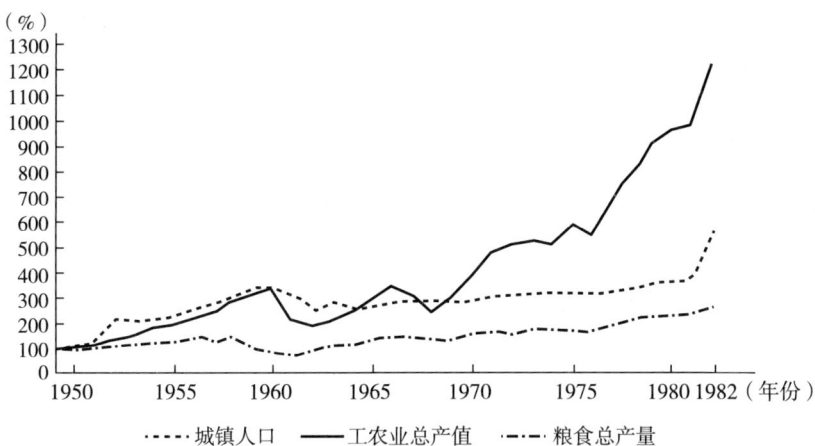

图 3-1　四川省城镇人口增长与工农业总产值、粮食增长的关系

资料来源：刘洪廉：《中国人口》（四川分册），中国财政经济出版社1988年版，第200页。

经济发展，也严重损害了当时川渝地区城乡关系的协调发展，为此后川渝地区持续的"逆城市化"现象拉开了序幕。

四　国民经济调整时期川渝地区城乡关系的整顿

在1960年经济困难的时候，全国各省开始纠正工农业生产中一些"极左"政策。是年8月国务院首次提出了"调整、巩固、充实、提高"的八字方针，此后在9月连续转发《关于当前劳动力安排和职工工资问题的报告》《关于1961年国民经济计划控制数字的报告》，前者提出未来三五年城市工业企业停止从农村招工，并计划从年底开始精简企事业和机关单位的职工人数；后者降低了工业的计划增速，增加支援农业的钢材和化肥，并计划在1961年减少20.3%的基本建设投资。[①] 这说明中央开始对"大跃进"运动造成全国城乡发展的失衡状况进行调整和整顿。

尤其是在1960年11月3日发布《关于农村人民公社当前政策问题的紧急指示信》（《十二条》），开始明确对农村人民公社"浮夸风"和

[①] 当代中国的计划工作办公室编：《中华人民共和国国民经济和社会发展计划大事辑要》，红旗出版社1987年版，第154、156—157页。

"一平二调"等一些"极左"政策进行纠正。① 到1961年1月在北京召开的党的八届九中全会将"调整、巩固、充实、提高"的八字方针正式提出,并作为全国经济工作的指导方针,事实上标志着全国范围内的"大跃进"运动的结束,国民经济开始进入五年的调整时期(1961—1965年)。

然而,由于在"大跃进"运动中"极左"政策影响范围过大,再加上四川省委领导僵化的意识形态,川渝地区在城乡经济政策的调整方面,步调出现了明显的差异,在一定程度上影响了这一时期城乡关系恢复的进度。

(一)城市经济整顿工作的迅速开展

由于四川人民公社化运动做得比较彻底,"大炼钢铁"运动动员的农村劳动力极为庞大,城市工业企业职工数量增加也非常快,1960年超过1000万人吃供应粮。在"大跃进"运动造成农村粮食减产的现实情况下,四川的城市经济很快就面临难以为继的状况,因此,川渝地区迅速在以下两个方面开展了城市经济的整顿。

1. 压缩城市企事业单位职工人数,减轻农业压力,缓和城乡矛盾

这项工作最早始于重庆市。早在1959年9月和10月,重庆市委就连续发布《关于贯彻全市人口大清理工作的执行计划》《关于限制城市人口增加的通知》,开始以户籍制度来限制城市人口的增加。而到是年年底又发布《关于压缩城市人口的初步意见》,计划从六个方面压缩城市人口,其中近期(1960年、1961年)压缩14万多人,远期迁出11万多人。② 从1961年开始,压缩工业、精减职工、缩短基本建设战线、缩减基建投资等在全省范围内展开。至1962年,建设项目又比上年减少401个,投资减少60%,基建队伍压缩23.8万人。工业压缩的重点是专县工业(专区、县办工业)和社办企事业,近100万人的专县工业大部分下马,关停了人民公社和生产队办的企事业,劳动力基本上都回到农村。四川先后分三次共撤、停、并、转企业1223个,其中大部

---

① 中共中央文献研究室编:《建国以来重要文献选编》(第十三册),中央文献出版社1996年版,第660—676页。

② 重庆市地方志编纂委员会总编辑室编:《重庆大事记》,科学技术文献出版社1989年版,第444—445页。

第三章 | 共性与个性：计划经济时期川渝地区城乡关系的体制内演化

分是钢铁煤矿等工矿企业。全省全民所有制职工到1962年年底减少到229万人，比1960年年底精减了256万人。① 企业数量的减少和企业职工的压缩，是造成1960—1962年城镇人口下降的主要原因。

通过大批压缩城市企事业单位职工以减轻农业压力，在一定程度上缓和了川渝地区城乡之间的矛盾。

2. 在制度和政策方面对城市工商业进行改革，并在一定程度上恢复川渝城乡之间的物资交易

在压缩工矿企业职工数量和城市人口的同时，1961年6月，中共中央发出《关于改进商业工作的若干规定〈试行草案〉》（"商业四十条"）。② 12月，商业部也相应地制定了《商业工作条例（试行草案）》（"商业一百条"）。规定恢复合作商店、合作小组，为恢复市场贸易扫清了制度障碍。据1962年9月统计，四川省召回从国、合商业中退出的10万人，连同保留下来的合作人员6.7万人，重新组织合作商店和合作小组；其中，商业9.4万人，饮食业4.4万人，服务业2.9万人；在归口国营专业公司的领导下，主要经营食品、副食品、蔬菜、小百货、日用杂品、饮食、茶旅和修理服务等业务。③

逐步恢复城市和农村的市场贸易也是这一时期调整城乡关系的重点措施。至1961年年底，全省集市贸易基本上恢复到公社化以前的状况。据成都市商业局统计，1961年成都市在郊区恢复了36个农村集市贸易市场，建立了25个农村集市贸易服务部，恢复132个供销社，在市区恢复了3个专业性、4个综合性的行栈，并同22个省、市及省内14个专州的56个县、市建立了业务往来关系。④ 由于集市贸易和横向联系的恢复，沟通了城乡间、地区间的物资交流，使"大跃进"运动时期城乡僵化单一的物资交流渠道逐渐转向多元化，一些乡镇开始恢复了一定的商业功能，如成都周边的石羊镇，1961年年底就从仅有一家供销

---

① 袁泉、邓坚主编：《当代四川的工人阶级和工会运动》，四川人民出版社1991年版，第113页。
② 中共中央文献研究室编：《建国以来重要文献选编（第十四册）》，中央文献出版社1994年版，第450—461页。
③ 杨超等主编：《当代四川商业》，四川人民出版社1991年版，第58页。
④ 杨超等主编：《当代四川商业》，四川人民出版社1991年版，第59页。

社恢复到有49个店、组,309人的规模;1962年10月全镇工商业人数已达到320人,资金约有10万元。荣昌县的安富镇,集市贸易的交易额从1961年的1.1060万元急剧增长到1962年的100.7484万元,增幅达到了9000%。①

通过在制度和政策方面对城市工商业的改革,以及在一定程度上恢复川渝城乡之间的市场交易,推动了川渝地区城乡关系向更协调的方向变化。

(二)农村工作纠错的迟缓与农村经济的恢复

相比城市迅速开展了调整和整顿的工作,川渝地区农村的相关动作就迟缓得多。如前所述,四川农村的公共食堂从刚开始办的1958年年底就出现了难以为继的现象,但是因为省委对于泸州等地私自停办公共食堂的干部扣上"右倾"的帽子进行了批判,因此,此后对于农村公共食堂和自留地等问题,很长时间都得不到纠正。一直到《农村人民公社工作条例(草案)》(简称《六十条》)在1961年6月通过后,四川省委才于7月21日正式发出指示,决定"取消人民公社分配中的供给制,不办公共食堂",8月转批省委农村工作部《关于社员自留地划拨情况的检查报告》,要求"没有划够的应立即按规定补足",才恢复了自留地。这同全国多数省市区比较起来,四川大约晚了半年到一年的时间。②

然而即使是在三年"大跃进"运动造成四川农业生产发生严重衰退的情况下,四川的农村工作依然受到"极左"思潮的影响,1963年11月四川省委颁布《关于农村人民公社生产经营管理工作若干问题的处理办法(试行草案)》,其内容就很明显体现了这一点。例如,对于农产品,办法规定:"社员的一类产品,要出卖的,应当卖给国家,除了薯类和小量的小杂粮外,不准上自由市场。二类产品,未完成派购任务时,也不准上自由市场。"对自留地,规定:"社员自留地应按照《六十条》规定划拨,超过《六十条》规定的……如果数量较多,应当

---

① 杜受祜、张学君主编:《近现代四川场镇经济志(一)》,四川省社会科学院出版社1986年版,第26、100页。

② 廖志高:《关于四川调粮的回顾反思》,载谭继和《当代四川要事实录》(第一辑),四川人民出版社2005年版,第75、76页。

第三章 | 共性与个性：计划经济时期川渝地区城乡关系的体制内演化

对农民说服教育，采取适当的方法，收归集体所有。……自留地占耕地面积5%—7%"。①

这些规定从本质上看，还是尽可能地将农民的生产资料和产出都掌握在国家手里，社员所能自己支配并能投入城乡贸易的农副产品实际上少之又少，依然严重抑制了农民的生产积极性，而且随着城市人口的压缩，返乡的劳动力激增，造成人均耕地面积的下降，川渝地区农村的经济恢复，也显得步履蹒跚，这从基本的农产品——粮食产量的统计数据就能看出：从历史最低点的1961年开始，四川粮食产量开始逐年恢复增长，然而，到1965年也只达到411.1亿斤，还是没有恢复到1958年的历史最高产量446.1亿斤。②

此外，虽然城乡贸易市场又重新恢复，但能够提供交易的农产品增长速度却很缓慢，这实际上也限制了城乡之间的物资交流规模，城市居民的消费仍然以供应粮为主，例如成都市郊区开设了8个国家粮食市场，供农民与消费者进行余缺和品种调剂。1962年以后实行多渠道经营，市内各农贸市场均有粮食交易，但数量不大，市民口粮及食品行业用粮，仍主要由国营粮店供应。③

但总的来说，国民经济调整时期四川的经济开始逐步恢复，成绩还是比较显著的，以全省的国内生产总值来说，1965年达到110.8亿元；国民收入达到101.2亿元，比1962年增长了53.4%，年均增长15.3%。工农业总产值达到148.6亿元，创下历史最高水平，增长49.6%，年均增长14.4%。其中农业总产值增长30.8%，年均增长9.4%；工业总产值增长73%，年均增长20%。建设规模有较大的发展，工业、交通等领域的物质基础得到加强。到1965年年末，川渝地区工业固定资产原值达到43.4亿元，比1957年增长3.4倍。粮食

---

① 四川省农业合作经济史料编辑组编：《四川农业合作经济史料》，四川科学技术出版社1989年版，第669—670页。

② 特别说明，可能因口径不同，关于当时的各种数据，不同文献差异较大。此处数据，是研究者根据数据相互支撑的原则，由国家统计局的《新中国六十年统计资料汇编》关于重庆、四川的相关数据计算而得（因该汇编将四川重庆相关数据分别编制，且重庆的数据残缺不全，笔者只得根据四川的数据，根据相同增长率，大致计算出重庆1958年的数据）。

③ 四川省地方志编纂委员会编：《四川省志·粮食志》，四川科学技术出版社1995年版，第120页。

产量直线上升，1965年达到411.1亿斤，接近历史最高水平。生猪出栏头数由1962年的383万头，上升到1965年的1524万头，增长近3倍。①

而考察这一时期川渝地区城乡的经济结构，是在纠正"大跃进"运动错误的前提下，在逐步恢复工农业经济发展的基础上，又基本回归到所谓比较"正常"的计划经济体制中。因此，对于川渝地区的城乡关系来说，城乡之间的物资和人力的流动，从"大跃进"时期"群众运动"的模式，又恢复到以国家计划调配为主，以集体和个人的物资交换为辅的计划经济模式；虽然城乡人口曾剧烈变动，一度形成了城市人口急速增长，但随着经济的调整和国家政策上的限缩，城乡人口比例又回到了符合工农业发展条件的水平。从这个角度来说，在经历了较大的波折之后，川渝地区的城乡依然保持着稳固的二元结构。

第二节　川渝地区城乡关系的动荡与发展

一　"文化大革命"时期的政治运动对川渝地区城乡关系的冲击

"文化大革命"时期（1966—1976年）的政治运动，对川渝地区的经济和城乡关系的冲击与影响是明显而严重的。

（一）政治运动对川渝地区经济的影响

政治运动对川渝地区经济发展的冲击和影响是相当明显的。以四川省地区生产总值的统计数据做参考，"文化大革命"时期，厂矿企业长时期停工，工农业生产因而受到严重影响，经济下降幅度甚至远高于全国平均水平。1967年全国工农业总产值比上年下降9.6%，四川则下降11%。1968年全国工农业总产值比上年下降4.2%，四川则下降23.8%，下降幅度较全国高19.6个百分点。② 这一时期四川省具体的经济数据参见表3-4。

---

① 杨超主编：《当代中国的四川》（下册），中国社会科学出版社1990年版，第46—47页。

② 杨超主编：《当代中国的四川》（下册），中国社会科学出版社1990年版，第184页。

表 3-4　　1966—1969 年四川省（今川渝地区）地区生产总值　单位：亿元

年份	地区生产总值	第一产业	第二产业	第三产业	人均国民生产总值（元）
1966	125.44	72.50	33.87	19.07	173
1967	113.15	71.35	23.73	18.07	151
1968	91.44	64.49	12.61	14.34	118
1969	107.81	65.54	25.49	16.78	136

资料来源：四川省统计局编：《四川统计年鉴（1991）》，中国统计出版社 1991 年版，第 30 页。

1974 年的"批林批孔"运动，1976 年的"批邓"，也都造成了四川省经济的明显下滑，具体数据参见表 3-5。这些数据反映了"文化大革命"期间政治运动和政治风向的变化，都明显地影响了川渝地区工农业生产和经济的发展。

表 3-5　　1970—1978 年四川省（今川渝地区）地区生产总值　单位：亿元

年份	地区生产总值	第一产业	第二产业	第三产业	人均国民生产总值（元）
1970	132.01	71.47	40.09	20.45	161
1971	138.03	72.85	43.61	21.57	163
1972	139.45	70.5	45.60	22.90	160
1973	148.28	78.15	47.16	22.97	166
1974	142.30	79.42	40.13	22.75	155
1975	163.05	76.58	60.80	25.67	174
1976	138.87	72.88	44.01	21.98	146
1977	186.57	90.61	65.44	30.52	194

资料来源：四川省统计局编：《四川统计年鉴（1991）》，中国统计出版社 1991 年版，第 30 页。

(二) 政治运动对川渝地区城乡关系的影响

无论是在计划经济还是在市场经济体制下，无论是工农业发展比例的协调还是城乡关系的协调，根本还在于工农业产值的持续增长和物质财富的不断累积，然而以"阶级斗争为纲"的"文化大革命"时期，政治运动的广泛波及所造成的工农业产值的大幅下滑，必然会损害川渝

地区城乡之间的关系。这种损害,主要反映在以下四个方面:

1. 政治运动造成川渝地区工业产值急速下降,损害了城市经济发展的基础,也拖累了川渝地区农村工业化和农业现代化的进程

根据表3-4的数据,可以看出:1967年相对于1966年,四川省(今川渝地区)第一产业(农业)下降了1.15亿元,下降幅度为1.59%;第二产业(工业)下降了10.14亿元,下降幅度高达近30%;而到了1968年,第一产业下降幅度达到9.6%,第二产业更是下降了46.9%。由此可知,"文化大革命"初期的政治运动,绝大多数发生在工矿企业集中的城市,工业生产所受的影响明显更大,产值呈"断崖式"下降。而工业产值的陡然下降,破坏了以重工业为主的城市经济基础。另外,农业的现代化进程也间接地受到了"文化大革命"运动的干扰和拖累。"大跃进"运动对国民经济造成的重创促使国家领导人对工农业发展和它们之间的关系重新思考,提出"农业是基础,工业是主导"[①],回到了新中国成立初期就确定下来的优先发展重工业,兼顾农业发展,逐步实现工业化的发展思路上来。基本上"剪刀差""以农补工"的政策和制度体系依然延续下来,城乡的二元结构进一步固化。

但是,在这种基本框架下,如何实现农村和农业的现代化,也成为亟待解决的议题。"大跃进"运动时期农村大规模的"土法炼钢"和社办企业的盲目上马,最终造成了资源的极大浪费和经济发展的严重挫折,证明了脱离城市工业支援的农村工业化是难以实现的。1962年党的八届十中全会提出:"我们党在农业问题上的根本路线是:第一步是实现农业集体化,第二步是在农业集体化的基础上实现农业的机械化和电气化。"[②] 中共中央的农业政策逐步形成了以农业机械化、电气化、水利化和化肥化为内涵的农业现代化的技术路线。[③] 在"以农补工"的

---

① 中共中央文献研究室编:《建国以来重要文献选编》(第十四册),中央文献出版社1994年版,第238页。
② 中共中央文献研究室编:《建国以来重要文献选编》(第十五册),中央文献出版社1997年版,第602页。
③ 高伯文:《中国共产党对新中国工业化初期城乡关系的探索与经验》,《党史研究与教学》2009年第5期。

第三章 | 共性与个性：计划经济时期川渝地区城乡关系的体制内演化

城乡关系基调下，也需要城市和工业在一定程度上反哺农村和农业。

"大跃进"运动后的国民经济调整时期，四川的商业部门开始注重并着手为农村地区提供工业品，1963年省五金公司、化工公司根据省商业厅、省供销社关于《加强农村工业品供应工作的指示》，制定、印发了县区商品经营目录和基层供销社必备商品目录；各地五交化公司配备了农村批发员，由经理带队下乡，帮助基层供销社开展业务。[①] 而川渝地区各地尤其是重工业集中的城市，也开始提出了以工业企业为主体，对口支援农村人民公社的社办工业的计划。例如，1966年1月16日，重庆市委召开厂、社挂钩定点协作座谈会，决定工交企业与农村人民公社实行定点挂钩，厂社结合。结合的形式：一是厂社结合，以厂带社；二是长期挂钩，定点支援。[②]

但是，由于1966—1968年的政治运动的干扰，这种支援都难以开展。这种干扰不仅反映在企业项目的拖延，也反映在工矿企业所仰赖的交通能源部门，如1969年的"反复旧"[③]的运动，造成了西昌、达县、江津地区，成昆（北段）、宜珙铁路及公路建设工地，永荣、广旺、芙蓉等煤矿以及电力系统出现了较严重的反复。[④]

各地农村工业的设立也多受政治运动的干扰。以中江县为例，中江县政府于1966年11月15日成立了"地方国营中江县农业机械厂"，主要生产稻麦两用打谷机、24型粉碎机、水锤泵和矿车、面机、轧花机零件以及碎石手锤等，还修理柴油机等农用机械；1967年、1968年中江县武斗剧烈，农机厂两派也介入武斗，生产一度处于混乱状态；1968—1974年连续七年亏损；不仅农机厂的生产受到影响，而且其必须配套的农机修理厂的设立也被拖延了三年，到1970年，中江县革委根据1969年8月中央农机会议和1970年3月省地农机会议精神"为了满足农业机械化发展，大县除有一个农机修造厂外，还要有一个农机修

---

① 杨超等主编：《当代四川商业》，四川人民出版社1991年版，第144页。
② 重庆市地方志编纂委员会总编辑室编：《重庆大事记》，科学技术文献出版社1989年版，第486页。
③ 所谓"反复旧"，是针对"文化大革命"初期被打倒的"走资派"后来又在革委会（革命委员会的简称，是"文化大革命"期间中国各级政权的组织形式）中任要职而言的。有人认为，这是复旧，因此要造反派击退这一股复旧妖风。
④ 杨超主编：《当代中国的四川》（下册），中国社会科学出版社1990年版，第157页。

配厂"的要求,才决定将雨门外龙王阁的拖拉机站改建为"中江县农机修理厂";1971年1月,"中江县农机修造厂革委会"和"中江县农机修理厂革命领导小组"分别成立,各自成为两厂的领导机构。① 可以说前后经过五年时间的波折,中江县才逐渐建立了可投入农村使用的农机生产维修的工业。

从全省的状况看,1966—1969年,农村和社办工业的发展都乏善可陈,直到1969年年底由于中共中央批转成都军区党委、四川省革委会《关于加速四川地区三线建设的请示报告》中,提出了"建设小煤矿、小电站、小钢铁、小化肥、小水泥等一套为农业生产服务的地方工业,积极支援农业"②,川渝地区的社办"五小"工业,才克服了混乱的局面,从次年开始在全省铺开。1970年,省革委会召开了全省农业生产工作会议,印发了《四川省一九七一年到一九七五年农业发展规划要点(征求意见稿)》,对兴修水利、改田改土、发展"五小"工业、推广良种等作了具体安排。到1971年全省的16个地区、62个县建立了小钢铁厂,193个县(市)建立起了农机修造厂,122个县建起了小水泥厂。③ 而在1971年之前的数年里,四川农村所拥有的工业项目,除了恢复了极少部分"大跃进"时期建立又下马的社办企业,"以厂带社"的计划绝大多数仅仅停留在纸面上,很明显,"文化大革命"初期的政治运动是造成这种计划延迟的最主要原因。

2. 政治运动造成川渝地区农业产值下降,更扰乱了粮食收购工作,一定程度破坏了城乡二元结构"以农补工"的功能

城乡二元结构的建构,是为了最大限度汲取农业剩余来发展城市的工业,在较短的时间内实现整个国家的工业化。然而,"文化大革命"时期,尤其是初期的政治动乱,使粮食收购工作陷入混乱,也在一定程度上破坏了这种二元结构所承担的任务和功能。根据四川省粮食厅生产办公室1967年12月15日给粮食部的报告《当前我省粮食征购情况的

---

① 何辉:《中江机械厂发展简史》,载中国人民政治协商会议四川省中江县委员会文史资料委员会《中江文史资料选辑》(第8辑),中国文史出版社1960年版,第127—128页。
② 当代中国的计划工作办公室编:《中华人民共和国国民经济和社会发展计划大事辑要》,红旗出版社1987年版,第294页。
③ 杨超主编:《当代中国的四川》(下册),中国社会科学出版社1990年版,第177页。

简报》的报道，由于派性对立，武斗严重，"一是造成一些地区征购尾欠大。合川、江北两县征购尾欠 2000 万公斤，占该地区尾欠总数 80%。全省尾欠 1.25 亿公斤，其中绵阳、达县两个专区一个县即（欠）1500 多万公斤。二是造成领导班子瘫痪，无人抓征购，江津、西昌、达县、宜宾、南充五个专区，在 9 月入库高潮中，有 8 个县联系中断，情况不明，个别县粮食局基本无人上班。三是有的地区，两派都不抓工作，以致农民送粮，有的粮站无人收。四是有的派性组织头头，勾结坏人抢劫粮仓，煽动农民不交征购。绵竹县水兴等公社写出大标语'参加我红卫兵，今年不交征购粮'。五是超购阻力大，入库进度慢。省里下达超购任务 3 亿公斤，到 11 月底，只入库 0.47 亿公斤，完成 15.8%。有的说'征购是硬的，超购是软的'，'超购是刘邓路线，过去上了当，今年不干了'"。① 此外，"文化大革命"前四川农村粮食收购计划遵循"一定三年"的原则，原本到 1967 年就满期，"文化大革命"初期的政治运动冲击了四川大部分的粮油机构，因此，没有条件研究总结和提出调整粮食征购的新措施，以致继续延到 1970 年。② 政治运动造成川渝地区粮食收购工作的瘫痪，城市工业发展的停顿，实际上使二元城乡结构的存在和维持所发挥的历史作用都大打折扣，一定程度上损失了工业发展的时间，耽误了城乡关系发展的进程。

3. "文化大革命"早期的政治运动造成川渝地区实际上的"无政府"状态，严重影响了城乡间的物资交流和城乡居民的生活

"文化大革命"时期四川的各级政府机关都受到了强力冲击，基本处于瘫痪。在省革委会成立（1968 年 5 月 31 日）之前的两年时间里，川渝地区都处于"无政府"状态，与经济相关的部门，干部和领导都受到批判和下放，经济统计的数据收集和分析工作陷入瘫痪，经济计划的制订也付之阙如。这种情况，严重扰乱了计划经济的正常运转，川渝地区城乡之间正常的物资流转、交换和分配都受到极大影响。

首先，原本承担计划经济和城乡之间物资调配功能的各级政府物资部门和所属供销公司，处于瘫痪半瘫痪状态。1966 年下半年到 1969

---

① 周国璋：《四川农村粮食购销》，四川大学出版社 1993 年版，第 43—44 页。
② 绵阳市粮食局编：《绵阳市粮油志》，绵阳市粮食局 1993 年版，第 139—140 页。

年，因"文化大革命"政治运动的冲击，川渝地区省地市的各相关单位或被撤销，或处于瘫痪半瘫痪状态。1969年，党的九大后，在"认真搞好斗、批、改"的动员下，实行精简机构，四川省物资厅各处、室所属各公司被撤销，代之以"斗批改组"和"业务组"，大部分干部职工随"斗批改组"下放到四川省米易县"湾丘五七干校"参加劳动，仅留下少数"业务组"人员维持日常供应业务。① 一直到邓小平同志主持国务院工作时，针对物资分散、积压和浪费状况，重新建立物资管理机构，恢复物资专业公司，逐步实行物资部门与主管部门分工管理，四川省的生产资料和物资部门才算恢复了其应该发挥的基本经济功能。

其次，四川的政治运动尤其1966—1969年各地爆发的"红卫兵"大串连和"造反派"之间的武斗，不可避免地波及交通部门，使许多交通干线瘫痪，造成了物资流转运输的不畅。这不仅影响了地区之间、城市之间、城乡之间物资的流转，也严重影响了城乡居民的生活水平。

如1966年11月底，重庆市已运输串连红卫兵104.4万人次，严重扰乱了交通运输的正常秩序，致使车站、港口堵塞状况日益严峻。至11月27日，九龙坡车站积压物资1.34万吨，待卸车皮140个，港口积压5.5万吨。② 而到1967年8月省革委派调查组来重庆调查武斗损失情况时，重庆的主要公路已被切断，交通基本瘫痪。③ 重庆作为川渝地区的第一重工业城市和物资运输的枢纽城市，在近一年的时间内基本丧失了物资流通的主要功能。

另外，四川城乡人民的必需生活品供应发生困难。肉、食糖、食用油等副食品严重匮乏。在1967年，除成、渝两市尚能勉强保证居民每人每月500克肉和250克食用油外，其他城市都无法保证供应，煤油、肥皂等也经常脱销。④ 可以说，这种情况既是工农业生产下降的必然结

---

① 当代四川丛书编辑部编：《当代四川物资流通》，四川人民出版社1991年版，第25—26页。
② 重庆市地方志编纂委员会总编辑室编：《重庆大事记》，科学技术文献出版社1989年版，第494页。
③ 重庆市地方志编纂委员会总编辑室编：《重庆大事记》，科学技术文献出版社1989年版，第502页。
④ 杨超主编：《当代中国的四川》（下册），中国社会科学出版社1990年版，第156页。

果，也是城市之间、城乡之间交通被破坏，物资流转不畅所造成的。

4. "文化大革命"时期的政治运动直接冲击了商业系统，极大地影响了城乡之间的市场贸易，而由于政治运动造成的"极左"思想的回归，使这种影响一直持续到"文化大革命"结束

"文化大革命"时期的"极左"思想一方面批判"流通决定生产论"，说商业是"一手拿鞭子，一手拿刀子，东西少了就赶，东西多了就砍"，"压工业，卡农民"，违背了"发展经济、保障供给"的方针。另一方面批判"利润挂帅"和"物质刺激"，造成商业系统的紊乱。据统计，1966—1977年，全省商业厅系统损失的资金、物资、设施等，折合金额多达20177万元。①

与此同时，"极左"思想否认公私合营、集体、个体商业存在的必要性，把自由市场当作"走资本主义道路"进行批判，城市的自由市场贸易受到严重压制。例如，重庆市1966年对个体工商业户进行全面审查，1969年取缔自由市场，同时砍掉合作商业和个体商业网点4486个，将3400个合作商店合并为国营。对全市保留的4490个合作商店，采取"三统一、三不变"的政策，合作商店实际成为国营商业的分店。② 成都市、区政府为防止农民进城交易农副产品，强化管理机构，充实工商干部，做到天天有人管，经常有人抓，在进出城区要道的王化桥、红星北路、跳蹬河、培根路、二仙桥、小天竺、红星南路、望平街八处设立检查站；同时，还在各"街革委"辖区建立25个群众管理市场小组，分片包干负责；其主要任务是：①宣传市场管理方针政策；②取缔自由市场和无证经营，维护市场秩序；③检举揭发投机违法分子，监督、改造投机违法分子；以1973年为例，全区反复取缔自由市场（含农贸市场）共219处次，城区的集贸市场，农民进城销售自产的农副产品的行为基本上被禁止了。③

---

① 杨超等主编：《当代四川商业》，四川人民出版社1991年版，第73、76页。
② 重庆市地方志编纂委员会总编辑室编：《重庆大事记》，科学技术文献出版社1989年版，第525页。
③ 曾广才：《东城区的集贸市场》，载中国人民政治协商会议成都市锦江区委员会学习文史委员会《锦江文史资料》（第2辑），中国人民政治协商会议成都市锦江区委1995年版，第8—9页。

其他的县市也是如此。比如，在自贡市工商行政管理局在1967年4月先后规定生产队的粮食、油料无论什么品种，无论什么时候，均不准上市；猪肉、牛肉由国营公司统一经营，不准私人自由买卖，对已形成的市场，必须坚决取缔；1972年9月12日，自贡市革命委员会规定，国家统购统销的粮食（包括制成品，不包括薯类）、棉花（包括土纱、土布）、油料（包括花生、芝麻、菜籽），一律不准上市和私自买卖；1975年10月31日，市工商行政管理局在《关于加强市场管理，打击投机倒把活动的通告》中，对社员个人的粮食有所放宽，准许社员在农村市场进行"夏不管秋，秋不管夏"的品种余缺调剂。[①] 1968年10月，宜宾市发出《关于加强市场管理，维护社会治安秩序的通令》，市革委会成立了"打击投机倒把办公室"和"群专指挥部"，规定对"长途贩运、私设地下工厂、商店、私自包工、雇工剥削等一切投机倒把活动都必须坚决取缔"，"把他们从政治上搞臭，经济上搞垮，实行无产阶级专政"，对农民也作了"不准从事商业活动，更不准长途远销"的规定，连农民自种的零星红薯、甘蔗之类商品也不准上市，上市的一律交收购站；1970年，市革委会生产指挥组发出《关于成立宜宾市整顿市场、市容领导小组的通知》，开展了整顿市场的工作，以击退"城乡资本主义势力"；1973年1月，宜宾市革委会又发出《关于整顿我市运输市场的通知》，规定"坚决取缔地下运输"，并把"外地运力"和"地下运输"作为"一小撮阶级敌人"给予打击；在整顿市场中，"重点是打击长途贩运、买卖票证、倒卖工业品、倒卖国家统购、派购物资的人"；1975年2月，市工商局贯彻全国南方会议和四川省大竹会议精神，在红卫公社试点，建立农村贫下中农市场管理委员会，在甫城街道办事处试点，建立城市市场管理委员合；是年9月，市革委会召开城市市场管理工作会议，中心内容是"加强对资产阶级全面专政，把无产阶级专政的任务落实到基层"和交流"城市市场管理工作经验"；1976年11月，贯彻执行《四川省农村集市贸易管理暂行

[①] 四川自贡市工商行政管理局编：《自贡市工商行政管理志》（上卷），成都科技大学出版社1993年版，第44页。

办法》，属于派购、收购的第二类农副产品，由原来的 62 个增加到 80 个。①

即使是农村的场镇，其在城乡之间的市场交易功能也受到进一步限制。例如，经过"四清"运动和"文化大革命"，新津县武阳镇的个体商贩从 300 余户，下降到仅有的 30 户。② 怀远镇 1964 年有 217 户个体商户，1965 年又减少 80 户，"文化大革命"中被全部取消。③ 灌县（今都江堰市）的灌口镇大多数商店每天下午 4 点钟以后基本停止营业，商品销售额显著下降，仅 1967—1970 年三年中，商品销售额就下降了 639.66 万元，场期改为逢星期日赶场。④ 1967—1969 年的三年间，剑阁县各种类型的武斗不息，场镇成了武斗的营盘，集市成为"大鸣、大放、大字报、大辩论"的场所⑤，关闭集镇的市场，封闭茶旅馆，禁止演古装戏。1971 年恢复集镇，允许赶场，但又规定全县统一场期，先是"逢十"赶场，后改为"星期日"赶场，集镇建设瘫痪⑥，严重地阻碍了剑阁县社会经济的发展。

总的来说，这些"极左"的政策使川渝地区城乡之间的经济关系又回到了僵化单一的命令经济模式上，城乡之间的物资交易完全由供销社、合作商店和生产队的"双代店"来执行，这种模式使农民需要的工业品和消费品一直处于匮乏状态，城市居民的消费品长期需要凭票供应，且其负面影响贯穿了整个"文化大革命"时期，严重抑制了城乡居民的生活水平，极大地破坏了川渝地区城乡关系的协调发展。

---

① 四川宜宾市地方志办公室编：《宜宾市志》，新华出版社 1992 年版，第 250 页。
② 杜受祜、张学君主编：《近现代四川场镇经济志（一）》，四川省社会科学院出版社 1986 年版，第 168 页。
③ 杜受祜、张学君主编：《近现代四川场镇经济志（一）》，四川省社会科学院出版社 1986 年版，第 266 页。
④ 杜受祜、张学君主编：《近现代四川场镇经济志（一）》，四川省社会科学院出版社 1986 年版，第 94、102 页。
⑤ 李兆溥：《忆建国后剑阁的市场管理》，载中国人民政治协商会议四川省广元县委员会文史资料研究委员会《广元市文史资料》（第 6 辑），四川省广元市委员会 1993 年版，第 176 页。
⑥ 崔键：《剑阁县农村小集镇建设蓬勃发展》，载中国人民政治协商会议四川省广元县委员会文史资料研究委员会《广元市文史资料》（第 6 辑），四川省广元市委员会 1993 年版，第 245 页。

二 上山下乡运动与川渝地区城乡关系的变化

知识青年上山下乡运动是新中国成立之后持续时间较长,影响范围极大的社会活动,它的提出、执行以及扩大成为一场全国范围内的社会运动,不仅涉及经济制度和社会结构,而且还有很深的政治和意识形态作为驱动。① 从城乡关系的角度来讲,它也是我国计划经济时期对城乡关系影响较大的一项政策。

知识青年上山下乡运动的构想和形成,最早可以溯源到1956年,是年1月26日的《人民日报》社论明确提出,城市知识青年可以"到郊区、到农村、到农垦区或者山区,参加农、林、牧、副、渔各种生产事业和农村的科学、文化、教育、卫生事业"。② 1957年10月25日,在中共中央发出的《一九五六年到一九六七年全国农业发展纲要(修正草案)》(亦称《农业纲要四十条》)中,第三十八条又指出:"城市的中、小学毕业的青年,除了能够在城市升学、就业以外,应当积极响应国家的号召,上山下乡去参加农业生产,参加社会主义农业建设的伟大事业。"③ 于是,动员城市知识青年上山下乡,正式成为国家规划的政策。

(一)川渝地区上山下乡运动概况

川渝地区的上山下乡运动大致可以分为四个阶段。

第一阶段:1956—1965年。这是上山下乡运动的前奏阶段,主要表现为因就业压力组织城镇青年参加农业生产。最早组织城镇青年上山下乡始于1956年,是年2月26日,由重庆青年组成的300名志愿垦荒队正式开赴若尔盖草原。之后,成都等四川其他各地也陆续组建青年垦荒队开赴山区支援农业生产。1957年上半年,四川省委和省人民政府(人民委员会)先后颁布《关于指导中小学毕业生升学就业的指示》等文件,安排部署城镇中小学毕业生下放农村的工作。到1957年9月下旬,据不完全统计,四川已有1600多名城镇青年被安排下放农村支援

---

① 参见张曙《"文革"中的知识青年上山下乡运动研究评述》,《当代中国史研究》2001年第2期。

② 《人民日报》1956年1月26日。

③ 中共中央文献研究室编:《建国以来重要文献选编》(第八册),中央文献出版社1993年版,第58页。

第三章 | 共性与个性：计划经济时期川渝地区城乡关系的体制内演化

农业生产。① 1963年4月25日，四川省人委批准《关于我省国营农林渔场安置家居大中城市精简职员和学生计划的报告》，对国营农林渔场的安置对象、范围、方式等作出规定，由此正式拉开了四川有计划、有组织地动员城镇青年"上山下乡"的序幕。这一阶段动员的人数相对较少，目的主要是缓解城镇就业的压力。

第二阶段：1966—1972年。这是上山下乡运动的高峰期，其中1968—1969年是上山下乡运动的第一个高潮。如前所述，"文化大革命"初期的政治动乱不仅导致政府机构的几近瘫痪，也使全国经济建设受到严重冲击，尤以各大中城市"受灾"最为严重，公司、企业、厂矿等多半处于停产、半停产状态。而与此同时，在城镇，由于新中国成立以来教育的发展，在校学生规模日益庞大。随着高考的取缔，升学链条的中断，以及就业出路的堵塞，"老三届"（1966年、1967年、1968年初高中毕业生）学生大量积压在城镇。当时全国积压的"老三届"毕业生有400多万人，四川亦有39万多城镇中学毕业生，其中仅重庆市就有18万多人。②

1968年12月22日，《人民日报》传达了毛泽东关于"知识青年到农村去，接受贫下中农的再教育，很有必要"的指示。随即，四川掀起前所未有的知识青年上山下乡高潮。从毛泽东的指示发布到1969年3月1日，短短两个月时间，四川就动员了16万"老三届"学生到农村去。1969年8月11—25日，省革委会在成都召开四川省知识青年上山下乡工作会议，总结交流了半年以来全省组织动员25万多红卫兵、城镇知识青年上山下乡安家落户，及贫下中农对知识青年进行"再教育"的经验，要求进一步掀起知识青年上山下乡的新高潮。③ 根据1972年12月21日《四川日报》的报道，四川省从1969年到此时，已有80

---

① 孙成民：《四川知青上山下乡始末》（上篇），《四川党的建设》（城市版）2016年第4期。
② 孙成民：《四川知青上山下乡始末》（中篇），《四川党的建设》（城市版）2016年第5期。
③ 四川省农业合作经济史料编辑组编：《四川农业合作经济史料》，四川科学技术出版社1989年版，第94页。

105

万城镇知识青年奔赴农村、边疆。① 这一时期动员的人数巨大，并不仅限于"老三届"的中学毕业生，实际动员的对象还包括：无职业或无固定职业的城镇居民、社会青年，闲散居民，期满的合同工、临时工，小商贩，国营、集体的职工家属等。

第三阶段：1973—1976 年"文化大革命"结束。这是"上山下乡"运动的转折期，这一阶段相对于之前，动员的人数大量减少。"上山下乡"运动的重大转折发生在 1973 年，以毛泽东复李庆霖信和第一次全国知青（知识青年的简称，下同。特定历史时期的称谓）工作会议的召开为标志，国家的知青政策出现了新的变化。于是，1973 年 8 月 11 日至 9 月 11 日，四川省委、成都军区党委召开了长达 1 个月的知青工作会议，传达贯彻全国知青工作会议精神，讨论制定四川统筹解决知青问题的意见和措施，拉开了四川统筹解决知青"上山下乡"问题的序幕。其主要政策措施包括调整动员政策、纠正不正之风、制订长远规划，等等，并对解决知青实际问题提出了若干具体办法。②

第四阶段："文化大革命"后的尾声阶段。"文化大革命"结束后的拨乱反正，四川和全国同步，开始了对知青的各种安置工作。1980 年 9 月 6 日，国务院知青工作领导小组宣布：今后"能够做到不下乡的，可以不下"。1981 年 12 月 10 日，四川省人民政府宣布：今后不再划分留城和下乡的界限，也不再划分动员城市和非动员城市的界限。标志着在川渝地区进行了 27 年之久的城镇知青上山下乡运动落下帷幕。

（二）上山下乡运动对川渝地区城乡关系的影响

如果说"文化大革命"时期的知识青年"上山下乡"运动有着很深的意识形态驱动的话，那么撇开政治和意识形态因素，单从人口迁徙的性质和目标来看，"上山下乡"运动是一场典型的"逆城市化"③，而相比"大跃进"时期城市和非农人口的激增、短时间内又压缩城市

---

① 四川省农业合作经济史料编辑组编：《四川农业合作经济史料》，四川科学技术出版社 1989 年版，第 101 页。
② 孙成民：《四川知青上山下乡始末》（中篇），《四川党的建设》（城市版）2016 年第 5 期。
③ 相关研究参见邱国盛《当代中国逆城市化研究（1949—1978）》，《社会科学辑刊》2006 年第 3 期。

第三章 | 共性与个性：计划经济时期川渝地区城乡关系的体制内演化

人口促使劳动力返回农村而言，"文化大革命"时期知识青年的"上山下乡"运动持续时间更长，其对城市和农村的影响更为深远。

因此，考察"上山下乡"运动对川渝地区城乡关系最直观的影响，就在于城市人口向农村转移，城镇居民向农民转变。在"文化大革命"期间，四川共动员知识青年下乡134.5万人，调离农村的下乡知青共计57.23万人。[1] 而减去迁往外省和边疆地区的知青4万余人[2]，说明川渝地区的"上山下乡"运动，为四川农村迁入人口73万多人。其对川渝地区城乡关系的影响是深刻而又复杂的。

首先，庞大人口的"逆城市化"使川渝地区城镇人口实际的增长低于自然增长率，造成整个地区的城市化率降低。有些城市并没有发挥吸收农村剩余劳动力的作用，反而成为人口净输出的地区，城乡关系脱离了世界工业增长引导城市化提高的一般规律。[3]

1961—1977年，四川的市镇人口由777.2万人增加到790.3万人，仅增加13.1万人，平均每年仅增加0.8万人。这16年间，市镇人口数量比上年减少的有6年，增加的有10年。[4] 1973年以前，重庆市已有25万余知识青年到涪陵、万县、达县、江津、宜宾、内江、南充及云南生产建设兵团落户。[5] 南充市在1966—1976年，动员高等院校学生毕业分配和知识青年"上山下乡"，全市年平均人口总迁移量为13165人，年平均总迁移率67.27‰，迁入68690人，迁出76128人，11年净迁出7438人。[6] 自贡市贡井区1969—1973年上半年，知青"上山下乡"进入高潮，特别是1969年3—6月短短3个月时间就下乡6667

---

[1] 孙成民：《四川知青上山下乡始末》（中篇），《四川党的建设》（城市版）2016年第5期。

[2] 1971年四川城镇知识青年4.1万人迁往云南边疆。其中成都知识青年1.66万人，重庆知识青年2.44万人。1977年宜宾地区知识青年0.4万人迁往黑龙江省逊克等县国营农场落户。此外，成都、重庆、自贡三市100名知识青年迁往西藏农村落户。参见刘洪廉《中国人口》（四川分册），中国财政经济出版社1988年版，第159页。

[3] 邱国盛：《当代中国逆城市化研究（1949—1978）》，《社会科学辑刊》2006年第3期。

[4] 刘洪廉：《中国人口（四川分册）》，中国财政经济出版社1988年版，第199页。

[5] 重庆市地方志编纂委员会总编辑室编：《重庆大事记》，科学技术文献出版社1989年版，第541页。

[6] 南充市地方志编纂委员会编：《南充市志》，四川科学技术出版社1994年版，第64页。

人；1970—1976年迁入13244人，因知青"上山下乡"迁出13452人，人口进出基本持平。① 当然，随着大量人口迁移出城市，工业企业的就业压力得到缓解，压缩了吃"供应粮"和享受社会保障的城市人口，在计划经济结构下减轻了国民经济负担。

其次，在"逆城市化"的大潮下，川渝地区的城市通过人口的转移，以独特的方式，在经济、文化以及医疗卫生等方面影响农村社会，这种影响有积极的也有消极的，使其对这一时期城乡关系的影响并不能简单绝对地下一个结论。

"上山下乡"运动使大量城市年轻人口入驻农村，并在人民公社的体制下组织起来，这对于缺乏资金和技术、主要依靠劳动力投入发展农业的广大川渝农村地区，除了有助于大规模农田水利建设外，也有利于通过开垦荒地等措施增加耕地面积，提高农业产量。这对于川渝地区农村经济社会的发展产生了一定的推动作用。

一是上山下乡所增加的劳动力是被组织起来的，对于偏远地区的农村提高土地使用率发挥了重要作用。如铜梁县城关镇的知青上山办林场，开垦荒地100多亩，种菜20多亩，栽种果树1000多株，养羊100多只。② 名山县的蒙山茶场在1973年后连续两年安置了200余名城镇知识青年，改造老茶园、开辟新茶园近300亩，并将稀大窝的丛式栽培规格变为条播密植规格，极大地提高了茶园单产。③ 江津从1964年起就大办"知青茶场"，到1977年，茶园面积发展到2.1796万亩，其中以知青为主力开垦扩展的茶场近800亩。④

二是知青和一部分下乡的工人带着一定的工业知识和技术，支援了川渝地区农村的发展。如广元主要对口承接成都东城区、西城区、青白

---

① 自贡市贡井区志编纂委员会编纂：《自贡市贡井区志》，四川人民出版社1995年版，第62页。
② 唐才科：《城关镇知青上山办林场》，载政协铜梁县委员会《铜梁文史资料》（第十六辑），政协铜梁县委员会2006年版，第41页。
③ 侯瑞涛：《蒙山茶场的发展简史》，载四川省名山县委员会《名山县文史资料》（第二辑），四川省名山县委员会文史资料研究委员会1986年版，第30页。
④ 王勋、钟顺宾：《江津农业主要项目概况》，载江津县政协文史资料研究委员会《江津文史资料》（第十二辑），江津县政协文史资料研究委员会1991年版，第19页；四川省江津县农牧渔业局编：《江津县农业志》，1988年，第111页。

第三章 | 共性与个性：计划经济时期川渝地区城乡关系的体制内演化

江区和铁二局、成都铁路局、成铁分局、成铁基建分局、420厂、南光机械厂、成都市二轻系统的造纸厂等单位的知青和下放工人技术人员的安置。① 这些人员的到来，对广元农业生产相应地带来了一些支持和帮助，部分知青家长与农民也相应地建立起一定的感情。这些对促进城乡交流，起到了一定的积极作用。

三是在医疗卫生文化教育方面，知青带来了广大农村所欠缺的知识，他们在许多贫困落后地区担任教育、医疗、文化和科研工作，对于促进和发展农村医疗卫生文化教育等起到了积极作用。以秀山县为例，到1973年10月召开全县知识青年上山下乡工作会议时，全县2123名下乡知识青年中，有25名加入共青团（有的还已加入中国共产党），有40名担任了大队、生产队干部，有257名担任民办教师、"赤脚医生"②、记工员、科研员，有637名担任宣传员、政治夜校辅导员。③ 在农村医疗方面，当时的农村卫生员的选拔既重阶级成分，更重文化基础知识，培训的内容也较深、较全面。④ 而平均有初中文化水平的知青，正是具备这些素质的群体，事实上这一时期农村人民公社的"赤脚医生"，有相当大一部分也是由知识青年和下放的医疗工作者所担任。⑤

此外，知青所带来的城市文化，也丰富了农村的文化生活。例如，在仁寿县（1969年仁寿已是全省八个上百万人口的大县之一），虽然全县除了一个礼堂和一个灯光球场外，其他文化设施几乎一片空白，但知

---

① 赵国藩：《广元县知识青年上山下乡工作回忆》，载中国人民政治协商会议四川省广元县委员会文史资料研究委员会《广元市文史资料》（第十一辑），四川省广元市委员会1997年版，第190—191页。
② "赤脚医生"：农村非正式医疗人员。是20世纪六七十年代"文化大革命"中期开始出现的名词，指没有固定编制，一般经乡村或基层政府批准和指派的有一定医疗知识和能力的医护人员，受当地乡镇卫生院直接领导和医护指导，他们的特点是：亦农亦医，农忙时务农，农闲时行医，或是白天务农，晚上送医送药的农村基层兼职医疗人员。
③ 政协秀山自治县委员会教科文史资料委编：《秀山文史资料》（第十四辑），2009年，第7页。
④ 李德成：《新中国前30年农村基层卫生人员培养模式探究》，《当代中国史研究》2010年第2期。
⑤ 聂洪度、何成周：《农村医疗卫生工作回忆》，载中国人民政治协商会议四川省广元县委员会文史资料研究委员会编：《广元市文史资料》（第十一辑），四川省广元市委员会1997年版，第322页。

青依然下乡到各个大队搞文艺晚会,每到之处,"大队特意搭起简易舞台,悬挂几盏煤油马灯,知青穿上绿军装,带上红袖套点缀,报幕的女知青操着普通话解说,分场分幕的演上《草原小姐妹》、《抬头望见北斗星》等歌舞剧和革命样板戏清唱,台下上千农民掌声雷动,给沉寂的山村带来文化的氛围"。①

但是,总的来说,这么庞大的人口下乡,对本来就人口过剩的川渝农村带来了巨大的压力。由于明清以来中国的农村便开始陷入农业劳动力投入过多而带来边际生产率递减的"高水平平衡陷阱"②,而新中国成立后人口的死亡率逐年降低、控制人口生育政策长时间处于缺失状态,人口自然增长过速使农村人口过剩的问题更加突出。在这样的背景下,上山下乡运动,只是使乡村地区就业不充分问题复杂化。③ 一方面,从城市新迁入的人口一定程度上挤占了农村人口的土地和生产资料,从而激化了农民与外来人口之间的矛盾。尤其是在传统农业经济非常成熟、人口密度已经很高的地区,如成都平原和周边地区,这种挤占的现象和负面的后果更为明显。另一方面,在人民公社"一大二公"的制度下,在农业产出增长十分有限的前提下,农村基层单位只能按人口分配生活资料,从而造成劳动力投入缺乏激励,普遍产生的"大锅饭"现象使农业边际生产率进一步降低。

这样的情况使农民生活水平难以提升,就难免在农民和知青之间产生互相排斥的心理,既没有消除城乡居民间的心理隔阂,也没有实现"接受贫下中农教育",培养"社会主义接班人"和"缩小三大差别"的理想。这从根本上对弱化城乡二元结构,缓和城乡人民之间的关系没有帮助,反而因为城乡之间生活保障上的巨大差异而在一定程度上加剧和恶化了城乡之间的隔离关系。

三 三线建设与川渝地区的城乡关系

三线是中共中央提出的一个具有军事和经济地理含义的区域概念。

---

① 袁诗敏:《情寄回龙山下》,载政协四川省仁寿县委员会文史委员会编《仁寿文史》(第十二辑),政协四川省仁寿县委员会文史委员会 1997 年版,第 3 页。
② [美]麦克法夸尔、费正清编:《剑桥中华人民共和国史(1949—1965 年)》,中国社会科学出版社 1990 年版,第 812 页。
③ [美]莫里斯·梅斯纳:《毛泽东的中国及其发展——中华人民共和国史》,张瑛等译,社会科学文献出版社 1992 年版,第 244 页。

第三章 | 共性与个性：计划经济时期川渝地区城乡关系的体制内演化

20世纪60年代中期，出于对国际形势的判断和对国家国防安全的考虑，中共中央从战略的高度，把沿海、沿边的一些省、市划为一线，而把西南和西北地区（包括湘西、鄂西和豫西）作为国家的战略后方，称为三线。20世纪70年代，又进一步把长城以南和京广线以西的地区也划为三线。进行大三线建设，是中共中央和毛泽东60年代中期做出的一项重大战略决策。

四川（现川渝地区）以其丰富的自然、人力资源，优越的地理位置，成为大三线建设的重点省份之一，受到中共中央和国务院的高度重视。四川大三线建设始于1964年6月，主要由国家动员全国力量，直接规划、直接组织实施。1964年5—6月，在北京召开的中央工作会议，做出"集中力量进行大三线建设"的重大决策。四川大三线建设头三年的重点，主要是"两基一线"，即以重庆为中心的常规兵器工业基地，以攀枝花为中心的钢铁工业基地，以及成昆铁路的建设。为了建设好西南大三线，1964年9月，中央批准成立西南三线建设筹备小组；1965年2月26日，又成立中共中央西南局三线建设委员会（以下简称西南局三线建委），由李井泉任主任，程子华、阎秀峰任副主任，委员22人则分别由国务院各部负责人和云、贵、川三省负责人担任；为了搞好三线建设，四川省建立了三线建设支援委员会，由中共四川省委书记负责、省人委有关厅局负责人组成，按照中共中央西南局三线建委的统一部署开展工作。①

1965—1979年是川渝地区（彼时四川省）三线建设的主要时间段②，前后历经14年。在这期间中央和西南局三线建委利用川渝地区的各种资源，有计划、有步骤地以铁路建设为先导，以迁厂、调人、建新厂为方式，以国防工业建设为重点，钢铁、煤炭、电力、机械、化工建设相互配合，克服重重困难，逐步建成了一批国防科技工业、钢铁工业、有色金属工业、燃料动力工业、机械工业（包括重型机械工业）、化学工业等重工业基地。

---

① 杨超主编：《当代中国的四川》（下册），中国社会科学出版社1990年版，第135页。

② 当时"来了一个不宣布的紧急刹车，不但没有再安排新的建设项目，而且原定的配套项目也被取消，投资大减，这是终止的前兆"。参见辛文《三线建设与四川产业基础的形成》，载王春才《三线建设铸丰碑》，四川人民出版社1999年版，第74页。

(一) 三线建设对川渝地区经济发展的影响

毋庸置疑，三线建设对川渝地区的经济发展影响深远而重大，特别是对这一地区工业体系和经济结构的改变起了决定性作用，具体表现在以下方面：

1. 三线建设使川渝地区经济结构有了明显变化，工业产值占比大幅提高，重工业成为主导产业

1965年，全省地区生产总值为105.14亿元，其中农业总产值56.28亿元，占地区生产总值的53.53%，工业生产总值则只有31.49亿元，占地区生产总值的30%。经过14年三线建设，大批大中型骨干重工业企业建立起来，因而促成了川渝地区（彼时四川省）产业结构和经济结构的改造升级。至1976年"文化大革命"结束时，四川全省地区生产总值为183.5亿元，其中工业生产总值达到71.09亿元，占地区生产总值的比重上升为38.74%；而农业生产总值则为74.93亿元，占地区生产总值的比重下降为40.83%。[1]

2. 经过三线建设，国家在川渝地区已基本建起一个具有一定水平、门类比较齐全的现代工业体系，对川渝地区当时及后来的发展都奠定了良好基础

改革开放以前全国主要工业行业约有160个，而四川省（含今重庆市范围）经过三线建设，工业行业已达到150个以上，占全国总数的95%；全国38个主要工业部门四川省均完整配套建设。到1979年，四川省已成为全国著名的三大电站成套设备及冶金、建材生产基地之一、四大航空与电子工业及化学工业基地之一和五大航天、钢铁及船舶制造基地之一；天然气和化肥产量居全国第一。[2]

3. 经过三线建设，川渝地区的基础设施建设有了根本变化

三线建设前，川渝地区的交通、能源、矿产、通信等基础设施十分落后，经过三线建设，基础设施得到了极大改善。铁路方面，全省六条

---

[1] 数据由国家统计局编《新中国六十年统计资料汇编》，重庆、四川相关数据计算而得。
[2] 杨超主编：《当代中国的四川》（下册），中国社会科学出版社1990年版，第156—158页；又见辛文《三线建设与四川产业基础的形成》，载王春才《三线建设铸丰碑》，四川人民出版社1999年版，第77—79页。

第三章 | 共性与个性：计划经济时期川渝地区城乡关系的体制内演化

铁路干线中有四条（成昆、川黔、内昆、襄渝，长1479公里）、全省9条支线上有8条（广旺、德天、广岳、成汶、资威、宜洪、攀枝花、万白，长402公里），都是在这一时期建成或开工建设的。这些线路长度占四川现有铁路的67%，四川铁路网的基本骨架，全川铁路的基本格局，正是在这个时期形成的；此后20年来四川就是通过这个路网来组织铁路运输的。① 能源矿产方面，三线建设展开后，四川能源与矿产工业得到了长足的发展。1950—1983年，国家对四川煤炭工业投资总计100.3240亿元，三线建设时期的投资就占总投资的60%以上；国家对四川的石油及天然气工业投资总计29.3063亿元，而三线建设时期投资占总投资的70%以上；同期国家对四川电子工业投资为44.6860亿元，其中三线建设时期投资占总投资的60%以上。② 由于三线建设时期基础设施的巨大投入，极大地改善了川渝地区的交通、能源、矿产、通信等基础设施，也使川渝地区工业生产能力大幅提高。

（二）三线建设对川渝地区城乡关系的影响

1. 三线建设极大地提升了川渝地区城市的工业化水平，促使了一大批新兴特色工业城市及中小城镇成为地方经济新的生长点，为改革开放后城乡经济的进一步发展打下了坚实的基础

第一，三线建设使重庆在这一时期得到了极大发展。第三个和第四个五年计划期间，国家用于重庆市的基本建设投资额共达32.32亿元；部署了一批国防工业和民用工业，修筑了襄渝铁路；改变了重庆机械工业的狭小布局，形成了五大片的生产格局：以北碚地区为中心，生产仪器仪表、农用机械动力设备；以江北玉带山地区为中心，生产电瓷电线和通用制冷设备；以九龙坡区的道角、李家沱、石坪桥、中梁山地区为中心，生产机床工具、水电成套设备、矿山起重机械和电机电器以及轻型汽车等设备；以沙坪坝区的小龙坎地区为中心，生产轴承、炉、标准件等基础产品；以双桥地区为中心，生产重型汽车。③ 而重庆城市工业

---

① 当代四川丛书编辑部组编：《当代四川铁路》，四川人民出版社1993年版，第25页。
② 数据引自卢周来《三线建设与改造对四川省经济的影响及启示》，《军事经济研究》1996年第7期。
③ 高湘泽：《三线建设与重庆机械工业的发展》，载中国人民政治协商会议重庆市委员会文史资料委员会《重庆文史资料》（第40辑），西南师范大学出版社1993年版，第138页。

的扩展，也带动了城市面积的扩大，从而使原本城市周边的农村地区也被纳入城市中，城市的非农人口得到进一步增加。

第二，三线建设增强了成都在机械制造、电子元器件制造和军事装备制造方面的能力，使其成为当时我国四大电子工业生产基地之一。虽然"文化大革命"时期的政治运动严重干扰和破坏了成都市经济的正常发展，但总体来说，三线建设使成都的经济结构进一步偏向重工业，到1977年成都市的工业产值中重工业占55.0%，轻工业占45.0%。按可比价格计算，工业总产值比1966年增长1.55倍，其中重工业增长1.5倍，轻工业增长1.26倍。[①] 且工业产品的门类增多，生产档次提高，能够批量生产无缝钢管、金属切削机床、拖拉机、汽车、机械成套设备、柴油机、电动机、轴承、量刃具、电子元器件、黑白电视机、化肥、农药、聚氯乙烯树脂、基础化工原料、抗菌素、水泥、洗衣粉等现代工业产品。

第三，其他中型城市也因三线建设的迁厂扩建等，城市产业结构得到多样化发展。如自贡市，经过三线建设，工业行业结构发生第二次比较大的变化，截至1978年，盐业占全市工业总产值的比重下降到22.14%，已不再是自贡工业的唯一主体；机械工业发展迅速，占比超过盐业，为28.22%；化学工业也占到全部工业总产值的14.51%。[②] 以制糖业闻名的内江市，食品工业曾占工业总产值的73%，三线建设之后，食品工业进一步发展的同时，机械、化工、造纸等重工业也逐步发展起来；截至1978年，食品行业占全市工业总产值的比重降到40%以下，纺织行业和机械行业均各占全市工业总产值的20%以上。[③] 泸州市经过十多年的发展，已初步形成了以重工业为主的多达34个行业的工业体系，1978年，全市工业总产值达8.21亿元，重工业占比60%左右，化学、机械、食品饮料为该市工业的三大支柱。[④]

---

① 陶武先、王荣轩主编：《成都五十年》，中国统计出版社1999年版，第80页。
② 四川自贡市地方志编纂委员会编纂：《自贡市志》，方志出版社1997年版，第353页。
③ 参见四川内江市中区编史修志办公室编纂《内江市志》，巴蜀书社1997年版，第167页。
④ 四川泸州地方志编纂委员会编纂：《泸州市志方》，方志出版社1998年版，第205页。

第三章 | 共性与个性：计划经济时期川渝地区城乡关系的体制内演化

第四，随着城市工业能力的增强，行政等级随之提高，设市城市数量发展迅速，同时，一大批工业城镇兴起。1964—1979 年川渝地区新设的建制市有 5 个，即绵阳、乐山、渡口、达县、西昌，而同期全国新设的建制市是 56 个，川渝地区占了全国的 9%。由于大多三线工厂设立于城乡之间，工业城镇的兴起成为这一时期川渝地区城市体系发展的另一道风景，如绵竹的汉旺镇，江油的武都镇、含增镇、后坝镇，汶川的映秀镇，万源的白沙工农区，大足的双桥区，乐山的沙湾镇、金口河区、五通桥镇，德阳的罗江镇、黄许镇，眉山的思茅镇等。这一时期川渝地区兴建的工业城镇共有 60 多座，占全国同期兴建城镇总数的 60%。[1]

新建工业城市代表当属钢铁工业基地——渡口市（今攀枝花市）。渡口市原是川滇边境金沙江畔的一个小山村，周围山高谷深，人烟稀少，市中心弄弄坪地区当时只有 7 户农民，靠刀耕火种度日。经过大规模的科学考察，发现这里富含钒钛磁铁矿资源。于是，1964 年 5 月，中央决定开发攀枝花，成立特区党委和总指挥部，全国 10 个部对口支援，按系统成建制调入。由于大规模建设，迁入攀枝花的人口猛增，1965—1982 年全国第三次人口普查，净迁入人口 32 万人，成为四川省钢铁工业基地和第三大城市，人口密度猛增到每平方公里 3256 人。其中弄弄坪片区人口密度每平方公里高达 3.8 万人。[2]

经过十多年的三线建设，川渝地区城市体系发生了结构上的变化，原有农业时代所形成的城市体系演变为以铁路网串联起来的四大工业区，即由成都、绵阳、德阳、广元、乐山等城市组成的以航空、电子、机械、核工业等为主的川西（成都）工业区；以钢铁、造船、常规武器等为主的重庆工业区；由自贡、内江、宜宾、泸州等城市组成的以煤炭、机械、天然气、化工为主的川南工业区；由新建的城市攀枝花、西昌等组成的以钢铁及有色金属工业为主的攀西工业区。[3] 川渝地区的经

---

[1] 王毅：《三线建设与川渝地区城市发展》，《理论月刊》2017 年第 9 期。
[2] 四川省攀枝花市编纂委员会编：《攀枝花市志》，四川科学技术出版社 1994 年版，第 221 页。
[3] 中国城市建设年鉴编委会编：《中国城市建设年鉴（1986—1987）》，中国建筑工业出版社 1989 年版，第 376 页。

济结构改造成以工业尤其是重工业为主,可以说三线建设功不可没。而以重工业为主导的经济结构的形成,不仅充实了这一时期川渝地区城乡关系二元结构下的实质内容,也为改革开放后城市化进程的加速以及城乡共同发展打下了坚实的基础。①

2. 三线建设过程中,城市的工业化一定程度上带动了川渝地区农村农业发展

三线建设对川渝地区农村农业发展的带动作用主要体现在对农村劳动力的一定吸收,以及城市工业化的扩展带动了农村工业和农业现代化的提升。

川渝地区三线项目在最初推动建设的时候,就动员了项目所在地农村劳动力参与,并注重工农业的协同和互助模式。1965年9月,中共中央西南局、国务院五机部、中共重庆市委在明光仪器厂召开建厂现场会,总结推广该厂贯彻工农结合,加速新厂建设,促进农业生产的经验并概括地称为"人民建设"经验。其主要内容是:建设单位把支援农业列为建厂任务之一,当地农村根据农活忙闲的不同情况,统一安排参加农业和工厂建设的劳力,同时采取技工带民工的办法发动和组织农民积极参加三线建设,既密切了农民与工厂的关系,又大大加快了建厂进度。②

三线建设带动了农村劳动力向工业以及相关配套建设的转移,较为典型的是在西昌凉山等地。这些地区从农村"五匠"和城镇闲散劳动力中抽调,以从事辅助性劳动和生活服务,随要随抽,满足需要。在攀钢的建设过程中,由于当地劳力远远不能满足建设需要,西昌凉山地方政府于是组建"西昌专区民兵团"和"凉山州民兵团",支援攀钢建设。1970年10月,西昌民兵团从全区抽调干部300多人,农村民兵5000余人,按军事建制组成了1个团,下分4个营、20个连奔赴攀钢,这些劳动力有部分逐步完全脱离了农业生产,成为城镇居民。③虽然攀钢及其配套项目建设的人口,绝大多数是由全国或全省各地的工业人口

---

① 详细论述参见后续第四章。
② 杨超主编:《当代中国的四川》,中国社会科学出版社1990年版,第167页。
③ 当代四川丛书编辑部编:《当代凉山》,当代中国出版社1992年版,第132页。

第三章 | 共性与个性：计划经济时期川渝地区城乡关系的体制内演化

迁入，但其建设及其后的运营，还是在一定程度上吸收了周边和各地的农村劳动力。再如，成昆铁路运营后，沿线大大小小车站又成了吸引人口的大大小小中心，使铁路沿线涌现出许多新城镇，而这些新城镇的人口，很大一部分是由周边农村人口迁入转化的[①]，这些都在一定程度上带动了农村的发展。

三线建设在带动地方工业尤其是农村工业发展方面也发挥了积极作用。以南充的纺织业为例，当时，阆中成为迁入纺织业工厂的重要基地。1966年，上海丽新织造厂、上海丝织六厂、上海丝绸印染厂、上海筛绢厂，以及上海绢纺厂等单位的部分技术力量在阆中筹建以生产军工产品为主的织绸。纺织业的大举迁入促使对农村蚕丝的需求大大增加，而纺织工业部负责供应工厂的设备，使本地工厂尤其是县办和社办工厂陆续建立，到1970年，仅3个大厂就帮助办起了9个社办小丝厂；接着，又有4个县办丝厂投产；一批小丝厂便蜂拥而起。1972年南充增加缫丝能力17599绪，比1968年增加90%，职工人数增长1倍以上。[②] 这不仅提高了南充城镇的经济水平，也对当地农村劳动力有一定的吸收作用。

与此同时，三线建设迁入的工厂促使当地基础设施得以改善。其中对于能源电力的需求，不仅拉动了地方电力产业的长足发展，间接改善了本地农村的电力供应，改善了农村的生活条件，也为与农业密切相关的化肥农机等"五小工业"的发展提供了能源支持。20世纪五六十年代，凉山州的电力供应能力在全省排名末尾，而随着三线建设的展开，不仅先后成立了11个电力企业为迁入和建立的工矿企业提供了充足电力，而且大大提升了农村用电的普及率，到70年代末，全州已用电的公社594个，占公社总数的87%；已用电的生产大队2180个，占大队总数的58%；已用电的生产队9538个，占生产队总数的43.75%。小水电发展较快的甘洛县，用上电的生产队已占94%。[③] 而为解决三线企业南山、红光、长庆等兵工企业的用电需求，宜宾供电局于1968年决

---

① 刘洪廉：《中国人口》（四川分册），中国财政经济出版社1988年版，第161页。
② 当代四川丛书编辑部编：《丝绸名城南充》，当代中国出版社1991年版，第70—71页。
③ 当代四川丛书编辑部编：《当代凉山》，当代中国出版社1992年版，第122—123页。

定在南溪镇北山扩建110千伏变电站,主变两台,容量3万千伏安。北山变电站投产后,南溪县附近的城郊、阜鸣、裴石、桂溪、罗龙、火箭等乡用电得到了很好的改善,地方工业如氮肥厂、水泥厂、磷肥厂等有了可靠的电源。①而这一时期农村"五小工业"的发展,为川渝地区农业生产力的提高和此后的乡镇企业的发展奠定了基础。

3. 三线建设对于城乡关系的带动作用是有限的,不宜过高估计

这一时期川渝地区农村人口和农业劳动力转向城市化和工业化的数量相当有限,三线企业的迁入和建设对于川渝地区城乡关系的直接影响比较小。这种现象主要是以下三个方面因素所造成的:

首先,三线建设是在对国际形势作出"日趋严峻"的判断下提出的,其投资是以国防工业、重工业以及相配套的能源、化工工业、交通运输业等为主的,因此川渝地区城市的工业结构进一步向重工业倾斜,制约了工业发展促使城市化水平提高的城乡关系发展路径。

这方面从重工业、轻工业和农业的投资比例就可以看出:从"二五"计划时期开始,四川重工业投资一般都占基本建设投资总额的60%以上,尤其是大三线建设开始后的"三五"计划时期,重工业的投资比重高达63.9%,而"四五"计划时期竟高达67.4%。农业投资比重除1962年后的调整时期为12.3%外,"三五"计划时期为3.6%,"四五"计划时期为5.6%;轻工业投资比重,"三五"计划时期为2.6%,"四五"计划时期只有6.1%,1975年投资比重最高也只有15.1%。②川渝地区的重工业因此得到迅猛发展,而重工业具有资本密集型的特点,其对劳动力的需求远远比不上轻工业以及第三产业,这样的经济结构造成了川渝地区城市和非农人口增加的有限,反而由于知青上山下乡等政策的抵消,城镇人口的实际增加不仅低于城镇人口的自然增长率,在有些年份甚至呈现下降的现象。③

---

① 钟廷继:《南溪县地方电力建设》,载南溪县文史资料委员会《南溪县文史资料选辑》(第21辑),1993年,第59页。
② 1965—1976年,四川的基本建设投资总额为307.64亿元,其中,国防科技工业(不含电子工业)投资占16.9%,冶金工业投资占14.1%,能源工业投资占15.8%,运输邮电部门投资占17.8%。杨超主编:《当代中国的四川》(下册),中国社会科学出版社1990年版,第166、169页。
③ 刘洪廉:《中国人口》(四川分册),中国财政经济出版社1988年版,第199页。

第三章 | 共性与个性：计划经济时期川渝地区城乡关系的体制内演化

其次，三线建设的投入模式是在计划经济的指令性经济模式下进行的，迁厂、调人、建新厂是主要方式，虽然从数据上来说，工厂的增加促使非农人口的比例都有明显的上升，但是其中移民式的增加占了很大一部分，这意味着三线建设对于川渝地区人口"农转非"的拉动相当有限。

据统计，1964—1978年，四川逐步形成的三线企业中，固定职工有84万多人，其中有近20万人是从外省调来的。仅1964—1965年，从沿海地区迁入四川的工厂和事业单位就有90多个，内迁职工达3.7万人，设备5000多台。① 其中攀枝花的城市人口绝大多数属于典型的"工业移民"，是由中央和地方政府倡导并组织实施的，最初的建设大军来自五湖四海，其中，武汉组建的19冶金建设公司有1万多名技术人员和职工，从鞍钢、首钢、武钢、包钢等全国大钢厂调集的人员有六七千人；随着建设发展的需要，各系统继续从全国各地调集各类人员不断充实扩大，又从川渝地区（彼时四川省）招收了大量新工人：1966—1967年，从四川各地迁入4万多新工人；1968—1976年渡口市每年都迁入近万名新工人，也是主要来自四川各地。1965—1971年，由于大规模建设对劳动力的需要，从成都、重庆等地、市迁入大批党政干部和财贸粮食及其他后勤人员。仅成都省级机关就迁入900多名干部。② 至20世纪80年代，据统计，攀枝花城市人口90%以上都属于外来移民，他们分别来自全国29个省份、26个不同民族。③

最后，三线建设对于川渝地区工业化进程的推动作用毋庸置疑，然而由于三线企业的封闭而又自给自足的特点，以及在开展三线建设的同时，也是"文化大革命"所造成极"左"思潮使城乡分隔式的管理体制进一步巩固的历史时期，因此三线建设对川渝地区城乡关系的直接影响是较薄弱的，城乡分割的状况依然是这一时期的"主旋律"。

---

① 袁泉、邓坚主编：《当代四川的工人阶级和工会运动》，四川人民出版社1991年版，第123页。

② 袁泉、邓坚主编：《当代四川的工人阶级和工会运动》，四川人民出版社1991年版，第124页。

③ 攀枝花经济辐射及民族关系课题组编：《攀西裂谷上的生长点》，四川民族出版社1995年版，第48—49页。

119

三线建设中所迁入的工厂，采用"大而全"的模式。在三线工厂的建设过程中，地方财贸各部门都成立有保障三线建设职工后勤供应的机构，三线单位所在的市、县都建立有工矿贸易公司，商业、服务行业网点遍布各三线单位；三线单位普遍办有职工学校、子弟学校、托幼机构、医院诊所，都兴建有文化体育设施并常年开展活动。[①] 随后将这些保障和后勤机构都纳入企业统一管理，而这样"功能齐全"的单位模式，对企业工人也采取封闭式的严格管理，如攀枝花的建设移民"具有年轻化、技术化、实干强、身体好、思想纯、作风正等特点，都是一个完整的集体，甚至是一个准军事化的集体，纪律严明，令行禁止，极富有战斗力"。[②] 三线的企业为职工提供了比较完整的生产和生活配套，但也损失了因市场分工而产生的效率；更重要的是，虽然有许多三线企业在选址时普遍遵循"靠山、分散、隐蔽"的方针，建在农村或偏远的山区，然而由于"嵌入式"的、封闭的、自给自足等特征，形成了独特的移民文化和"厂文化"[③]，再加上户籍制度造成工人和农民在法律身份和社会心理上的区分，使这些三线企业与所在地周边的农村社会呈现一种相当疏离隔膜的状态，成为介于城乡之间的一个独立单元社会。

此外，这一时期如前所述，城乡之间的自由市场被当作"走资本主义道路"受到严格限制甚至取消。而三线企业的生活物资供应，基本上是由国营工矿贸易商店、集体商店和厂办厂管商店所组成的商业机构所承担，由省商业厅统一计划和领导。这种供应模式在很大程度上阻断了三线企业同周边农村的物资交换，从而割裂了三线企业与所在城镇及周边农村的经济联系，使三线建设对于这一时期川渝地区城乡关系的正向影响极大地被弱化了。

---

① 当代四川丛书编辑部编：《科学电子城绵阳》，四川人民出版社 1992 年版，第 47 页。
② 攀枝花经济辐射及民族关系课题组编：《攀西裂谷上的生长点》，四川民族出版社 1995 年版，第 49 页。
③ 张勇：《介于城乡之间的单位社会：三线建设企业性质探析》，《江西社会科学》2015 年第 10 期。

第三节　城乡二元结构对川渝地区城乡发展的影响

评价城乡二元结构对计划经济时期中国城乡关系的影响，如同评价计划经济对于中国经济发展的影响，是极易引起争论的；无论是从评价者的立场，知识结构、文化背景的不同，还是学术界研究范式的改变、社会认知的转变，都会或明或暗地影响研究者，从而对上述议题产生极为不同的结论和评价。[1]

因此笔者认为，要探讨计划经济时期的城乡二元结构对城乡关系的影响，需要厘清计划经济与城乡二元结构的关系，同时也要以全国和地方的不同视角来审视研究对象。

首先，从时间上说，城乡二元结构的萌发、形成和延续，远远长于计划经济对新中国经济体制支配的时间，改革开放以后经济高速发展至今，也未完全消解我国城乡二元结构的问题。

这种现象的产生，很大程度上是中国现代化的必然结果。如果说计划经济体制的建立，是新中国为了实现快速工业化的目标和历史上中国共产党的意识形态共同选择的结果；那么新中国的城乡二元结构，既有工业化目标的促成，而在更深层次上又有现实国情的制约和近代历史的延续。简单地说，城乡二元结构既是实现工业化的手段，又是近代以来中国现代化所产生的不可避免的"副作用"。相关研究表明，川渝地区城乡关系的变化，从农业时代的城市受到乡村的支持和带动，到近代以来自然经济的逐渐解体和资本主义的发展，转变为城市统治乡村，城市与乡村在经济社会和文化上的鸿沟越来越明显，城乡呈分离状态，这是与近代中国城乡关系的发展趋势相同的。[2] 新中国的"全国一盘棋"式的计划经济体制不过是强化了城乡分离的现象，评价城乡二元结构对于川渝地区城乡发展的影响，需要在更长远的视角和更深的层次上思考这一问题。因此，讨论这一时期川渝地区城乡关系的发展，必然要站在百

---

[1] 对于计划经济的批判和辩护在非学术类的报纸杂志和网络论坛上随处可见，相关学术研究的综述参见胡留洲《计划经济与市场经济文献综述》，《中国商贸》2012年第21期。

[2] 相关论述参见陆瀛涛、田永秀《近代四川城乡关系析论》，《中华文化论坛》2003年第2期。

年中国工业化和现代化的历史视角来评价。

其次,关于川渝地区的城乡关系的研究,是可以被纳为地方史研究范围的。而地方史与国史,就如断代史与通史一样,是一种局部与整体、个性与共性的关系。[1] 以本书研究的对象川渝地区为例,由于气候、地理条件的差异以及历史的原因,社会生产力发展水平与全国其他省份不尽相同,在历史的进程中也逐渐形成了与其他省份有所不同的、具有地方特色的城乡互动关系。虽然新中国成立以后,城市工商业的社会主义改造和农村的人民公社化等制度使川渝地区的社会经济制度与全国其他地区"同质化",被纳入全国的计划经济体制中。但是,无论是相对东部地区,四川更加薄弱的工业基础、农业人口占总人口绝大多数的程度;还是四川独特的地理位置和资源禀赋在全国工业发展中所赋予的角色;甚至川渝地区人民的独特的文化、习俗以及社会心理在工业化过程中的独特表现;都决定了我们在阐述计划经济体制下川渝地区城乡二元结构的共性之外,也要研究分析川渝地区城乡关系的个性以及其独特的影响。

一 共性:计划经济与川渝地区城乡二元结构的制度基础

近代以来川渝地区城乡差别的逐渐扩大,源于重庆开埠以后。资本主义经济的发展,使川渝地区的城市成为近代金融与工商业的聚集地,自然经济开始解体,无论在经济上还是文化上,城市都确立了对农村的统治地位。农村逐渐沦为城市工商业的原料供给地和产品销售地。从整体来说,近代川渝地区城乡工业发展较为落后,使本地工业品难以获得成本上的竞争优势,因此农村的手工业受到洋货或外来工业品的冲击相对较小。与此同时,城市工商业的落后,难以充分吸收庞大的农村剩余劳动力,农村经济的日益困顿又反过来制约了城市经济的健康发展。可以说,近代川渝地区的城乡进入了一种"非良性循环"。[2]

由此可见,上述川渝地区城乡差距的扩大过程,实际上可以看作近

---

[1] 朱文根:《地方史研究在国史研究中的地位与作用》,《当代中国史研究》2000 年第 4 期。
[2] 相关研究参见田永秀《近代城市统治地位的建立——近代城乡关系析论(一)》,《社会科学研究》2004 年第 3 期;田永秀《城市对农村的带动——近代四川城乡关系析论(二)》,《社会科学研究》2004 年第 4 期;田永秀《农村滞后对城市发展的桎梏——近代四川城乡关系析论(三)》,《社会科学研究》2005 年第 1 期。

第三章 | 共性与个性：计划经济时期川渝地区城乡关系的体制内演化

代中国受国外资本主义经济的冲击，沦为半殖民地半封建社会历史的一个地方缩影。

如果说"半殖民地半封建"社会是带有"革命史观"的定义，那么以经济史的观点看，这一时期川渝地区经济发展的性质呈现了典型的在市场扩展下的增长。近代川渝地区出口的大宗桐油、猪鬃业在20世纪初都获得了长足的增长，带动了重庆、万县等城市的发展和扩张，也间接促进了腹地农村农副产品的商品化和经济的发展。如四川的黄丝在近代特别是重庆开埠之后，产量也随着出口扩大而不断增加，并形成三台、西充、内江、阆中等多个重要产区，出口量在20世纪20年代达到一万担以上。① 可以确定的是，因为外向型经济的发展，近代四川的农村经济出现了一种"斯密型增长"：以市场交换和劳动分工为基础的经济增长，这也是近代中国农村工业发展的典型状况。但正如研究者指出，仅仅依靠"斯密型增长"，虽然带来过边际收入和人均收入水平的提高，但还远不足以将近代中国导入由技术和组织变革所引致的"库兹涅茨型增长"。②

历史证明，解决近代中国的社会和经济问题关键是实现工业化。而以中国这样人口庞大的半殖民地半封建社会要实现工业化，在缺乏政府有效干预的前提下，纯粹以市场交换和劳动分工为引导，而不对城市和农村的产权和经济组织进行革命性的改变，不对城乡关系进行相应的安排和调整，是很难实现这一转型目标的，更遑论城乡关系实现高度工业化条件下的协调和一体化。此外，中国共产党因长期革命所拥有的动员民众的能力，近代中国所经历过的高度工业化的外敌入侵所造成的国家存亡危机，以及新中国成立初期国际政治形势，都促使新中国必须学习苏联模式，建立以重工业为主导的计划经济体制。③

新中国的"一五"计划完成后，标志着以计划和市场并存的新民主主义经济向单一公有制的计划经济的转变，形成以城市国有重工业为

---

① [美]李明珠：《近代中国蚕丝业及外销（1842—1937年）》，徐秀丽译，上海社会科学院出版社1996年版，第128页。
② 关永强、张东刚："斯密型增长"——基于近代中国乡村工业的再评价，《历史研究》2017年第2期。
③ 武力：《中国计划经济的重新审视与评价》，《当代中国史研究》2003年第4期。

主导,以农村人民公社化为基础的经济体制,促使了川渝地区原来就逐渐分离的城乡关系的进一步转变。而这一转变,因为配合计划经济体制在全国范围内所建立的严格管理的户籍制度、粮食统购统销制度,使城乡二元结构在制度上更加明显的确立,正如德国学者艾约博(Jacob Eyferth)所说:"在革命之后的中国,为了民族和人民的更大融合,特殊的身份认同和归依受到压制。与此同时,那些在过去没有被标记出来的特殊差异(如城乡差异),如今被看作自然而然的、必要的,并因此被夸大、被'一刀切'地强制实行。"① 而川渝地区的城乡关系也理所当然被卷入城乡二元结构的体制中。

因此,计划经济时期川渝地区城乡关系的基调,就在于这种由人为选择和设置的、覆盖全国范围的、为尽快实现工业化的一整套制度、法律、法规、规章和政策,这也是这一时期川渝地区城乡关系与全国城乡关系所共有的外在的制度性的基础。这些政策,除了前面已经讨论过的全民所有制在城市中获得主导地位、农村人民公社制度的建立以及统购统销政策的推行外,对城乡二元结构形成起关键作用的还有二元户籍制度的建立。

全国人大常委会1958年1月通过的《中华人民共和国户口登记条例》(以下简称《条例》),以法律的形式把新中国成立以来的城乡有别的户口登记制度与限制迁移制度固定了下来,其中第10条第2款"公民由农村迁往城市,必须持有劳动部门的录用证明,学校的录取证明,或者城市户口登记机关的准予迁入的证明,向常住地户口登记机关申请办理迁出手续",被认为是对二元户籍制度产生决定性影响的条款。②《条例》与之前及之后颁布的相关法律、法规、政策等一起,共同构筑起中国独特的二元户籍制度体系。

这种城乡区别对待的户籍管理制度,在一定程度上将城乡居民的身份差异标签化,必然会造成城乡居民在心理上呈现不平等的状况,而户籍制度同计划经济体制下粮油供应、就业、社会福利挂钩,实际上所能

---

① [德]艾约博:《以竹为生:一个四川手工造纸村的20世纪社会史》,韩巍译,江苏人民出版社2017年版,第228页。
② 余德鹏:《城乡社会:从隔离走向开放——中国户籍制度与户籍法研究》,山东人民出版社2002年版,第23页。

第三章 | 共性与个性：计划经济时期川渝地区城乡关系的体制内演化

享受到的教育和社会保障，城乡户籍都存在明显的差异，上学就业的机会和政治权利都存在一定的不平等。

虽然单一公有制的计划经济体制持续了近三十年，但二元户籍制度的影响延续至今，本质上说不仅仅是计划思维的产物，或是计划经济体制作用于人口迁移和城乡关系领域的结果。[①] 实际上户籍制度是制度、国情和国家管理文化等所共同形成的枷锁，是包括川渝地区在内的全国城乡关系所不得不承受的桎梏和束缚。

二 个性：川渝地区城乡关系演变中的地方因素

首先，从起点来说，新中国成立之初，川渝地区的工业化水平低，重工业很薄弱，仅占工农业总产值的 3.5%，轻工业很少，只占 13.3%，农业却占 83.2%，是一个典型的农业大省。[②] 而相比全国水平，无论是在工业产值，还是在城市化水平，川渝地区都处于落后状态。因此，在讨论计划经济时期川渝地区城乡关系的发展速度方面，不可忽视这一基础条件。

其次，川渝地区深处内陆，在国防安全中具有"大后方"战略地位，同时，川渝地区用于开发重工业的资源禀赋非常丰富。因此，中央调配资源，十多年内对川渝地区持续加大投资。1964—1978 年，大批企业内迁川渝地区（彼时的四川省），完成基本建设投资 355.7 亿元，占同期全国工业投资的 10%，建成三线企事业 350 个。三线企业的建设，使川渝地区成为我国内地最大的工业生产基地，工业产值在工农业总产值中所占比重，由 1964 年的 46%，增长到 1978 年的 64.5%，四川的经济结构形成了以工业为主的格局，国民经济的主要指标在当时已占全国相当的比重，如工业企业个数占全国的 12.5%，大中型企业占全国的 10.92%。[③]

正是川渝地区独特的地理环境，使其在计划经济体制下获得了国家大力的投资倾斜，彼时的四川省三线建设在十多年的连续投资中，中央

[①] 相关分析参见陆益龙《1949 年后的中国户籍制度：结构与变迁》，《北京大学学报》（哲学社会科学版）2002 年第 2 期。
[②] 刘清泉主编：《四川经济地理》，新华出版社 1997 年版，第 50 页。
[③] 辛文：《三线建设与四川产业基础的形成》，载王春才《三线建设铸丰碑》，四川人民出版社 1999 年版，第 77—79 页。

投资占77%。① 从某种意义上说，这也是全国通过"剪刀差"在城乡二元结构下所积累的资金，而这种投资和建设促使川渝地区的工业水平跃升了一个台阶，使川渝地区经济结构发生了质的变化，也为以后本地城乡关系的进一步改善，打下坚实的基础。不可讳言，假如单凭彼时四川省自身的农业剩余累积再投资，要实现这样的工业化水平，恐怕还要往后推延很多年。

最后，因为川渝地区农业人口压力大，工业化水平低，因此，对于工业化的迫切需求，无形中在川渝地区整个社会心理中埋下了激进的种子。因而在整个中国开展"大炼钢铁"的"大跃进"运动中，川渝地区动员了上千万的劳动力参与炼钢，由此造成的社会经济的损失甚至人口的锐减，在全国也是名列前茅的。因此，川渝地区的"个性"也在于"大跃进"运动和"文化大革命"政治运动中，本地区社会经济波动相比其他省份更大，城乡关系的恶化幅度更明显。

三 从积累到束缚：城乡二元结构与川渝地区城乡关系的发展变化

（一）川渝地区城乡二元结构所起的积累作用

如前所述，计划经济时期中国的城乡关系，是在近代历史形成的城乡分离的基础上，通过政治、经济和法律等"人为"手段造成的城乡二元分割的结构，其目的在于通过工农产品价格之间的"剪刀差"，压低农产品价格，提高工业品价格，从而促使资金或资源流向城市的工业尤其是重工业部门，以实现整个国家的工业化。就川渝地区而言，这种积累，主要可以从以下三个方面反映出来。

1. 首先是四川工农业产值的统计数据上很明显体现出了积累的作用

由于四川是产粮大省，因此，川渝地区农村对工业化积累的贡献，具有代表性的指标就是国家通过统购统销对农村征购的粮食统计数据，1953—1977年川渝地区（彼时四川省）农业人口、粮食产购留的具体数据详见表3-6。

---

① 宁志一、刘晓兰：《论三线建设与四川现代化进程》，《党史研究与教学》1999年第6期。

第三章 | 共性与个性：计划经济时期川渝地区城乡关系的体制内演化

表3-6　　1953—1977年川渝地区农业人口、粮食产购留数据

单位：原粮亿公斤

年份	农业人口（万人）	粮食产量	国家征购	农村留粮 数量	农村留粮 人均（公斤）
1953	5839	179.05	52.95	126.10	216
1954	5894	190.30	64.81	125.49	213
1955	6009	196.05	57.41	138.64	231
1956	6096	215.60	59.54	156.06	256
1957	6189	213.05	65.66	147.39	238
1958	6039	224.55	70.11	154.44	256
1959	5814	158.20	77.40	80.80	139
1960	5552	133.95	61.87	72.08	130
1961	5487	115.50	44.78	70.72	129
1962	5672	143.50	41.95	101.55	179
1963	5850	170.05	45.93	124.12	212
1964	6043	180.00	45.40	134.60	223
1965	6228	205.55	48.83	156.72	252
1966	6413	221.00	50.27	170.73	266
1967	6627	215.30	48.14	167.16	252
1968	6876	200.90	47.44	153.46	223
1969	7116	202.05	43.14	158.91	223
1970	7357	232.05	47.40	184.65	251
1971	7568	250.75	46.19	204.56	270
1972	7770	238.30	43.63	194.67	251
1973	8002	257.05	49.39	207.66	260
1974	8205	256.15	48.97	207.18	253
1975	8402	258.05	45.16	212.89	253
1976	8504	254.20	45.60	208.60	245
1977	8566	292.30	51.46	240.84	281

资料来源：四川省地方志编纂委员会：《四川省志·粮食志》，四川科学技术出版社1993年版，第319—320页。

从国家征购的绝对数来说，除了"大跃进"运动和"文化大革命"

127

初期的几年之外，都保持在 50 亿公斤上下。然而以比例来说，因为粮食总产量的增加，征购的比值一直在下降，从 20 世纪 50 年代的约 1/3 下降到 70 年代后期的约 1/6。这样的变化其实也明显看出这样一种趋势：在初期，农村剩余的积累对于启动工业化的关键作用，而随着工业产值的发展，以及农业生产力的提高，农村的积累作用在慢慢降低。但总的来说，农村持续发挥着积累工业投资资金的作用，这也是这一时期城乡二元结构强化和延续的主要目的，这从川渝地区工业发展速度上可以很直观地看出：1949—1977 年，川渝地区工业产值平均增速高达 12.24%；即使从 1953—1977 年，川渝地区工业产值平均增速也达到 8.82% ［根据《四川统计年鉴（1991）》第 48 页相关数据计算而得］。①

不单单是工业产值的飞速发展，川渝地区的经济结构也发生了质的改变，四川省农业与轻工业、重工业的比值从 1949 年的 77.7∶14.4∶7.9，到 1977 年变为 37.95∶27.16∶34.88 ［根据《四川统计年鉴（1991）》第 48 页相关数据计算而得］②，川渝地区由原先的农业为主、工业薄弱的省份转变为门类齐全、具有战略后方特色的工业基地。

而工业化水平的提高不仅仅改变了川渝地区城市经济的基本面貌，从长远的眼光看，面对近代以来川渝地区乃至全国农村经济的"内卷化"状况，中外学者黄宗智、费孝通、乔启明、李景汉等提出了发展城乡工业、交通设施，甚至推广节育等措施来解决农村人口过剩和农业经济"过密型增长"。③ 经过 30 年的积累，1977 年川渝地区城市的工业产值已达到农业产值的 1.634 倍（1977 年农业总产值 110.18 亿元、工业总产值 180.12 亿元）。暂且不论此时工业产值的结构中与农业或农村工业化相关的产值占多大比重，但在宏观数据上可以确定的是，川渝地区已初步脱离农业经济的樊篱，跨入了工业化的门槛。如果说计划经济与城乡二元结构的最终目标是为了消除城乡差别，实现城乡一体化，那么高度的工业化是实现这一目标的唯一途径——这也是同前辈学者所提

---

① 四川省统计局编：《四川统计年鉴（1991）》，中国统计出版社 1991 年版，第 48 页。
② 四川省统计局编：《四川统计年鉴（1991）》，中国统计出版社 1991 年版，第 48 页。
③ 李发根：《创新还是延续："内卷化"理论的中国本土溯源》，《史学理论研究》2017 年第 3 期。

出的解决中国农村问题的路径是遥相呼应的。

因此，我们认为，计划经济时期川渝地区的城乡二元结构经过30年的积累，为未来解决城乡二元分割、实现城乡融合打下了较为坚实的工业化基础。

2. 人民公社制度是计划经济体制在农村的表现，它的制度设计在促进川渝地区农业生产率提高方面有其独特的优势，而只有农业生产率与工业生产率提升速度的比例在一定合理的区间内——农业与工业发展不会过于不均衡，才能保证城乡二元结构的积累功能的持续性

如本章第一节所述，农村人民公社制度的确立，是新中国城乡二元结构的重要组成部分，是为了强化城市和工业对农村剩余的汲取能力。长期以来，在对集体化农业的评价中，比较强调"吃大锅饭"或人民公社的"工分制"对劳动生产效率的消极影响，然而随着社会和学术研究的发展，学界对于集体化农业和土地改革的历史意义，尤其是对于农业生产率的影响，逐渐有了更为客观的认识。[①]

集体化农业的产权设置，一方面可以节约土地，把占地的田埂、地界、小路及重复浪费的水渠等减少到最低限度，大块土地可以降低农业机械化运作的制度成本；集体化的统一和协调管理，使推广与农业有关的种植技术、化肥应用的速度和广度都极大提高。川渝地区的统计数据都很直观地体现出集体化农业的成果：在20世纪50年代中期，无论是机械设备、用电、施用化肥等，川渝地区基本上是空白，到1978年年末，农业机械总动力达到45.8亿瓦特，全年化肥施用量（按折纯法计算）达85.5万吨。[②] 另一方面可以大规模动员农村劳动力建设农田水利设施。经过30年的建设，四川省农村的耕地有效灌溉面积从1949年的868万亩，提高到1977年的4017万亩、1978年的4303万亩，占总面积比重从8.3%提高到40.1%、43.1%；至1983年达到4579万亩后，便出现逐年递减，到1989年，全省农村有效灌溉面积仅4177万亩。[③] 如果没有集体化农业对土地所有权和劳动力的整合和组织，在缺

[①] 参见林春《再议土地改革——中国和印度的启示》，《开放时代》2016年第2期。
[②] 兰瑞华：《四川地县统计资料》，中国统计出版社1991年版，第3页。
[③] 杨超：《当代四川水利》，四川人民出版社1991年版，第290页。

乏工业基础、土地所有权分散的条件下,是难以实现农村水利大跨越的。

因此,川渝地区的农业总产值在耕地面积增长幅度不大的基本前提下,1978年年末达到127.10亿元,是1949年的5.13倍①,农业生产率的增长幅度至少可以说最基本地保证了工业积累的顺利进行。

3. 社会主义道路所极力追求"平等"的政治目标,特定时期对农村急需的工业、教育和医疗等资源的倾斜,在一定程度上熨平了因城乡二元结构在经济、法律、福利以及社会心理上所造成的撕裂,本质上也是以制度设计的方式为这一时期城乡二元结构的积累功能所服务的

虽然中国的计划经济体制是以工业尤其是重工业发展为优先序列的,但"一五"计划完成前后,国家领导人对过于偏向重工业、对农业残酷压榨的苏联模式的弊端就有清醒的认识②,在"大跃进"对国民经济的破坏凸显出来时,1960年年底党的八届九中全会在北京召开,李富春在会上作了《关于安排一九六一年国民经济计划的意见》的报告,指出"按照农业、轻工业、重工业的次序来安排经济生活,加快农业的发展,增加农民的收入,减轻农民的负担,这是一个经济问题,也是一个政治问题。因为这样做,将大大有利于工农联盟的进一步巩固"。③依照这一精神,1961年四川省粮食的国家征购从1960年的61.87亿公斤急速压缩到44.78亿公斤,而且此后直到1978年国家征购粮食都没有超过52亿公斤。

报告还指出:"国民经济的各个部门都应当毫无例外地加强对农业的支援,重工业部门尤其应当加强对农业的支援,积极增加农业生产资料的供应。"④

因此,在20世纪60年代,为了更好地适应各地工农业生产发展、购买力水平、消费习惯等不同需要,四川省的计划商品专项指标由原来

---

① 兰瑞华:《四川地县统计资料》,中国统计出版社1991年版,第3页。
② 相关论述参见赵天娥《中共第一代领带人的城乡关系思想研究》,博士学位论文,东北师范大学,2013年,第65—66页。
③ 当代中国的计划工作办公室编:《中华人民共和国国民经济和社会发展计划大事辑要》,红旗出版社1987年版,第162页。
④ 当代中国的计划工作办公室编:《中华人民共和国国民经济和社会发展计划大事辑要》,红旗出版社1987年版,第164页。

第三章 共性与个性：计划经济时期川渝地区城乡关系的体制内演化

省上下达供应供销社、再层层落实最后分配到区、乡基层社，改为由县政府或县财办平衡分配，对不同商品确定不同的城乡分配比重：如对生活必需品和定量供应的商品，一律按人分配；奖售商品首先保证奖售，然后再安排城乡比重；城乡都需要的工业品，如耐穿、耐用、价廉、质好的棉布、针织品和大众化的日用百货、文化用品，均优先供应农村。此外，中共中央西南局财办相应提出对供销社经营的工业品，采取"包进、包销、包退、包换、包赚"的"五包"措施，扶持供销社，调动经营积极性，扩大工业品下乡，此后面向农村的供销社的销售额是不断增加的。1965 年为 5.22 亿元，1978 年上升到近 11 亿元。[①] 20 世纪 60 年代起商业部门偏向农村的分配模式，一定程度上改善了川渝地区农民的生活水平，并为农村水利建设和 70 年代"五小工业"的发展提供了所必需的工业品。

除了工业品支援农村外，这一时期川渝地区资源向农村倾斜的，具有代表性的是教育和医疗资源，而这两项事业的发展，改善了川渝地区农村的人力资源状态，为改革开放以后的劳动力输出打下了坚实基础。

在文化教育方面，民国以后，川渝地区教育资源严重倾向城市，"至小学设置，多在城镇，乡间则除有寺院所在地能设置外，小学颇少，故真正农家子弟享受小学之机会则颇缺乏"。[②] 农村教育资源的缺乏造成较高的文盲比率，据统计，1946 年全省文盲占全省人口总量的 74.17%，其中 90% 以上是农村人口。[③]

新中国成立以后，对农村的扫盲工作一直是中国共产党农村工作的重点之一，基础教育也逐步提高，形成了以小学教育为主的普通学校教育、以扫盲为重心的成人教育和以农业中学为载体的职业教育相结合的教育结构形态。[④] 而对农村教育进一步倾斜，是以 1968 年 10 月《人民日报》发表山东侯振民、王庆余《建议公办小学下放到大队办》的公

[①] 杨超等主编：《当代四川商业》，四川人民出版社 1991 年版，第 138—142 页。
[②] 转引自田永秀《近代城市统治地位的确立——近代四川城乡关系析论（一）》，《社会科学研究》2004 年第 3 期。
[③] 刘洪廉：《中国人口》（四川分册），中国财政经济出版社 1988 年版，第 374 页。
[④] 张乐天：《对新中国"前十七年"农村教育发展的政策考察》，《社会科学战线》2010 年第 3 期。

开信为标志。四川（今四川、重庆）则提出"读初中不出村，读高中不出乡"的口号，采取了下放公办小学到大队（相当于村一级组织），县级小学以"戴帽"方式增设初中班，有条件的公社开设高中班等措施，极大地促进了农村教育的发展。据1982年的第三次全国人口普查统计，川渝地区农村的文盲率从新中国成立初的90%以上下降到33.57%，农村小学以上文化程度的人口占总人口比重达到59.85%①，虽然以文盲率和中学及以上文化程度的人口比例来说，农村与城市的差距仍然较大，但以绝对数量来说，川渝地区农村小学文化程度以上的人口超过了5000万人，这大大地改善了川渝地区的人口素质，提升了川渝地区的人力资源。而对此，农村教育事业起到了不可或缺的作用。

在医疗卫生资源方面，新中国成立前，现代医疗卫生建设的成果主要集中于一些沿海城市和工业化程度较高的部分地区，很难落实到广大的农村社会，现代医疗成为"少数人的福利"。②新中国成立初期，农村医疗以土地改革卫生工作队下乡诊治为主要模式③，此后全国范围内开展"爱国卫生运动"，又将卫生运动与群众运动相结合，通过"两管五改"：管理粪便垃圾、管理饮用水源；改水井、改厕所、改炉灶、改牲畜圈棚、改室内外环境的方式，对危害人民健康的传染病和疾病流行进行控制。④但偏向城市的医疗卫生状况，到1965年毛泽东的"六·二六"指示后才逐渐得到改变。⑤ 1969年10月20—31日，省革委会、解放军成都部队召开全省卫生工作会议，贯彻落实毛泽东主席的《六·二六指示》［之所以四年之后才贯彻落实六·二六指示，是因为此时"赤脚医生"（见前述脚注）制度经过上海等地的探索已经有了比较成熟的经验，中央在全国范围推广］，要求各地迅速掀起城市医务人员到

---

① 刘洪廉：《中国人口》（四川分册），中国财政经济出版社1988年版，第378页。
② 陈志潜：《中国农村医学——我的回忆》，四川人民出版社1998年版，第6—7页。
③ 陈光臣、陈孔昭：《剑阁县土改卫生工作队简况》，载《剑阁文史资料选辑》（第18辑），剑阁县新艺印刷厂1992年版，第173—174页。
④ 黄树则、林士笑主编：《当代中国的卫生事业》（上），中国社会科学出版社1986年版，第67页。
⑤ 毛泽东在1965年6月26日关于卫生工作的谈话："告诉卫生部，卫生部的工作只给全国人口的15%服务，而且这15%中主要还是老爷。广大农民得不到医疗。一无医生，二无药。卫生部不是人民的卫生部，改成城市卫生部或城市老爷部好了。"

第三章 | 共性与个性：计划经济时期川渝地区城乡关系的体制内演化

农村安家落户，大办合作医疗，大力培养"赤脚医生"的新高潮。[①]

经过数年的摸索，至 1974 年 9 月 20 日，四川省委批转省卫生局党委《关于农村卫生革命座谈会的报告》（以下简称《报告》）时，基本形成了大队普及合作社医疗站（卫生室）、医生以"亦农亦医"的"赤脚医生"为主，并常年动员城市医生下乡指导培训医疗站卫生员的农村合作医疗模式。《报告》提出合作医疗站的赤脚医生人数，一个大队一般应不少于 2—3 人，并一定要有一名女"赤脚医生"；"赤脚医生"的工分报酬，本人劳动所得加上必要的误工补贴，应不低于同等劳动力；采种养制中草药，应算参加集体生产劳动；合作医疗要坚持自愿互利的原则，体现互助合作精神，其资金应由社员个人交款和抽适当的公益金组成；社员可以交钱，也可以投药或投劳折价。[②]

这种灵活有效、成本低廉的合作医疗站极大地弥补了农村医疗资源的短缺，使川渝地区农民的基本医疗需求得到保障，死亡率尤其是新生儿死亡率大幅度降低，平均寿命大幅提高。解放前，川渝地区的死亡率在 40‰ 以上，至 1980 年下降为 6.8‰；其中在婴儿死亡率方面，据 1938 年国民政府内政部编卫生统计资料记载当时川渝地区婴儿死亡率为 207.8‰，到 1982 年下降为 45.39‰，其中农村婴儿的死亡率较城镇仅高 28.51%；1981 年城镇居民的预期寿命为 68.77 岁，农村居民为 63.22 岁，相差仅 5.55 岁。[③] 考虑农村人口相比城镇人口的巨大差距，川渝地区县和县以下农村的医疗普及成效是相当明显的，这一时期医疗资源的倾斜和合作化医疗制度对于农民生命健康的保障和提高，对缓和城乡关系都起到了相当重要的作用。

以上提到的工业支援、教育和医疗资源向农村倾斜，是在"兼顾工农"的指导思想下，通过行政或政治运动式的手段开展的，这也是计划经济体制下，对于"以农补工"的城乡二元结构的一种平衡。使

[①] 四川省农业合作经济史料编辑组编：《四川农业合作经济史料》，四川科学技术出版社 1989 年版，第 94 页。

[②] 四川省农业合作经济史料编辑组编：《四川农业合作经济史料》，四川科学技术出版社 1989 年版，第 108 页。

[③] 刘洪康：《中国人口》（四川分册），中国财政经济出版社 1988 年版，第 118、131、152 页。

城乡差距保持在一定的合理可控的范围内,这从改革开放以后城乡差距拉大的历史也可以反向体现出来,改革开放以来,中国的城乡收入比由1985年的2.1上升至2006年的3.3,上升超过了50%。①

此外,这一时期极力追求"平等"的政治目标,实行单一的集体所有制及相应的民主管理和按劳分配政策,使在比较封闭的农村内部收入等各方面处于比较平均的状态,农村社会呈现出一派公平和谐、睦邻友好的社会氛围。而且这一时期,全国性的政治运动频发,政社合一的川渝农村也以具有"政治化""运动化"的独特手段动员农村社会,加之上山下乡运动将城市知青送往农村,这些都在一定程度上拉近了城乡的心理距离。

(二)计划经济体制对川渝地区城乡关系产生的束缚

不可忽视的是,计划经济体制对川渝地区的城乡关系产生了明显的束缚。

首先重工业优先发展、重工业偏向战略,使川渝地区城市化的速度远远落后于工业化的增速。这从相关统计数据上可以反映出来。

一是城镇化增长缓慢。川渝地区的市镇人口,1953年为523万人,1964年为689.45万人,1982年(第三次全国人口普查)为1423.32万人。1982年与1953年相比,29年间,四川市镇人口净增900.32万人,平均每年增加31.04万人,年平均增长率为3.51%。② 以城市化的地理和经济条件最佳的成都为例,1950年,全市城镇人口占总人口的19%,第一个五年计划完成后,即达到23%,年平均增长率为2.7%。到1976年,全市非农业人口增加到170.64万,人口城镇化的比重反而下降到21%。③ 虽然在经济结构方面,工业产值已经占总产值的60%以上,但四川省的市镇人口在1982年的人口普查的数据中,仅占全省总人口的14.27%,城市化(城镇化)的比重在全国居第23位。可以说,工业化和城市化之间的失衡状态,在全国各省中四川是非常严重的。

二是农村人口膨胀。四川的农村人口从1953年的5839万人增加到

---

① 林毅夫、陈斌开:《重工业优先发展战略与城乡消费不平等》,《浙江社会科学》2009年第4期。
② 刘洪廉:《中国人口》(四川分册),中国财政经济出版社1988年版,第198页。
③ 陶武先、王荣轩主编:《成都五十年》,中国统计出版社1999年版,第85页。

第三章 | 共性与个性：计划经济时期川渝地区城乡关系的体制内演化

1978年的8575万人，增幅达到46.9%，农村人口的增加，一方面是由于和平年代和计划生育政策的长期缺失造成出生率的提高，以及因医疗等因素造就的死亡率的下降；另一方面是城市化的速度偏低，难以吸收庞大的农村剩余劳动力，一定时期还形成了"逆城市化"，尤其是"文化大革命"时期，更是采取强制的办法，将城市无法就业的劳动力送到农村就业。到1978年，川渝地区总人口9707.5万，其中非农业人口1132.3万人；年末农村劳动力3553.0万人[①]，意味着广大农村存在大量的劳动力剩余。

人口的膨胀造成了农民人均生活水平处于相当贫困的状态，从表3-6人均留粮的数据可以看出，1977年，农村农民人均留粮才超过1956年的水平。而农民的极端贫困使农村成为工业品市场的目标也大打折扣，对城市工业的持续发展形成了明显的制约，也抑制了城市居民生活水平的提升。从人均收入来说，四川省的人均国民收入1977年为169元，仅比1949年的45元提高了3.76倍。[②]

其次，计划经济时期的城乡制度设计，不仅完全禁止了生产要素在城乡之间的自由流动，代之以政府的计划调拨和交换；而且农村内部、农业内部甚至农民家庭经营内部的生产要素配置，也受到国家行政手段和政策的严格控制，失去自行流动的自由，这严重束缚了城乡之间的互动。

如前所述，川渝地区城乡之间的自由市场，经历了"大跃进"运动、国民经济调整时期的压缩和重开，再到"文化大革命"期间的彻底关闭。然而，由于城市居民的消费需求和农民改善生活的急迫要求，事实上自由市场这种所谓的"地下经济"在"文化大革命"后期逐渐兴盛起来。如"文化大革命"期间，各地名义上都关闭了粮食市场，并且反复割"资本主义尾巴"，但实际上仍不能全面封锁禁止农村的粮食贸易，许多地方粮食市场照样存在，政府管不胜管，黑市泛滥，投机倒把暗涌，甚至粮食高利贷也暗中产生。据省粮食局1975年4月的一期《情况反映》记述，温江、乐山、内江、宜宾、绵阳等地区，农民

[①] 兰瑞华主编：《四川地县统计资料》，中国统计出版社1991年版，第3页。
[②] 四川省统计局编：《四川统计年鉴（1991）》，中国统计出版社1991年版，第33页。

之间"春借一斤麦，秋还一斤米"的情况，不是个别的；1公斤小麦值0.6元，1公斤大米值0.9—1元，春借秋还三个多月时间，月息高达15%以上。① 安县的安昌、花荄、秀水、塔水、河清五大场镇在1976年就形成12个"黑市"粮食市场，成交粮食38.5万公斤。② 在明令关闭自由市场后，灌口镇的群众每日仍自行赶场，市场由明转暗（暗中成交），街头巷尾、桥头路边皆有交易，市场物价混乱。③

从某种意义上说，这种"地下经济"的兴盛，既从侧面反映了计划经济体制对城乡关系的束缚，也意味着市场因素在计划经济时期的生命力，这为改革开放之后放开城乡市场，理顺城乡关系的政策提供了合理性和现实性的基础。

---

① 四川省地方志编纂委员会编纂：《四川省志·粮食志》，四川科学技术出版社1995年版，第108页。
② 绵阳市粮食局编：《绵阳市粮油志》，绵阳市粮食局1993年版，第105页。
③ 杜受祜、张学君主编：《近现代四川场镇经济志（一）》，四川省社会科学院出版社1986年版，第94、102页。

第四章

调适与更新：改革开放以后川渝地区城乡关系的结构性变化[①]

改革开放以后至重庆被设为直辖市之前约二十年间，川渝地区随着经济体制改革和区域经济基础的变化，城乡关系出现结构性变化。先行一步的川渝农村体制改革，推动农村社会结构发生改变，为打破僵化的城乡二元结构奠定了基础。紧随而上的城市体制改革，逐渐打破城乡区隔，重建流通体系与购销渠道，加强了城乡经济的联系，为川渝城乡关系朝着积极方向发展提供了重要助力。城乡体制的改革，促进了川渝地区经济结构的调整和变化，冲破了二元城乡对立的临界，给川渝地区城乡关系的发展变化带来了新的契机。农村劳动力向城市输入，成为不可逆转的趋势；乡镇企业的"异军突起"，使原先城乡二元分割关系的坚冰被打破。党的十四大确立建设社会主义市场经济体制目标后，川渝地区经济改革与发展进入一个新时期，具有川渝地域特色的县域经济发展模式逐渐显现，推动川渝地区城乡关系的内涵发生进一步转变。

第一节 城乡体制改革与川渝地区城乡关系的变化

经过新中国成立以来 30 年的发展与变迁，中国的城乡关系在计划

[①] 本章内容所涉时间主要为 1978—1996 年，不过因叙事和研究的完整性所需，个别地方时间上有所前展或后延，但这并不影响分析主体时间段的特征及影响。

经济体制下日益成型与不断固化，城乡二元结构业已生成。按照一些学者的研究，新中国成立前30年的户籍制度、粮食供给制度、副食品与燃料供给制度、住宅制度、生产资料供给制度、教育制度、就业制度、医疗制度、养老保险制度、劳动保护制度、人才制度、兵役制度、婚姻制度、生育制度等十四项具体制度共同造就了城乡二元社会结构的固化。① 另外，还有学者在此基础上凝练出更为简洁直观的标准：户籍管理制度、统购统销制度、人民公社制度和城市就业与保障制度，必须具有以上四个条件才能维系城乡二元社会结构的存在。②

而改革开放后，川渝地区城乡关系的松动与变革正是基于以上一些二元结构构成要件的变化。

一 先行一步的川渝农村体制改革与农村社会结构变迁

党的十一届三中全会后，根据全会决议和"调整、改革、整顿、提高"八字方针的要求，在国民经济调整中，经济体制的改革也开始起步。虽然改革的内容主要是扩大生产经营自主权，没有触及计划经济体制的本质，但对调动各方积极性、提高经济效益起到了积极的作用，有力地促进了国民经济的匡正和发展。

（一）"拨乱反正"与川渝农村的发展变化

两年左右的拨乱反正时期，川渝农村基本上纠正了"文化大革命"的极"左"影响，探索出一系列农村变革的经验与做法，带来了农村结构的松动，并为后来的农村改革试验奠定了初步的基础。

"文化大革命"结束后，川渝地区农村经济处于崩溃边缘，农业生产十分凋敝。据统计，"文化大革命"期间，川渝地区的农业总产值只增长了5.9%，平均每年递增速度只有0.6%，而粮食有九年减产。但同期人口却增加2210万人，增长了35%。粮食生产的停滞与人口的快速增加，使川渝地区人均占有粮食的数量急剧下降，出现9000万人口的产粮大省要靠外省调粮才能为继的状况。

在铲除"四人帮"后的两年期间，拨乱反正工作在川渝地区的城

---

① 郭书田、刘纯彬：《失衡的中国——城市化的过去、现在与未来》，河北人民出版社1990年版，第29—78页。

② 刘应杰：《中国城乡关系与中国农民工人》，中国社会科学出版社2000年版，第62—64页。

第四章 | 调适与更新：改革开放以后川渝地区城乡关系的结构性变化

市与农村之间广泛进行。对于农村与农业而言，休养生息与调整政策是川渝地区农村经济与社会发展的两个重点工作。

1. 川渝地区率先在全国提出"放宽政策，让农民休养生息"的方针，为农村经济的恢复创造了良好的政策环境

在粮食分配上实行了"保两头、挤中间"的举措，若生产队人均口粮不足 180 公斤，不提储备粮；并且将征购基数降低，一律免购口粮不足 260 公斤稻谷或 210 公斤杂粮的生产队，改变先征购、后返销的惯常做法，免去粮食往来运输的问题。[1] 在耕作制度上，川渝地区也较早因地制宜做出了调整。时任省委书记赵紫阳在 1976 年仁寿调研时就听取"三三得九，不如二五一十"的意见，将"双季稻"改为一季中稻，同时推广杂交稻和杂交玉米，扩大两季田，增加小麦面积。改变的效果立竿见影，仅在 1977 年，水稻总产量增加了 143 万吨，单产增加了 47 公斤，此后川渝地区的粮食总产连续增长。另外，为解决农村经济中财力不足，"集体靠贷款，社员靠卖米"的状况，川渝地区也放松了发展多种经营的限制。[2]

2. 川渝地区率先展开清理、破除压抑农村农业活力的政策性制约因素，激发了农村农业活力

政策性制约是压抑农业与农村活力的重要障碍。川渝地区在破除政策性制约上，也获得了党和国家的高度支持，率先展开了清理工作。1978 年 2 月 1 日，四川省委在成都给邓小平同志汇报工作后，小平同志当即指出："农村和城市都有个政策问题……农村政策、城市政策，中央要清理，各地也要清理一下，自己范围内能解决的，先解决一些，总要给地方一些机动。"[3] 四川省委积极响应，迅即出台了《关于目前农村经济政策几个主要问题的规定》，提出了亟须落实的十二项农村经济政策（以下简称"十二条"）。

"十二条"的主要内容有：①加强劳动管理；②严格财务管理制

---

[1] 杨汝岱：《中国改革初期的四川探索》，《炎黄春秋》2010 年第 7 期。
[2] 四川省农业合作经济史料编辑组编：《四川农业合作经济史料》，四川科学技术出版社 1989 年版，第 17 页。
[3] 中共中央文献研究室编：《邓小平思想年谱（1975—1997）》，中央文献出版社 1998 年版，第 54 页。

度；③搞好生产计划管理；④兼顾国家、集体和个人三者之间的关系，保证社员分配兑现；⑤以粮为纲，开展多种经营；⑥减轻生产队和社员的负担；⑦奖励发展耕牛；⑧大力发展养猪事业；⑨大搞农田基本建设；⑩积极兴办社队企业；⑪积极而又慎重地对待基本核算单位由生产队向大队过渡的问题；⑫在保证集体经济占绝对优势条件下，允许和鼓励社员经营少量的自留地和正当的家庭副业问题。①

"十二条"下发后，四川各级领导干部纷纷深入基层，大力宣讲文件精神；并在此基础上，结合各地生产进程，狠抓政策落实。据统计，到1978年4月底，各地已有50%—60%以上的生产队建立了生产责任制；并对社员实行"三定"制度②，把"一年早知道"落实到户，此举使成千上万的外流劳动力回归生产队，并使劳动工效大为提高，各地春耕生产开展得红红火火、有声有色。③

从农村与农业改革的成效上看，川渝地区从1977年下半年开始实施农业改革政策，将农民的自留地扩大到总耕地面积的15%左右，并且支持农民采用包产到组的形式经营土地。从1978年夏末起，川渝地区在经济方面的成就已引起广泛注意：从1976年至1979年年底，全省农业总产值增长58%，粮食总产量从497亿斤上升到614亿斤，平均亩产从520斤提高到650斤；农民人均口粮由1976年184.5公斤增加到1978年的246.5公斤，增加了33.6%，人均收入从1976年的53.6元增加到1978年的71.95元，增长34.2%。④

总体而言，拨乱反正中的川渝地区农村在小心翼翼地探索着变革的道路与经验，成为改革开放重大战略的先行者、探路者，为后续拉开真正农村改革大幕提前做出了预演。

---

① 四川省委：《中共四川省委关于目前农村经济政策几个主要问题的规定（1978年2月5日）》，载中共四川省委党史研究室《四川农村体制改革》，成都出版社1995年版，第303—313页。
② "三定"制度：定基本劳动日、基本投肥、基本口粮。
③ 杨克现、李绍中：《四川全面清理认真落实农村经济政策》，《人民日报》1978年6月13日。
④ [美]戴维·桑鲍：《赵紫阳——从地方干部到总理》，中国广播电视出版社1988年版，第101页。

第四章 调适与更新：改革开放以后川渝地区城乡关系的结构性变化

（二）"家庭联产承包责任制"与城乡二元结构坚冰的松动消融

川渝地区"家庭联产承包责任制"从试验到实践，走出了改革发展的破局之路，推动了农村生产力的解放，激发了改革的活力，为改变僵化的城乡二元结构做出了重大突破。

"家庭联产承包责任制"的实施与推行经历了一个长期实践与不断争议的过程。在1960年的"调整、巩固、充实、提高"八字方针，一些地方曾有过"包产到户"的做法，但1962年党的八届十中全会上最终定性邓子恢提倡的"包产到户"是刮"单干风"之后，农村社、队体制稳固地维持了下来。

拨乱反正中，川渝地区率先突破理论禁区，在实践中出现了"分组作业、以产定工、联产计酬"的责任制。广汉县金鱼公社于1978年1月推出包产到组的责任制后，当年农业增产增收就十分明显，全社粮食总产量达13625吨，比未实行承包责任制的1977年增产21%。金鱼公社"包产到组"改革得到四川省委高度重视，赵紫阳明确表态，广汉的改革"方向路线没有问题，它的优点是调动了农民的生产积极性，产量一定会提高，想搞的人可以搞，不想搞的人可以试点"。① 在省委的明确支持下，"包产到组"的生产责任制在全省农村迅速推广开来。到1979年5月，四川全省已有30万个生产队，占生产队总数的57.6%，实行了"包产到组"的生产责任制。

在川渝地区率先探索出一条承包责任制的经验之下，全国各地陆续有省份也亦步亦趋地开始学习，但期间遭遇到的一次最大争议来自于甘肃的"张浩来信"事件，引发全国大讨论与大争议。为了平息改革中的反对之声，肯定承包责任制对农村经济活力的释放与农村体制改革，党的十一届四中全会上，经过反复讨论最后通过了《关于加快农业发展若干问题的决定》的历史性文件，从实践层面肯定了农村探索的经验。到1980年上半年，邓小平、陈云等重要领导先后公开讲话支持包产到户。② 1980年，中共中央印发75号文件，对包产到户的性质作出

---

① 中共广汉县委研究室汇编：《广汉的改革与发展》，中共广汉县委办公室1987年版，第2页。

② 参见《邓小平文选》（第2卷），人民出版社1994年版，第275—276页；张广友《改革风云中的万里》，人民出版社1995年版，第251页。

了结论，肯定它是解决困难地区问题的一个好形式，没有脱离社会主义轨道复辟资本主义的危险，"阳关道"与"独木桥"之争基本平息下来，人们戏称"包产到户落户了"。①

在形势日益明朗的情况下，川渝地区试验家庭联产承包责任制的步伐更加坚定，效果也更加明显。到1981年年底，原四川全省实行包产到户、包干到户责任制的生产队达到38.37万个，占生产队总数的62.3%；联产到劳的生产队13.56万个，占22.1%；水统旱包的生产队4.5万个，占7.3%，三者合计，实行户营为主生产责任制的生产队占84.4%。

1981年12月3日，重庆市江北县委就承包试行办法发出的通知指出："目前，全县已有90%以上的生产队实行了包产到户和包干到户的责任制。"仅仅4个月的时间，在全县6644个生产队中，实行包产到户691个，包干到户5775个。② 重庆市对于承包责任制有过一段非常感性的描述："从华蓥山麓到长江、嘉陵江之滨，从与长寿、巴县之界址，到与合川、北碚毗邻之乡村，所到之处，无不生机盎然，朝气蓬勃，禾苗茁壮，一片葱绿，猪满圈，鱼满塘，鸡鸭成群，六畜兴旺，政通人和，欢歌笑语。走进农家，无不笑脸相迎，盛赞家庭承包好，干活有劲头，日子有奔头，希望政策连续稳定，不能再动摇折腾。"③

以包产到户为突破口，川渝农村中普遍实行了家庭联产承包责任制的经营体制，扩大生产者的经营自主权，生产力获得极大解放，长期困扰着川渝农村的温饱问题基本得到解决。截至1984年，全省粮食总产量达408亿公斤，比1978年增长27.6%，第一次突破亩产400公斤，创历史最高水平。全省人均占有粮食首次达到404公斤，其他经济作物和林、牧、副、渔业均得到全面发展。农民人均纯收入由1978年的127.1元增加到1984年的286.8元，增长125.6%，其中来自集体的收

---

① 陈利明：《从红小鬼到总书记：胡耀邦》（下），人民日报出版社2015年版，第554页。
② 杨贵才：《江北县推行家庭联产承包责任制概况》，载重庆市渝北区政协文史学习委员会《渝北文史资料》（第10辑），文史资料编辑部2004年版，第22页。
③ 杨贵才：《江北县推行家庭联产承包责任制概况》，载重庆市渝北区政协文史学习委员会《渝北文史资料》（第10辑），文史资料编辑部2004年版，第23页。

入由79.3元减少到13.1元,而来自家庭经营的收入由37.4元增加到244.8元。[1]

二 紧随而上的城市体制改革与城市发展

中国的城市经济体制改革最早是从川渝地区发轫的。早在党的十一届三中全会召开前夕,川渝地区的城市工业就开始了扩大企业自主权的试水。

(一) 川渝地区城市企业扩权改革试点

川渝地区在城市体制上的试验与改革早在1978年就已经有计划地展开,初期主要的特征是对城市中的企业扩权放权。是年10月,四川省委为进一步推进改革的力度,开始在企业中扩大自主权的试点,首批确定宁江机床厂等6个企业为试点单位。1979年,试点范围进一步扩大到100个。四川在企业中扩大自主权的试点经验引起了国家的高度重视,1979年国家经委等6个部,在北京、天津、上海选择了8个企业按照四川经验试点,都收到了增产增收的效果。这一时期,在所有制形式、计划管理方式、经营管理模式、分配方案等方面,都陆续进行了一些改革。在社会主义公有制经济占优势的条件下,集体经济、个体经济和其他经济形式日益丰富,都得到长足发展,初步形成了多种经济形式和多种经营方式并存的局面。

与此同时,川渝地区的企业扩权改革也在扩大范围。1979年初,四川省选择了四川化工厂等100家企业(其中地方工业企业84个),按照《关于扩大自主权,加快生产建设步伐的试点意见》,进行以计划利润提成加超计划利润分成为主要特征的扩权试验。试点的主要内容有三大部分:企业对国家必须承担的经济责任,企业在人财物供产销方面得到一定程度上的自主权力以及企业可以获得的经济效益。[2] 扩权改革使试点企业具备了利润动机,有了生产经营的积极性和内在发展的动力,改革成效明显。1979年100户企业中的84个地方工业企业,工业总产值比1978年增长14.6%,实现利润增长33%;1980年353家试点

---

[1] 中共中央党史研究室组织编写:《执政中国》(第四卷),中共党史出版社2009年版,第702页。

[2] 郭元希:《四川城市改革十年》,四川社会科学院出版社1989年版,第27页。

企业工业总产值比1978年增长11.58%，实现利润增长8.55%。[1]

这一阶段重庆地区的企业扩权改革也收到了较好的成效，1978年四季度到1982年，重庆市先在重庆钢铁公司、重庆钟表工业公司等5个企业实行扩大经营企业自主权试点，随后在100多个企业实行多种形式的利润留成和盈亏包干，还在部分行业进行以税代利的试点，并在企业中恢复和建立了奖金制度，为增加企业活力探索了许多有益的经验。[2]

从个案的情况看，成都轴承厂是川渝地区企业扩权改革中的弄潮儿和佼佼者，其在全国几大轴承企业中并无明显规模与技术优势，扩权前，面临动力供应和计划任务的严重不足，通过采取加强销售与技术服务，推行车间的独立核算、自负盈亏和联产联责计奖等措施，迅速打开了销售局面，超额完成国家下达的各项技术指标，产值与利润均有大幅度增长。"去年，该厂超额30%完成生产计划，产量比前年增长40%，实现利润和上交利润都比前年增长20%以上。1981年的全年订货基本满足，而且有'吃不了'之势。"[3]

在企业扩权改革中的另一个现象值得注意，即有部分企业逐渐打破了城乡区隔，通过生产加工与原料产地共同建立联合加工厂的方式，重建流通体系与购销渠道，为川渝地区城乡经济联系做出了较好的尝试。例如，成都香料厂与安岳县龙西公社达成了一个共同开办柠檬油联合加工厂的协议，建立了城乡之间更为紧密的经济利益连接，由公社提供劳动力、厂房和场地，工厂出设备、技术力量和部分资金，年加工柠檬近200吨，年产柠檬油600多公斤。[4] 协议规定双方投资各半，加工柠檬油所得利润也对半分成。

---

[1] 郭元希：《四川城市改革十年》，四川社会科学院出版社1989年版，第39页。
[2] 孙同川：《重庆城市改革十年》，《改革》1988年第6期；中国城市经济社会年鉴理事会编：《中国城市经济社会年鉴（1989）》，中国城市经济社会出版社1989年版，第933页。
[3] 罗禄伦：《让销售龙头翘起来——成都轴承厂以销促产的调查》，载成都市社会科学研究所《成都经济调查报告选（1979—1981）》，成都市社会科学研究所1981年版，第179页。
[4] 李守凡、熊淑一：《成都香料厂与原料产地实行经济联合的调查》，《四川日报》1980年11月9日。

第四章 调适与更新：改革开放以后川渝地区城乡关系的结构性变化

（二）川渝地区城市行政体制改革与重庆城市综合改革试点

当城市企业经营体制改革初见成效后，川渝地区城市改革的重点转移到了城市行政体制改革与重庆城市综合改革试点上。

1982年党的十二大以后，国家经济体制改革的侧重点逐步由农村转向城市，城市改革也由试点发展到全面铺开，由单项改革转向综合改革。1984年10月，党的十二届三中全会一致通过《中共中央关于经济体制改革的决定》，这是一份指导我国经济体制改革的纲领性文件，它指出了加快以城市为重点的整个经济体制改革的必要性、紧迫性，规定了改革的方向、性质、具体任务和主要内容。

为了打破近代以来中国城乡二元分割、二元隔离的结构，进一步加快城市体制改革的步伐，川渝地区在行政区划体制机制更新与变革上又走向了新的探索道路，为川渝城乡关系朝着积极方向发展变化提供了重要助力。

1983年，经中央和国务院批准，在川渝地区的重庆、成都、自贡、攀枝花等几个基础较好的城市实行了市带县的体制。其后，又陆续组建了绵阳、德阳、泸州、广元、遂宁、内江、乐山7个地级市，实行市带县体制。

表4-1　川渝地区市带县改革初期的情况（截至1984年）

城市名	市带县范围
成都市	金堂县、双流县、温江县、郫县、灌县、彭县、新都县、新津县、蒲江县、邛崃县、大邑县、崇庆县
重庆市	长寿县、巴县、綦江县、江北县、江津县、合川县、潼南县、铜梁县、永川县、大足县、荣昌县、璧山县
自贡市	荣县、富顺县
渡口市	米易县、盐边县
泸州市	泸县、纳溪县、合江县
德阳市	绵竹县、广汉县、什邡县、中江县

资料来源：《中国城市建设与管理工作手册》，中国建筑工业出版社1987年版，第997页。

在新中国成立后的前30年僵化的计划经济体制下,市与专区定位相同,市的性质、功能、定位都被限制在条条框框之中,如重庆市被定位为工业基地,缺乏对地方经济管理权力,无法协调复杂的经济关系,条块分割矛盾突出,难以成为带动区域发展的经济中心。为了适应城市体制改革初期的企业扩权,一些学者提出了"发挥中心城市作用"的建议,受到党和国家及四川省委领导的重视。为打破川渝地区城乡分割、条块分割,发挥重庆经济中心的作用,中共中央、国务院对重庆采取了一系列改革措施。其中,包括在重庆进行综合改革试点、对重庆实行计划单列、省厅级企业下放重庆、改革行政管理体制等,以使重庆成为一个以经济中心为依托的、城乡结合、条块结合的经济区。

1983年1月,中央将标题为"中共中央、国务院批准四川省委、省人民政府《关于在重庆市进行经济体制综合改革试点的意见》"的文件发至全国,文件指出"在重庆这样的大城市进行经济体制综合改革试点",是中央的一项重要决策,"认真搞好这个改革试点,对于进一步搞活和开发我国西南的经济,探索军工生产和民用生产相结合的新路子以及如何组织好以大城市为中心的经济区,都具有重要意义"。[1] 除上述的定性外,中央还出台了四项特殊政策以支持重庆综合试点改革:①同意重庆在计划体制、企业管理体制、流通体制、财政税收金融体制、劳动工资体制以及工资奖励制度上率先进行改革;②赋予重庆相当于省一级经济权力,国家对重庆实行计划单列;③原则上中央和省在渝企业下放市管;④扩大重庆面积,永川地区与重庆合并,实行市带县体制。[2] 这些带有突破性质的政策,为重庆的改革提供了广阔的创新空间。

1983年4月,中共中央、国务院批准永川地区与重庆市合并,实行市领导县的管理体制。地市合并后,较大程度上打破了多年来市、县之间的行政壁垒和城乡分割、工农分离的封闭式经济格局,有利于促进以重庆为中心的城乡经济发展。此后,重庆市发挥城市物资、科技、文

---

[1] 廖伯康:《城市改革中的"第一个吃螃蟹者"——重庆经济体制综合改革试点回忆》,载中国政协文史馆编《文史资料选辑》(第164辑),中国文史出版社2014年版,第11页。
[2] 廖伯康:《城市改革中的"第一个吃螃蟹者"——重庆经济体制综合改革试点回忆》,载中国政协文史馆编《文史资料选辑》(第164辑),中国文史出版社2014年版,第12页。

第四章 | 调适与更新：改革开放以后川渝地区城乡关系的结构性变化

化等优势，统筹城乡经济，加速推进农村物质文明和精神文明建设；大力发展城乡集市贸易，建立多渠道、少环节的商业体制，搞活流通；多渠道筹集资金修建农村公路，搞活交通；全面推进乡镇企业的发展，通过联合、重组等形式，扩大规模，提高效益，搞活农村经济。

地市合并后，原永川地区所辖永川县、江津县、合川县、铜梁县、璧山县、大足县、荣昌县、潼南县8县划入重庆市，行政辖区由之前的9区4县增加到9区12县，城市面积由9848平方公里扩大到22341平方公里，是地市合并前的2.27倍；城市总人口也由651万猛增到1389万，是地市合并前的2.12倍。[①]

合并后的重庆，城市体系与城市规模进一步扩大，成为全国面积最大、人口最多的城市。同时，地市合并不仅使重庆城市人口成倍增长，农村人口也大幅度增长，达到1076万人，占全市总人数的比重由地市合并前的58.6%上升到77.4%，城市化水平大幅度降低。

地市合并、实行市带县体制以及确定在重庆进行中心城市综合改革试点，赋予其省一级的经济管理权限等做法，既为后来一些中心城市计划单列提供了经验，也为打破城乡阻隔，理顺条块分割，简政放权，加强城乡之间的联系，做出了很好的努力和探索。

三 城乡体制改革对川渝地区城乡关系的影响

新中国成立后逐步确立的城乡二元对立及其一系列体制，不断固化与强化城乡之间的隔阂，拉大了城乡差距，导致城乡二元对立的最终形成。1978—1985年以川渝地区为突破口的农村与城市体制改革从根本上讲可以归纳为"改"与"活"两个方面，即通过"改""除"一系列不适应生产力发展的弊端，使农村、城市以及城乡之间的壁垒松动甚至打破，并通过更加灵活的方式与手段，在不断探索与尝试中力图建立一系列新的政策与典型示范，最终形成城乡之间的良性互动，激发城乡经济发展"活力"。改革开放的最初突破口就是在川渝地区农村与城市中进行的体制机制改革，冲破了二元城乡对立的临界，既为川渝地区城乡关系的发展带来新的变化与契机，也为改革开放的深入打开了一扇新的大门。

中国的改革从农村起步，继而推动城市改革，经过近7年多的变革

[①] 中共重庆市委研究室编：《重庆市情（1949—1984）》，重庆出版社1985年版，第6页。

147

与发展，改革的活力日渐释放，僵化的城乡二元体制开始松动，农村与城市的生产力得到极大解放，对城乡共同发展起到了积极的推动作用。

（一）川渝农村的社队体制改革，促进了农村生产力大解放，为农村经济发展和冲破城乡二元结构奠定了坚实基础

首先，改革开放初期，川渝地区的农村体制改革打破了"三级所有，队为基础"的社队体制，逐步创设出以家庭联产承包为特征的多种形式的生产责任制，促进了农村生产力的大解放，为农村经济的发展与活跃奠定了基础，也为冲破城乡二元结构做了前期的体制探索。

"三级所有、队为基础"的社队体制是在社会主义探索时期人民公社化运动中的产物，在川渝地区农村中经过"一大二公"的制度确认后已然定型。虽然其中经历了三年困难时期的挑战，但川渝地区始终坚决贯彻执行。如1960年4月，当一些省、市已经在搞以生产队为基本核算单位的试点时，四川省委还先后发出《关于粮食由管理区（生产大队）统一管理的两项规定》《关于农村人民公社算账问题的若干规定》等文件，《四川日报》也发表社论《加强管理区的基本所有制》，要求坚持三级所有和以管理区（生产大队）为基本核算单位的人民公社经济体制，并且要稳定下来，至少7年不变。到1962年，经过多次讨论与调整，川渝地区农村人民公社"三级所有，队为基础"及以生产队为基本核算单位的农村经济管理体制才基本形成，当时共有生产队54.7万个，平均每个生产队的规模由原来的49户缩小到了29户。①

随着川渝地区农村体制改革的进行，农村生产自主权开始下放，逐步建立以家庭为基本生产、核算和分配单位，从根本上动摇了社队体制的基础。于是，从体制上放开搞活，改变上层建筑对经济基础限制的试点逐步出现。在全国率先取消"政社合一"的人民公社制的是四川省汉县的向阳公社，1980年11月，向阳公社率先实行"撤社建乡"、政社分开的人民公社体制改革试点；随后，四川又在新都县石板公社、邛崃县桑园公社等继续试点"撤社建乡"。②

---

① 四川省地方志编纂委员会编纂：《四川省志·农业志》，四川辞书出版社1996年版，第79页。

② 杨超主编：《当代四川简史》，当代中国出版社1997年版，第252—253页。

第四章 调适与更新：改革开放以后川渝地区城乡关系的结构性变化

在原有的"社队体制"逐渐松动与变革后，新的农村基层政治体制也在一步步地探索中陆续建构。为响应与贯彻执行中央的指示，川渝地区到1984年年底，在全省8559个政社合一的人民公社实行了撤社建乡的改革，建立了中共乡党委、乡人民政府、乡人大主席团等党政领导机构。99.3%的生产大队改为村，建立了中共村党支部和村民委员会；生产队普遍建立了村民小组，也有的还叫生产队，或者叫作农业合作社。[①]

表4-2　　　　　川渝地区"撤社建乡"典型代表

社队名称	"撤社建乡"时间	概况
广汉县向阳公社	1980年	1980年11月在全国率先取消"政社合一"的人民公社制，改公社为乡，大队为村，生产队为农业合作社；设乡党委、乡人民政府、乡农工商联合公司；拉开中国农村政治体制改革的序幕，被誉为"中国第一乡"
新繁县新民公社	1981年	改公社为乡，实行党政企分设，建立乡党委、乡政府、乡农工商总公司，生产大队变更为行政村，生产队改为村民小组
郫县红光公社红光大队	1984年	结束了长达26年的政社合一体制，把村级行政机构和合作社经济组织分设
简阳县解放公社	1984年	"撤社建乡"，解放公社改名为解放乡，原有的6个大队变为6个村
剑阁县央溪公社化林大队	1984年	实行政社分设，化林大队变更为化林村，成立村民委员会，生产队改为村民组
南部县南隆公社幸福大队	1984年	南隆公社改为南隆乡，1985年更名为南隆镇，幸福大队变更为幸福村，1988年在完善双层经营体制、建立合作经济组织时，将原生产队改为农业生产合作社，制定新的章程，民主程序选举社长
万县龙宝公社	1984年	取消了人民公社政社合一体制，成立乡人民政府、村民委员会和村民小组

---

① 四川省农业合作经济史料编辑组编：《四川农业合作经济史料》，四川科学技术出版社1989年版，第21页。

川渝地区以家庭联产承包责任制为核心的社队体制改革和在此基础上的农村新的基层政治体制的建构，从根本上动摇了僵化的城乡二元结构在农村一方的体制基础，促进了农村生产力的大解放，为冲破城乡二元结构下城乡间的樊篱、建立适应社会主义新时期经济发展要求的城乡关系奠定了坚实基础。

（二）川渝农村基层政治体制的变革、"统分结合、双层经营"体制的创制，打破了农村经济发展的桎梏，极大地活跃了农村经济

川渝农村基层政治体制的变革，消解了农村经济发展的阻碍要素，为生产力的发展开拓了新的平台，"统分结合、双层经营"[1]体制在实践中被创制出来，农民生产经营的积极性日渐被调动，农村经济日益活跃。

党的十一届三中全会以后，川渝地区农村大田生产实行包产到组、包产（干）到户，联产计酬责任制发展迅速。到1981年，实行包产到户、包干到户等多种责任制农户占总农户90%以上，包产、包干到户责任制的推行，农村生产经济由集体经营为主转到以户营为主，土地所有权与经营权得以分离。农民在从事土地种植业的同时，也可从事其他专业性生产经营，农村多种经营专业户随之产生。专业户的产生和发展，对农村经济的发展起到了很大的推动作用。

农村经济发展的桎梏被打破为个体经济和私人经济发展提供了广阔的空间。农民的经营活动领域和空间被放宽，农村内部和城乡之间的封闭关系逐渐被打破，广大农村农民从长期的抑制状态中挣脱束缚，生产经营积极性得到空前释放。与此同时，国家鼓励农村开展多种经营、活跃农村商品生产和流通的新政策又适时出台。于是，一种新的以家庭经营为基础的农业合作社出现，实行双层经营体制，为农村劳动力自由流动、自主选择参加非农生产、从事个体经济或参与新的合作经济打开了大门。被体制压抑的数百万农村劳动力开始陆续脱离曾经被牢固绑缚的土地，转向非农产业和小城镇，动摇了城乡分隔的"二元结构"基础。

---

[1] "统分结合、双层经营"主要是指"家庭联产承包责任制具有集体产权和个体经营的双层特征"，"是一种以家庭经营为基础的统分结合的双层经营体制"。农村基层政权的集体管理即"统"，以家庭为核心的生产经营即"分"，在此基础上的新的农业合作社也具有这种双层经营特征。

第四章 | 调适与更新：改革开放以后川渝地区城乡关系的结构性变化

1978年，川渝地区城乡个体工商户只有2.5万户，到1982年已经发展到15.1万户，虽然其中大部分是城镇的个体工商户，但农村劳动力解放后自主选择也占有一定的比例。

为将改革力度和深度扩展，1984年出台的中央一号文件，进一步明确了放松农村劳动力转移的要求，指出要选择若干集镇进行"务工、经商、办服务业的农民自理口粮到集镇落户"的试点工作。是年2月和10月，国务院先后公布《关于农村个体工商业的若干规定》与《关于农民进入城镇落户问题的通知》两个重要文件，进一步明文同意农民外出务工或经商，并有条件地放开对农民落户城镇的限制。这两个文件的颁布和实施，使户籍制度对农村人口的绑缚得以松动，加快了农村剩余劳动力向非农产业和城镇的转移，拓宽了农民的增收渠道，为之后的农业劳动生产率提升和城乡互动开创了一条重要道路。

随着国家政策的放松，逐步允许农民从事个体经营后，川渝地区个体工商户猛增至57.5万户，此后数年稳中有升，到1990年，经工商行政管理机关登记注册的城乡个体工商户137.3万户，其中在农村的就有103.2万户。此外，长期从事贩运活动的人口，1985年登记在册的已达145万人（不包括约80万从事季节性或临时性贩运而没有登记的人）。又据1990年统计，在川渝地区农村劳动力4890万人中，进入第二、第三产业的已达到654万人[1]，主要劳动力去向包括在农村中经营个体工商业、进城务工、在乡镇企业就业、到东部地区乃至国外的劳务输出。众多从农村进入城市的农民们逐渐形成后来的重要群体"农民工"，为城市化进程提供了生生不息的劳动力，带来改革开放的红利。同时，这一群体也在重塑城市面貌的过程中通过他们的诚实劳动和合法经营改变了自身的生产生活方式，提升了生活的质量，迈向了文明富裕的小康之路。[2]

由此可见，以家庭联产承包责任制为基础的"统分结合、双层经营"体制的构建，不仅解放了农村的生产力，而且通过劳动力流动限

---

[1] 刘江主编：《中国地区发展回顾与展望》（四川省卷），中国物价出版社1999年版，第36页。

[2] 舒维双、吴祥玉、任波：《坚持改革开放，促进农村发展——四川省农村改革20年回眸》，《经济体制改革》1998年第6期。

制和户籍制度的松动，转移溢出大量的剩余劳动力，城乡之间的以劳动力为主的要素流动随之频繁，为活跃城乡非农经济，促进改革开放初期各项事业建设，起到了十分重要的作用。

（三）改革开放初期的城乡体制改革，促进了川渝地区城乡经济的交融发展和城乡市场体系的发育以及区域中心城市带动作用的提升

城乡体制改革在新中国成立以后固化的城乡二元结构机制中撬开了一个缺口，通过商品流通和价格体制方面的改革，带来劳动力、资金和技术等生产要素的横向流动，通过市场方式重新配置资源，促进城乡经济交融局面的出现，一批适应生产和市场要求的灵活多样的新的经济组织不断涌现[1]，最终催生了计划指导下的市场经济体制的基本建立。

1. 放开搞活农村生产经营体制，促使了商品流通和价格体制方面的改革，恢复了城乡之间的联系渠道与纽带，有益于城乡经济互动交融、协调发展

党和国家从1981年到1985年颁布多项政策鼓励城乡自由贸易、提高农副产品收购价格、激活城乡商品流通。特别是1985年的中央一号文件强调，"除个别品种外，国家不再向农民下达农产品统购派购任务，按照不同情况，分别实行合同定购和市场收购"[2]；明确了农民在完成统购任务之后，剩余农副产品可以拿到市场上随行就市，自由贸易。这意味着粮食等主要农副产品的统购统销政策走到了废止的时刻，也标志着利用"剪刀差"的方式，通过统购统销制度，向农村强制索取农副产品的历史阶段的终结。

为了改变城乡商品流通不畅，恢复城乡之间贸易，发展农村市场，川渝地区试探性地开始改革农产品流通体制。川东地区的大足县是川渝地区改革传统商品流通体制的先行者，在1978年就恢复集市贸易，粮食部门开始实行平议结合的双轨制，对农民完成粮食征、超购（合同定购）任务后多余的粮油实行议购议销，多渠道经营。同时撤销原粮油议购议销由粮食部门统一经营，外运粮油由粮食部门统一审批和限量

---

[1] 舒维双、吴祥玉、任波：《坚持改革开放，促进农村发展——四川省农村改革20年回眸》，《经济体制改革》1998年第6期。

[2] 《中共中央国务院关于进一步活跃农村经济的十项政策》，《人民日报》1985年3月25日。

的规定。① 为了破除流通渠道上的僵化，大足县还从 1981 年开始，在集体所有制经济单位供销合作社，陆续恢复"三性"做法：组织上的群众性、管理上的民主性、经营上的灵活性。

大足县的先行经验得到四川省委省政府的鼓励与支持，并将大足经验推广，到 1983 年年底，川渝地区绝大部分完成了恢复基层社的"三性"和建立县联社的工作。同时，四川省（今四川、重庆）政府发出通知，决定省供销社改为群众性经济组织，是经济实体，不再列为政府序列。经过对商品流通体制的改革，多数农副产品已放开搞活，形成了多渠道流通体制。国有商业和供销合作社发挥了主渠道的作用，各种形式的集体和个体商业成为社会主义农村市场的生力军。

2. 改革开放初期的城乡体制改革促进了川渝地区城乡市场体系的发育和区域中心城市带动作用的提升

首先是对城乡市场体系发育的促进。商品的流通需要依赖作为商品生产中心与贸易中心的重要区域性中心城市及健全通畅的城市贸易网络体系。城乡体制的改革给川渝地区带来商品贸易需求的大幅增长，促进了城乡市场体系的发育。据统计，1983 年，四川省农业生产值增加到 254 亿元，轻工业产值为 164 亿元，比之 1978 年，分别增长 46% 和 67%。② 工农业生产值的大幅增加，为流通领域提供了更为丰富的商品，使川渝地区流通规模扩展，同时，也带来了社会商品零售总额的增加：川渝地区 1978 年的社会商品零售总额是 107.4 亿元，到 1983 年增加到 192.5 亿元，增幅达 79%。③ 与此同时，从事商品流通的贸易商数量也在利润的刺激下大幅增加，1978 年，川渝地区社会商业机构、国营和供销合作社商业机构、集体所有制商业机构、个体商业机构的数量分别为 15.8 万个、6.8 万个、2.6 万个、2.4 万个，到 1983 年分别增长到 50.9 万个、9.5 万个、7.2 万个、30 万个，增幅达到 220%、40%、

---

① 中共四川省委党史研究室等编：《中国新时期农村的变革·四川卷》，中共党史出版社 1998 年版，第 603 页。

② 因城乡市场主要流通货物为轻工业产品和农产品，故此处未列出重工业产值。

③ 四川省统计局编：《四川统计年鉴》，四川省统计局 1984 年版，第 22、235 页。

64%、1100%。① 改革开放初期，川渝地区的城乡体制改革，在企业扩权放权、政策鼓励发展集体及个体商业、统购统销后农民剩余产品自主销售等因素的共同作用下，不仅促进了城乡商品贸易的活跃，更促进了多渠道、多元主体共同发展的市场流通体系的逐步形成。

其次是对区域中心城市带动作用的促进。川渝地区自近代以来就逐步形成了以成都和重庆为双中心的区域城市体系与市场网络，辅以自贡、内江、绵阳、南充、宜宾等次级商贸中心，以及泸州、万县、涪陵、广元等省界毗邻地区的商贸节点，市场发育程度较好。但随着新中国成立初期的改造和重塑，原有的市场流通体系被打破，造成数十年的地区之间商贸联系阻隔，城乡分割，区域中心城市及各级市场层级的连接和枢纽功能无法发挥。

随着川渝地区城乡体制改革的进行，地区之间、城市之间、城乡之间相互联系的需求日益迫切，发挥大中小城市在流通体系与商品市场体系中的作用，以其为中心重建开放性的商品流通体系的内在动力不断增强。

重庆市在商品流通体制上的改革步子最大，效果也十分明显。早在1984年年初，重庆市就打破传统的一、二、三级批发层次和地区的界限，将在渝的商业和供销二级站下放，与市公司合并，同时跨行政区划建立三级批发机构②；并首创全国第一家工业品贸易中心，实行自由购销。③

重庆的创新做法很快得到中央肯定。1984年5月第六届全国人大第二次会议上，中央明确指出了以重庆为中心重建川渝地区区域性商业贸易体系的重要意义："实践证明，通过贸易中心进行商品交换，有利于产销直接见面，有利于打破地区、行业之间的界限，是疏通流通渠道、加速商品流转的好形式。所有城市以及农副产品集散地，都应当逐

---

① 四川省统计局编印：《四川省财贸统计资料（1978—1986）》，四川省统计局1987年版，第463页。
② 俞荣新：《改革开放的一员排头兵——20世纪80年代重庆经济体制综合改革试点》，《〈镜周刊〉党史信息报》2018年1月17日第B3版。
③ 孙同川：《重庆城市改革十年》，《改革》1988年第6期；中国城市经济社会年鉴理事会编：《中国城市经济社会年鉴（1989）》，中国城市经济社会出版社1989年版，第934页。

第四章 | 调适与更新：改革开放以后川渝地区城乡关系的结构性变化

步建立各种类型的贸易中心和批发市场"。[①]

重庆市建设生产要素市场与流通体系的效果是立竿见影，到1985年主要生产资料的市场调节比重已达40%左右，综合性的物资供销中心和工具、汽车、木材、建筑装饰材料、金属材料、化轻原料等8个专业性贸易中心相继建立。

经过市场化改革与流通体系的放开搞活，川渝地区初步恢复了以成都、重庆为中心的商品贸易市场网络体系，为扩大城乡之间、区域之间的交流创造了条件。

一方面，成、渝两地成为川渝地区乃至西南地区的商贸流通中心。成都在原有的基础上，发展扩大了各类商业贸易中心50多家，农贸集市近500个，商业服务网点近8万个，同时，形成了物资贸易中心32家，各级物资专业公司186家，各种物资经营网点600多家，全市社会商品零售额和物资局系统的物资销售额，分别约占全省（含今四川、重庆）社会商品零售额和物资销售额的1/6和1/7。重庆市的流通设施和市场网络状况与成都类似，全市社会商品销售总额占全省社会商品零售总额的1/5，市物资局系统销售额约占全省物资系统销售额的1/6。[②]

另一方面，地处省内腹地的自贡、乐山、宜宾、内江、南充、遂宁、绵阳等中小城市逐步成长为当地经济区的商贸流通中心。地处省界边区的广元、万县、渡口、涪陵、泸州等城市发展为省际毗邻地区的流通中心。除此之外，根据周围地区商品生产的特点，川渝地区还涌现出一些重要商贸集镇，主要担负着基层金融网点、批发市场和贸易集市等功能。据此，可以看到，改革开放之初的城乡体制改革使川渝地区流通体系不断恢复往日的功能作用，构建起以成都重庆为中心，以中、小城市为联结点，以乡村集镇为外围网点的多层次、开放式交易场所网络体系。

（四）城乡体制改革促进了川渝地区经济结构的调整和变化

改革开放之初的城乡体制改革，使川渝地区经济结构发生了细微变

[①] 赵紫阳：《要着重抓好体制改革和对外开放两件大事——六届全国人大二次会议政府工作报告》，《人民日报》1984年6月2日。

[②] 郭元晞主编：《四川城市改革十年》，四川社会科学院出版社1989年版，第334页。

化，农轻重比例在增长中有所调整，城乡产业结构日渐向好。而在农村中出现的最大变化莫过于乡镇企业如雨后春笋般产生，促进了农村城市化的进程，为当年红极一时的小城镇建设做下注脚。

在川渝地区城乡体制改革的众多利好刺激下，固化多年的失调的城乡产业结构有了向好的调整和变化。据 1985 年的数据显示，川渝地区的三次产业结构为 33.7∶57.1∶9.2，总体上与全国大体相当。然而，川渝地区的第一产业仍然占据着重要的地位，尤其是第一产业的就业人口占总就业人口比重达 75.3%，远高于全国水平 62.5%，说明川渝地区城乡二元结构突出且与产业关联度低，第一产业剩余劳动力向第二、第三产业转移缓慢。同时，川渝地区第二产业的就业人口、社会总产值和国民收入的比重分别比全国低 7.2 个、6.6 个和 8.1 个百分点，意味着四川的工业化程度低于全国平均水平，而国民收入比重更低，说明川渝地区工业较快发展过程中规模的扩大较快，而效率的提高较慢。另外，川渝地区第三产业的发展也低于全国平均水平，不仅表现在就业人口比重比全国低 5.6 个百分点，更重要的在于第三产业行业构成层次低，主要以商业为主。①

表 4-3　　　　　1985 年川渝地区与全国三次产业结构的比较

	第一产业		第二产业		第三产业	
	全国	川渝地区	全国	川渝地区	全国	川渝地区
社会总产值（亿元）	4580	352.53	10386	597.6	1343	96.01
社会总产值构成（%）	28.1	33.7	63.7	57.1	8.2	9.2
国民收入（亿元）	2828	240.96	3207	191.02	787	58.41
国民收入构成（%）	41.1	49	47	38.9	11.6	12.1
就业人口（万人）	31187	3824.4	10524	704.6	8162	549.9
就业人口构成（%）	62.5	75.3	21.2	13.9	16.4	10.8

按照经济发展中三次产业结构演变的一般规律，川渝地区的产业结

---

① 裴叔平、周叔莲、陈栋生主编：《中国地区产业政策研究》，中国经济出版社 1990 年版，第 315 页。

第四章 | 调适与更新：改革开放以后川渝地区城乡关系的结构性变化

构演进滞后于全国水平，经济发展也滞后于全国水平。为此，从1985年开始，川渝地区农村改革向综合经营和第二、第三产业方向发展，并加速推进农业产业化和乡村城市化进程，同时开始了对农村产业结构的合理调整，农林牧副渔全面发展。

在产业结构的调整与变化中，尤其应该注意到乡镇企业在川渝地区的兴起与发展问题。乡镇企业的来源主要是改革前就已大量存在的"社队企业"，按照"人民公社必须大办工业"的原则，在人民公社化时期就陆续兴办了铁厂、煤矿、砖瓦厂、水泥厂、农机修造厂、化肥厂、种植场、养殖场等社办、队办企业。据统计，到"文化大革命"结束前的1975年年底，川渝地区业已创办出社队企业5.42万个，年总产值3.96亿元，占农业总产值的3.28%。[1]

1978年10月25日，四川省委做出《关于加速发展社队企业的决定》，强调指出："大力发展社队企业，农、副、工相结合，是高速度发展农业的必由之路。社队企业的发展，可以增加集体资金，加快农田基本建设和农业机械化，扩大农业再生产。壮大集体经济，逐步提高社员的生活水平。从长远来看，它对城乡结合，改善工业布局，逐步缩小和消灭三大差别，都具有极重要的意义。"[2]

在农村家庭联产承包制广泛实行以后，农村个体经营专业户、新合作经济组织大量出现，各种联户办、跨地区和跨所有制联办的企业日益增加，并逐步向小城镇集中。中共中央、国务院于1984年3月发文明确使用"乡镇企业"[3] 这个名称，肯定了乡镇企业发展的方向。1986年12月，四川省政府印发了省体改委、省农经委、省乡镇企业局《关于乡镇企业推行股份制的意见》。1988年8月，四川省人民政府发出《关于进一步鼓励和扶持乡镇企业发展的补充规定》，对进一步完善乡镇企业的体制，促进其较快发展作出了规定。在从中央到地方的各级政

---

[1] 余明玉：《四川乡镇企业的兴起》，载中共四川省委党史研究室组织编写《四川乡镇企业》，四川省乡镇企业管理局1995年版，第6页。

[2] 《中共四川省委关于加速发展社队企业的决定》，载中共四川省委党史研究室组织编写《四川乡镇企业》，四川省乡镇企业管理局1995年版，第421—425页。

[3] 刘江主编：《中国地区发展回顾与展望》（四川省卷），中国物价出版社1999年版，第37页。

府领导、支持下,广大农村掀起大办乡镇企业的热潮。其就业人数、资产、产值、利润等各项经济指标均获得了巨大增幅。到 1993 年,全省乡镇企业总数达到 242.4 万个。1993 年全省乡镇企业营业收入达 1903.2 亿元,为 1985 年的 14.8 倍。全省产值过亿元的乡镇企业有 39 个,过 10 亿元的乡镇有 8 个,过 50 亿元的县有 7 个,已成为国民经济中举足轻重的力量。乡镇企业的迅速发展,对于转移农村剩余劳动力,发展农村经济,改变农村经济结构,推进农业现代化,起了重要作用。乡镇企业形式灵活多样的所有制和管理体制的种种改革试验,对城市的经济体制改革也产生了巨大的示范性作用。

表 4-4　　川渝地区乡镇企业发展数据 (1980—1986 年)

年份	企业数 (万个)	从业人员 (万人)	总产值 (亿元)	总收入 (亿元)	固定资产 (亿元)
1980	11.93	172.97	30.20	24.53	20.65
1981	10.95	160.05	33.13	30.41	22.92
1982	10.76	164.32	39.50	34.21	25.40
1983	10.43	171.54	50.71	41.62	27.16
1984	75.16	343.49	88.77	73.58	31.70
1985	112.23	470.14	144.16	128.63	43.64
1986	151.50	566.96	196.30	179.60	53.68

资料来源:郭书田等:《失衡的中国——城市化的过去、现在与未来》,河北人民出版社 1990 年版,第 256 页。

乡镇企业的遍地开花对川渝地区城乡关系的意义十分重大,改变了农村以农为主的传统经济结构,形成了以乡镇企业为主导,农、工、商、运、服全面发展的农村产业新格局。由于早期的乡镇企业多注重发展劳动密集型产业,在解决农村富余劳动力就业出路上作用极大,乡镇企业的兴起与发展逐步探索出一条"进厂不进城,离土不离乡"就地转化农村富余劳动力的途径。同时,由于乡镇企业实质上是在乡土社会的结构上将现代工业文明导入农村,在一定程度上提高了农村的工业化水平。

第四章 | 调适与更新：改革开放以后川渝地区城乡关系的结构性变化

"离土不离乡"的就地城市化在 20 世纪 80 年代有着广泛的社会效应与社会影响，"小城镇大问题"成了指导城市化发展的重要思想。

随着大力发展乡镇企业，带动了农村小城镇建设，推进了农村城市化进程。一方面，大批乡镇企业需要相对聚集于小城镇，以城镇为依托展开工业布局，形成规模经济效应；而这促使了这些小城镇逐渐成为农村经济、政治、文化中心和加强城乡交流、促进城乡结合的节点。另一方面，乡镇企业发展壮大以后，也为小城镇建设积累了资金，带动了人口聚集、小城镇商贸经济发展以及文化、教育、卫生等各项社会公共事业的发展，为之后的统筹城乡协调发展和今天的城乡一体化发展创造了条件。

1978 年以后，在"全面规划、正确引导、依靠群众、自力更生、因地制宜、逐步建设"方针指引下，农村小城（集）镇建设开始起步；到 1984 年和 1985 年，政府相继推出了一系列具体政策，促进了小城镇的发展；1993 年，中共四川省委六届二次全委会进一步作出抓好 100 个农村小城镇建设试点的决议，之后又把试点数额扩大到 300 个[1]；四川小城镇进一步发展起来。

综上所述，城乡二元体制改革为川渝地区改革进程注入了新的活力。川渝地区打破了"三级所有、队为基础"的社队体制，逐步创设出以家庭联产承包为特征的多种形式的生产责任制。同时，旧有体制瓦解中，"统分结合、双层经营"体制出现，劳动力流动和户籍制度的限制被放开，商品流通日渐活跃，农村城市化的进程加速，小城镇建设获得发展，城乡的鸿沟在变革中不断弥合。

第二节 市场化改革与川渝地区城乡关系的转变

随着农村家庭承包经营和城市国有企业改革的推行，一方面，农民对于各种生产和生活资料的需要日益高涨，庞大的农村剩余劳动力向城市第二、第三产业转移的压力越来越大；另一方面，工农业生产的指挥棒开始从自上到下的计划经济体制向供需所形成的市场价格机制转变，

---

[1] 刘江主编：《中国地区发展回顾与展望》（四川省卷），中国物价出版社 1999 年版，第 38 页。

|新中国成立以来川渝地区城乡关系演变研究|

中国城乡二元结构下的很多基本经济政策，例如农产品的统购统销制度，逐渐落后于城乡经济发展的客观要求。因此从1985年年初改革农产品统购制度开始，一系列以市场化为基本导向的城乡经济体制改革的推行，使原来计划经济体制下僵化单一的城乡关系发生了根本性的转变，而且随着国营企业扩大自主权和城市经济体制的改革，城乡劳动力的流动和转移也逐渐摆脱二元户籍制度的束缚。可以说，在社会主义市场经济体制确立之前，川渝地区城乡关系的转型已然渐成趋势。

一 市场化改革与川渝地区城乡经济体制的进一步变革

1985年1月1日，中共中央和国务院颁发了《关于进一步活跃农村经济的十项政策》，其首要政策就是改革农产品统派购制度：从1985年起，除个别品种外，国家不再向农民下达农产品统购派购任务；粮食、棉花取消统购，改为合同定购；定购的粮食，国家按"倒三七"比例计价（三成按原统购价，七成按超购价），定购的棉花，北方按"倒三七"，南方按"倒四六"计价，定购之外的粮食、棉花可以自由上市；生猪、水产品和大中城市、工矿区的蔬菜，逐步取消派购，实行自由上市、自由交易。①

这项政策以及相关城乡经济体制改革措施的颁布，标志着实行了近三十年、为城乡经济二元结构基石的农产品统购统销制度开始进入彻底废除的"倒计时"，农村经济发展的动力由计划经济"命令式"驱动开始向市场经济的价格驱动转变，而由此，无论是从城市和农村的经济组织形式、城乡物资流通模式，还是政府的基本职能，都是围绕着这一市场化转变的趋势而改革的。

川渝地区在这一时期紧跟全国改革的步伐，商品经济的发展使农村经济的商业化程度提高，种植业和第二、第三产业出现了结构性的变化，乡镇企业继续异军突起，农村行政体制和政府职能也迅速进行了调整。城市的经济体制改革主要集中在推动企业向"自主经营、自负盈亏"方向改革，以及进一步发挥城市在城乡经济中的商品交易和商业流通的枢纽作用。

---

① 当代中国的计划工作办公室编：《中华人民共和国国民经济和社会发展计划大事辑要》，红旗出版社1987年版，第506页。

第四章 | 调适与更新：改革开放以后川渝地区城乡关系的结构性变化

（一）川渝地区农村经济的进一步商业化

从1985年起，商品经济的影响力进一步扩大，到了1992年，据四川省的抽样调查，川渝地区综合商品率达52.2%，而在出售的农产品中，商业收购占55.2%，工业及其他部门收购占21%，非农民购买的占23.7%。① 在党的十四大提出建立社会主义市场经济体制之前，市场这只无形的手就已经开始渗入农户的经济活动中，种植粮食的农户实际上已经逐步地成为商品生产者和经营者，并且在农村经济活动中发挥着越来越重要的作用。而当作为商品生产者的农户家庭经营取代人民公社成为农村经济发展的主体时，商品经济同时也就取代自然经济成为当代农村经济发展的主流。

1. 土地承包制度更趋完善灵活，农业生产的专业化、多样化程度进一步提高

随着家庭联产承包责任制的广泛推行和农副产品的市场化改革，农业生产效率进一步提高，相应的农村土地使用制度也向着更加灵活完善的方向变革。作为人口和农业大省的四川，在坚持土地公有制的基础上，在土地承包制度方面进一步放开和完善，主要内容有：①完善耕地承包制度，提倡"增人不增地、减人不减地"，保持土地耕作的长期稳定；不过，根据情况，在人地矛盾突出的地方可以实行"大稳定、小调整"；②切实解决好外出务工经商农民承包地的经营问题，可以由农户自行协商转包或委托代耕，可以由集体出面组织统一开发经营，可以由种田和经营能手投标承包经营，在有条件的地方也可逐步发展土地适度规模经营；③允许土地使用权有偿转让。允许农民把土地使用权转让给个人或经济实体，集中连片用于林果业、种养业生产的开发和经营，由承租人支付相应租金；允许以土地使用权为资本入股组建各类农业企业；对成片的非耕地资源，鼓励进行长期承包租赁或入股联营等，通过多种经营予以开发治理；此外，还普遍推广对现有小型微型水利设施的长期承包、租赁和使用权"拍卖"等。②

---

① 刘乔：《农民进入市场的障碍及对策》，载何畅《新时期四川经济发展战略》，西南财经大学出版社1996年版，第145页。

② 中共四川省委党史研究室等编：《中国新时期农村的变革·四川卷》，中共党史出版社1998年版，第4页。

在这一系列的更加完善灵活的土地承包政策推动下，在取消农副产品统购统销、商品化进一步深入的环境下，土地作为一种重要的生产要素，开始向更高收益、更高效率的商业作物流动，川渝地区农业的产品结构渐趋摆脱计划经济体制下抹杀特色、千篇一律、"一刀切"的单一特征，出现了具有地域特色，符合资源禀赋及市场需求的各种专业化生产，产品结构日趋多样化。

以都江堰市发展"庭院经济"为例，经过了前期试点和经验总结，1986年起，全市开始大规模地发展庭院经济。市里从各乡（镇）自然资源、经济技术条件、现有基础和潜在优势出发，按照"因地制宜，发挥优势，立足长远，综合开发"的原则，逐乡、逐村、逐组、逐户、逐行、逐业搞好规划，确定了不同地区的不同发展路子。山区发展庭院经济：一是以庭院为轴心向四周延伸，走发展经济林和速生丰产用材林相结合的路子，建立外销林果基地；二是草资源较多的区域，建立肉兔、毛兔等商品基地。丘陵区则大力兴建小果园、小茶园、小药园，逐步形成相对集中的茶、果、药商品生产基地。平坝区以改造林盘、院坝为突破口，与开发"四边"和荒滩、荒水相结合，大力发展种植业、养殖业、加工业。城郊旅游区面向游客，走以服务为主的种、养、加工有机结合的路子。[1]

成都市农村由于毗邻全省商品交易中心，专业化程度非常高，到1991年，从事专业化生产经营并具有一定规模的农户已达48.6万户，占全市总农户的27%，形成116个专业生产基地，年产值超过10亿元；专业协会发展到1121个，拥有会员6.4万人。农村专业户的发展，带动了专业村、专业片的发展，进而形成各具特色的专业化商品生产基地。[2]

川渝地区农村的农业专业化生产，使农用非耕地、水面、河滩和矿藏等自然资源得到合理开发利用。种植业尤其是经济作物的发展，通过调整地域结构，形成了专业化、区域化生产布局。如从1978年至1990

---

[1] 徐振汉、孙寿权：《农村经济的重要支柱——都江堰市大力发展庭院经济》，载姚志能《希望之路——四川农村十年改革纪实》，四川人民出版社1991年版，第35—36页。

[2] 向庆发：《发展农村商品生产的有效形式——对成都市农村"四专一条龙"的思考》，载姚志能《希望之路——四川农村十年改革纪实》，四川人民出版社1991年版，第47页。

第四章 | 调适与更新：改革开放以后川渝地区城乡关系的结构性变化

年，棉花种植由 68 个县集中到 29 个县，甘蔗生产建成了以内江市和安宁河谷为中心的主产区。[①] 随着产业结构调整，农村经济开始转变到通过合理有效地配置资源，以提高经济效益为中心的轨道上来。

2. 专业化市场交易平台和交易体系逐步建立

农副产品的专业化和商业化，要求专业化的市场交易平台和交易体系支撑。1985 年开始，四川对农村商品流通体制和供销合作社也进行了一系列改革，鼓励集体和私人商业组织在流通领域中活跃起来，支持大批农民进入流通领域，并陆续建设了一大批农村初级集贸市场，各类专业性、综合性市场，以及批发市场。到 1994 年，全省供销社系统共兴办农副产品综合批发市场、农副产品专业市场和一般性农副产品批发市场 192 个，面积 22.3 万平方米，年成交额 12 亿元以上。[②] 专业化市场交易平台和交易体系的逐步建立，又反过来进一步推动了农村经济特别是商品经济的发展。

3. 农业商品化进一步催生新的合作经济组织的形成

农业商品化所带来的四川农村农业发展的另一个特点，是在市场价格引导下形成了适应新形势的、区别于人民公社制度下"一大二公"的新的合作化经营组织。"包产到户"的政策虽然一定程度上提高了农民的生产积极性，然而随着农业商品化的深入，这种以家庭为主体的"单打独斗"也逐渐不能适应市场环境下的竞争。从 1985 年起，四川在注意完善"分"，稳定农民家庭生产的主体地位的同时，也注意加强集体"统"的力量和功能，进一步理顺以家庭联产承包责任制为基本形式的双层经营体制，逐渐形成了形式比较灵活的合作模式，若按其涉及的范围和产业进行考察大致可分为五种类型：企业型、社区型、大农业内部型、服务型、资金合作型，其中占比较大的是企业型和社区型（包括企业社区合二为一的合作类型）。

企业型的合作经济组织是以专业户的蓬勃发展为基础，从 1988 年起，四川农村出现了以专业户为基础，对蔬菜、水果、花卉、食用菌、

[①] 刘进：《振兴农村经济的必由之路——我省调整农村产业结构的回顾》，载姚志能《希望之路——四川农村十年改革纪实》，四川人民出版社 1991 年版，第 16—17 页。

[②] 何畅：《新时期四川经济发展战略》，西南财经大学出版社 1996 年版，第 7、307 页。

猪鸡饲养等某一类商品专业化生产（经营）、按合作组织原则组成的农村专业生产合作社。典型者如双流县彭镇养猪联合社，由7个乡的140多家养猪专业户和一些饲料、运输专业户联合组成，1988年销售肥猪6000多头；双流县九江乡养鸡联合杜，1988年生产鸡蛋260万公斤，总产值达到1040万元。金堂县食用菌生产联合社的生产流通环节，共吸纳劳动力9万多人。[①] 郫县从1986年开始建立集生产、科研、加工、销售于一体的畜牧业生产经营新体制，不仅增加了牲畜出栏率，也极大地提高了商品化，1989年全县年出栏20头以上的养猪专业户比1985年增长4倍，出栏肥猪37.42万头，商品率达80%以上。[②]

社区性合作经济组织是以原有的村落、生产队、生产联队为基本单位，运用公有的财产进行综合经营，为社区成员的生产和生活提供综合服务。川渝地区的合作经济组织发展迅速，截至1990年底，全省（今四川、重庆）已有54.19万个以村民小组为范围设置的社区性合作组织，占全省村民小组总数的90.3%。以原生产大队或村为范围设置社区性合作组织的有9085个，占总村数的11.92%。其中作为基层社的7143个，涉及原生产队个数的43413个，占原生产队总数的7.23%。而土地所有权在原生产队的41793个。以联队为范围设置社区性合作组织基层社的有2760个，涉及原生产队6899个，占原生产队总数的1.15%。[③]

（二）乡镇企业的进一步发展

如前所述，乡镇企业是改革开放以来中国农村经济快速发展的一个创造性的产物。而随着国家政策的支持，以及在财政方面加大资金和物资的投入，四川的乡镇企业从1984年起进入了"蓬勃发展"时期。[④]

[①] 段志洪、徐学初主编：《四川农村60年经济结构之变迁》，巴蜀书社2009年版，第177页。
[②] 骆隆森：《深化农村改革的重要内容——成都市发展农村社会化服务体系》，载姚志能《希望之路——四川农村十年改革纪实》，四川人民出版社1991年版，第20页。
[③] 中共四川省委党史研究室等编：《中国新时期农村的变革·四川卷》，中共党史出版社1998年版，第41页。
[④] 廖家岷主编：《四川乡镇企业十年（1977—1986）》，四川人民出版社1988年版，第9页。

第四章 | 调适与更新：改革开放以后川渝地区城乡关系的结构性变化

1. 乡镇企业及其产值增长迅速，成为川渝地区经济增长的一大动力

1986年，在全省经济发展速度较低的情况下，乡镇企业一枝独秀，净增的总产值占全省（含今四川、重庆）社会总产值净增数的61%；占全省工业总产值（含村及村以下）净增数的55.3%，为四川经济的发展起到了"顶梁柱"的作用。[①]

为此，政府加大改革力度，在制度上为乡镇企业的发展清除障碍，尤其是在推行现代股份制和规范企业产权制度方面不遗余力。1984年四川（含今四川、重庆，下同）省委、省政府31号文件明确提出要推行乡镇企业股份制；1986年，四川省政府印发了《关于乡镇企业推行股份制的意见》，1988年，南充等地区制定了《乡镇企业股份合作制试行条例》；1990年农业部颁发了《农业股份合作企业暂行规定》。[②] 在城乡经济体制进一步市场化改革的过程中，相较于改革缓慢的国营企业，川渝地区的乡镇企业，可以说逐渐成为更适应市场经济竞争环境、充满活力的经济组织形式，因此虽然乡镇企业更容易受到市场价格波动的影响，但在市场化改革的大环境下，1985年至20世纪90年代初，川渝各地的乡镇企业都得到了长足发展，并在当地经济结构中占据了举足轻重的地位。

如德阳市，在1986年年底乡镇企业总产值就超过农业总产值，约达18亿元，比上年增长62.9%；至1990年乡镇工业的产值已占德阳工业总产值的55.3%。[③] 绵阳市中区的乡镇企业1989年达到16418个，务工经商人员58263人，比1985年增长74.1%，初步形成一个以建材、化肥、食品、丝绸、机械为5个支柱产业，以35家年产值超过100万元的企业为骨干，工、商、建筑、运输、服务五业兴旺的比较完整的乡镇企业体系。[④] 1992年，雅安乡镇企业总产值（按1990年不变价）达到17亿元，

[①] 中共四川省委党史研究室等编：《中国新时期农村的变革·四川卷》，中共党史出版社1998年版，第248页。

[②] 中共四川省委党史研究室等编：《中国新时期农村的变革·四川卷》，中共党史出版社1998年版，第249页。

[③] 当代四川丛书编辑部编：《工业新城德阳》，当代中国出版社1993年版，第229、231页。

[④] 当代四川丛书编辑部编：《科学电子城绵阳》，四川人民出版社1992年版，第203页。

超过了同年农业总产值11.7亿元的45.7%。① 涪陵先后成立地、县农业结构联合试点工作组,发展多种经营和乡镇企业;并分赴酉阳县毛坝乡、铜鼓乡进行农业结构改革试点;全区确定了36个乡镇为发展乡镇企业重点区。到1991年,乡镇企业总产值占工业总产值70%以上。② 按1980年不变价格计算,1990年凉山州的乡镇企业总产值占全州工农业总产值20亿元的28%,占农业总产值10.5亿元的43%。③

2. 乡镇企业的内涵更加多样化,经营范围更加扩大

这一时期,川渝地区的乡镇企业,除社(乡、镇)、队(村、社)集体企业外,新兴的由农户联办的合作企业、其他形式的合作工业和个体企业(以下简称"户办"、"联办"企业)等也大量出现,经营范围也进一步扩大,涉及了第二、第三产业的众多领域。1990年川渝地区乡镇企业的具体数量、从业人员以及产值利润的数据见表4-5。

表4-5　　　　　1990年川渝地区乡镇企业结构概况

总数	企业 191.11万个	从业职工 705.74万人	总产值 459亿元	总收入 473.9亿元	总利润 22.3亿元
所有制结构	乡办企业 4.47万个	村办企业 9.29万个	联户办企业 5.66万个	户办企业 171.7万个	
行业分类结构	农业企业 1.3万个	工业企业 73.5万个	交通运输企业 22.7万个	建筑业 7.9万个	商业饮食服务业 85.7万个
从业职工分布结构	乡办企业 200.43万个	村办企业 85.7万人	工业企业 349.56万人	建筑企业 126.88万人	
产值分布结构	工业 236.86亿元, 占51.6%	农业 4.42亿元, 占1%	交通运输 46.79亿元, 占10.2%	建筑业 86.79亿元	商业饮食服务业 84.31亿元, 占18.3%

资料来源:中国农业全书总编辑委员会编:《中国农业全书》(四川卷),中国农业出版社1994年版,第176—177页。

(三) 农村综合体制改革的深入推进和农村社会化服务体系的建立

1984年,川渝地区农村基本完成"撤社建乡"改革,人民公社制

---

① 当代四川丛书编辑部编:《熊猫故乡雅安》,当代中国出版社1995年版,第76页。
② 当代四川丛书编辑部编:《乌江门户涪陵》,当代中国出版社1995年版,第48页。
③ 当代四川丛书编辑部编:《当代凉山》,当代中国出版社1992年版,第181页。

第四章 调适与更新：改革开放以后川渝地区城乡关系的结构性变化

度在四川被基本废除，形成了一社一乡、大区中乡和大区小乡3种农村行政组织形式。①

随着城乡市场化改革的推进，川渝地区进行了一系列以转变政府职能为主的农村综合体制改革。主要目标是把农业、工业、商业、科技、党政机关等各个"条条"，县、区、乡、村各个"块块"，联结起来，围绕振兴经济这个共同目标，形成上下衔接配套、左右相辅相成，互相促进、互相制约的责任制网络。主要内容有：①改革财政、粮食和主要农副产品的收购制度。改省对县的"三统"为"三大包干"，分别确定财政、粮食和主要农副产品收购、上缴任务，超过部分实行省、县分成或按比例留县使用的办法，改吃"大锅饭"的体制为责、权、利结合的经济责任制。②改革政府管理制度。对工商企业和行政管理机关、行政管理人员，实行"定、包、奖"经营责任制和工作岗位责任制。③改革农业经营管理体制。改农业单一经营为农工商综合经营，打破行政区划、行业和所有制界限，建立经济联合体，改"政社合一"的人民公社制为党、政、经分设的乡制，下放县级管理权限，扩大企业自主经营权。④改革劳动人事制度。将"铁饭碗"改为合同制，并实行干部选举招聘制。⑤改革商业运营模式。将单一的国营商业运营模式改为在国营商业供销社主渠道作用下的多渠道流通经营模式等。②

在农村综合体制改革过程中，不同地区根据本地农村合作化经济组织的实际情况，建立了以地方政府为中心、统筹工农商以及金融、财政与科研等资源、内容不尽相同的社会化服务体系。如成都，市上首先抓了农经、农技、农机、畜牧、水利五大管理服务体系的建立健全；区（市）县着重建立服务中心；乡（镇）建立管理服务站；村设管理服务员或建立农业综合服务社（站）；社建立科技示范户；逐步形成县、乡、村、社4个层次5条线的服务网络。③ 1987年以后，绵阳市农村一

---

① 一社一乡：以原公社的区划范围建乡；大区中乡：将撤区并社前的小公社改为乡，乡政府的机构设计和人员配备略少于一社一乡制，乡上皆设区，为乡服务的各种机构都设在区公所；大区小乡：将原来的公社改为区，原生产大队或几个大队改为乡。

② 虞玉海：《"突破口"上树丰碑——"包"在四川农村改革中》，载姚志能《希望之路——四川农村十年改革纪实》，四川人民出版社1991年版，第71页。

③ 骆隆森：《深化农村改革的重要内容——成都市发展农村社会化服务体系》，载姚志能《希望之路——四川农村十年改革纪实》，四川人民出版社1991年版，第18页。

般以村民小组为单位，建立用合同方式将农户联结起来的农业生产合作社，以村为单位建立经济服务社或经济合作社；在那些工农业产值达到400万元、人均纯收入达到1000元以上的村，则在村一级分设党支部、自治组织、合作经济组织，并建立贸工农合作联社；同时，通过建立各种合作基金组织，健全新的农业投资、积累、调节机制；建立以供销社为依托、专业户为主体的专业生产合作社和以产业或产品龙头专业大户技术人才为骨干的专业协会，用这种方式将农民与市场有机地联系起来。① 新都县成立了经济技术协作办公室，利用各种渠道和各方面的关系，本着城乡互补、互助互利的精神，大力开展横向联合活动，并制定了优惠政策，从大城市、大工业、科研单位引进工业项目、技术、人才、资金、设备和原材料"借梯上楼"。②

在农业资金短缺情况较为严重的地区，以地方政府牵头，创造性地设立农业基金会也成为这一时期川渝地区农村综合体制改革在金融方面创新的亮点。1987年12月，第一个基金会在温江县涌泉乡诞生，之后迅速推广于成都全市，到1990年，已有89%的乡镇建立了基金会，共筹集资金达1.03亿元，成都全市每亩耕地平均可拥有14.88元发展资助资金。市、县也建立了农业发展基金会，到1990年也已筹集农业发展基金985万元。③ "基金式财政"也促进了巴县工农业生产持续稳定发展：1985年以来，全县累计向500多家国营和集体工业投放各类基金1996万元，大部分用于技改和新产品的开发；5年累计投放各项农业基金1670万元，建设38个国家级农副产品生产基地。④ 正是由于这些地方改革的成效显著，在1988年的省委五届二次全委会上，作出了建立农业发展基金和农村合作基金的决定。把建立"两金"作为改革农业投资机制的重大突破和缓解农村资金矛盾的有效途径，有效地解决

---

① 当代丛书编辑部编：《科学电子城绵阳》，四川人民出版社1992年版，第78页。
② 薛庆江、吴天贵：《城乡结合、工农并举——新都县十年改革的轨迹》，载姚志能《希望之路——四川农村十年改革纪实》，四川人民出版社1991年版，第183页。
③ 骆隆森：《深化农村改革的重要内容——成都市发展农村社会化服务体系》，载姚志能《希望之路——四川农村十年改革纪实》，四川人民出版社1991年版，第18页。
④ 徐永恒、皮运禄：《解决建设资金供需矛盾的好路子——巴县建立"基金式财政"的调查》，载姚志能《希望之路——四川农村十年改革纪实》，四川人民出版社1991年版，第42页。

了农村农业发展资金严重短缺的问题,极大地推动了农村经济的进一步发展。

(四)城市商业体制的改革与以城市为中心的市场体系的建立

1985年开始,川渝地区的城市经济体制改革主要集中于国营企业的进一步扩大自主经营权;而更具有市场化特点,对城乡经济关系影响更大的,则是与此同时的城市商业体制改革。

这一时期的城市商业体制改革,始于1986年春。当时国务院批转了《关于1986年商业体制改革几个问题报告的通知》(国发〔1986〕56号),强调须清醒地看到,目前商业流通体制仍然不适应有计划商品经济发展的要求,必须进行深入改革……当前要特别注意把体制改革同安排好市场结合起来,促进市场繁荣稳定,为改革创造良好的经济环境。[①] 之后,川渝地区开始了全系统所有国营小型商业实行以"集体租赁经营"为主要形式的改革。初期的进展不大,直到1987年国务院批转《关于深化国营商业体制和供销社体制改革意见的通知》中又提出"要大力推行租赁经营",并规定实行租赁经营的小型企业在两年内免交奖金税;还提出:"对地处偏僻、长期亏损的小门店,可以公开拍卖"。之后,川渝地区的租赁经营快速发展起来,至1987年年底,实行租赁经营的企业由上年的452户增至1057户,翻了一番多。[②]

1988年根据国务院关于深化改革的精神,为了探索商业改革的新路子,打破小型企业改革的消沉局面,是年7月,四川省政府批转省体改委、省商业厅的报告,同意在广汉市、绵阳市中区、广元市中区、泸州市中区、隆昌县进行"超前改革"的试点,主要内容有:调整所有制结构,彻底放开小型企业,改革企业内部分配制度,改革劳动人事制度,改革价格管理办法,改革商业管理体制。由于下半年全国开展了统一部署的治理整顿工作,"超前改革"未能坚持下去。[③]

虽然商业体制改革历经了一些波折,但从整体来说取得了不少成效,如商业门槛得以降低、市场得以壮大、地区封锁也被逐渐打破等。

---

① 商业部办公厅编:《一九八六年商业政策法规汇编》,中国商业出版社1987年版,第3页。
② 杨超等主编:《当代四川商业》,四川人民出版社1991年版,第85页。
③ 杨超等主编:《当代四川商业》,四川人民出版社1991年版,第86页。

过去，小型商业不能搞批发，不允许多渠道进货，只有同主管公司的纵向联系；改革后，小型商业既可以批零兼营，进货渠道上冲破了行业、地区和所有制的界限，开辟了新的流通渠道；小型商业可以与县内外、省内外的众多厂家搞联营和代销，也可以为乡镇企业和专业户推销产品。① 此外，在商品流通上，停止执行商品货物出省审批制度，到后来则彻底取消审批，并撤除了一切无法律规定的检查站，取消流通环节的不合理税费，保证了货畅其流。②

这一时期城市商业体制的改革，极大地提高了城市商业的贸易额，也改变了城市的经济结构和城市面貌。例如，南充市政府决定把"主要街道临街的围墙、空地都充分利用起来兴办第三产业"；还规定，"今后沿街新建房屋，其底楼必须作商业网点，否则城建部门不予审批"；"允许乡村经济联合体利用自己的土地兴办第三产业，或以土地入股同其他单位合办第三产业"；"那些经济效益不好的工业企业，可以转产兴办第三产业"；有了这样的政策刺激，全市城乡个体商业得到迅猛发展，到1986年4月，城乡个体商业发展到3871户，比1984年增加50%以上，商品零售额也比1984年增长2倍。③ 1989年，绵阳市仅城乡集市贸易成交额就达6.9亿元，比1984年增长1.63倍。④ 到1991年年底，阿坝全州拥有各类市场41个（其中综合市场35个、专业市场6个），市场面积3.1万立方米，集市贸易年成交额达1.113亿元。⑤ 1990年凉山州集市贸易成交额达3亿多元，比1985年增长1.08倍；农副产品购进总值2.85亿元，比1978年增长2.74倍，比1985年增长85.5%。⑥ 到1990年，凉山州的个体服务网点已有2.5万个，占全州社会服务网点的80%，补充了国营集体商业网点的不足；个体商业零售额约占全州商业零售额的15%。个体私营经济还为缓解城镇就业困难起到了减压

---

① 麦德明、邓清德：《搞活小型商业企业的有效途径》，载姚志能《希望之路——四川农村十年改革纪实》，四川人民出版社1991年版，第145页。
② 中共四川省委党史研究室等编：《中国新时期农村的变革·四川卷》，中共党史出版社1998年版，第7页。
③ 当代四川丛书编辑部编：《丝绸名城南充》，当代中国出版社1991年版，第40页。
④ 当代四川丛书编辑部编：《科学电子城绵阳》，四川人民出版社1992年版，第98页。
⑤ 当代四川丛书编辑部编：《当代阿坝》，当代中国出版社1993年版，第108页。
⑥ 当代四川丛书编辑部编：《当代凉山》，当代中国出版社1992年版，第171页。

第四章 | 调适与更新：改革开放以后川渝地区城乡关系的结构性变化

作用，在个体私营经济的城乡劳动力近4万人，其中城镇就业人口就有1.5万多人。① 从全省的数据看，川渝地区城乡集市贸易成交额从1985年的61.0亿元增长到了1990年的163.5亿元；社会消费品零售总额从1985年的274.3亿元增长到1990年的472.0亿元。②

在商业体制改革过程中，川渝地区各级城市进一步确立了其在市场体系中的中心地位。从全省范围内看，在此前就已经形成的重庆、成都两大中心城市继续发挥着轴心的作用，而一些中型城市也逐渐建立、完善了各自区域的市场体系。

绵阳市，由于商品交易会的带动和促进，陆续建立起生产资料及专营市场和房地产、资金、证券市场，以及科技、人才、劳务和建筑业市场，城乡还建立了一大批农贸市场；到1989年年底，全市400个农贸市场中，共有120多个被县以上人民政府命名为"文明市场"。每年9—10月绵阳市还在市区举办一次为期7—10天的秋季商品交易会，参会客商遍及全国20多个省、市、自治区；交易会期间还举办效益良好的资金、人才、劳务、信息、科技等各类市场和科技设备、汽车、房地产、中药材、木材、图书等专业市场，充分显示了绵阳市区作为区域商贸中心的城市功能。③

攀枝花市，通过外引内联，敞开大门，引进资金发展地方工业，并且充分利用城市的产业和人员聚集优势，积极发展工业品贸易中心和农副产品批发市场。1984年6月，市百货公司、五交化公司、糖酒公司联合组成攀枝花工业品贸易中心。市内外的国营、集体、个人都可去批发进货。市百货公司经营的品种、规格、型号、花色达3万多个，并与市外568个企业有购销往来，到1991年的11年间，销往市外总额的2.1亿元中，省外占了1.8亿元。到1990年，全市建立起各种商业中心5个，1987年还出现两个具有"中心"职能的钢材市场。④ 一座川西

---

① 当代四川丛书编辑部编：《当代凉山》，当代中国出版社1992年版，第183页。
② 兰瑞华主编：《四川地县统计资料》，中国统计出版社1991年版，第3页。
③ 当代四川丛书编辑部编：《科学电子城绵阳》，四川人民出版社1992年版，第179页。
④ 当代四川丛书编辑部编：《钢铁钒钛之都攀枝花》，当代中国出版社1993年版，第236页。

南中心城市正在崛起。

在城乡经济体制的市场化改革推动下,川渝地区按照经济运行规律和产品辐射程度与距离,以历史形成的商品流通渠道和流向为基础,由大、中、小中心城市有机联结而成的相互衔接、取长补短、互相渗透的经济网络正在逐渐成形,而这对于这一时期川渝地区的城乡关系的转变产生了深远的影响。

二 市场化改革对川渝地区城乡关系的影响

1985—1991年邓小平南方谈话前的经济改革,进一步市场化的改革方向也比较明显地呈现出来了。而在城乡关系方面,原有的计划经济体制下的城乡二元结构,在一系列经济制度和管理体制改革的冲击下已经发生了质的改变。立足于此后的发展情况回头看,1985—1991年川渝地区的城乡关系,在城乡劳动力转移、乡镇企业带动农业和小城镇发展方面,已经逐渐形成了能适应进一步市场化改革和对外开放改革的基本模式。而一些至今尚未得到完全解决的问题,如城乡的差距在宏观上的扩大,以及城乡差距内涵的转变,也在这一时期浮现出来。

(一)二元户籍制度下城乡劳动力的流转及其影响

由前述内容可知,在计划经济体制下,长期的偏向重工业的城市经济结构造成了川渝地区城市化水平较为低下。城市不仅不能吸收农村剩余劳动力,反而因为经济体制的僵化和政治原因,造成了一定时期的"逆城市化"。而改革开放以来,随着城乡经济体制的改革所推动的经济发展,以及人民提高自身生活水平的客观需求,消除庞大的农村剩余劳动力向城镇和工商业转移的体制门槛也成为城乡管理体制改革的迫切要求,正如邓小平同志指出的:"大量农业劳动力转移到新兴的城镇和新兴的中小企业,这恐怕是必由之路。总不能老把农民束缚在小块土地上,那样有什么希望?"①

于是,1984年中央一号文件开始允许务工、经商、办服务业的农民自理口粮到城镇落户,城市行政性企事业单位可以招收农民临时工和

---

① 《邓小平文选》(第3卷),人民出版社1993年版,第213—214页。

合同工。① 1985 年《关于进一步活跃农村经济的十项政策》又提出：允许农民进城开店设厂，兴办服务业；并指出城市要在用地和服务设施方面提供便利条件。②

与此同时，20 世纪 80 年代中期，因经济发展需要，各地基本建设项目纷纷上马，创造了大量就业机会，加之国家对农村建筑队进城限令的解除，越来越多的农村劳动力得以依托建筑队外出就业。到 20 世纪 80 年代后期，随着国家改革开放力度的加大和沿海及特区经济发展战略的实施，东部及广东等沿海地区经济迅速发展起来，在进一步拉大东、西部差距的同时，也给内地农村剩余劳动力提供了更多的就业机会。

川渝地区作为劳动力富集地，农村的劳务输出是缓解农村人口压力，增加农民收入和拉动经济发展的重要手段。有计划、有组织地转移农业劳动力，在川渝地区农村改革中具有特殊的必要性和紧迫性。于是，省地县各级政府逐步建立了相应的领导机构和工作机构。一方面，逐步取消各种限制，允许和鼓励农村"五匠"和一般劳务工出乡出县出省求发展。另一方面，积极开拓以农村建筑劳务为主体的劳务输出，在其带动示范下，最终形成了多渠道、多形式、全方位、多业并举的劳务输出新局面，日益成为川渝地区农村经济发展的一项大产业。③

例如，1987 年以来广元市有领导、有组织地引导农民开展劳务输出，3 年中，共向外输出农村劳动力 5.4 万多人，年均递增 20.3%，占剩余劳动力总数的 12.9%，劳务收入约 8250 万元，人均 1520 元；劳务输出已成为广元市解决剩余劳动力出路，加快脱贫致富步伐的有效途径。④ 蓬溪县从 1985 年开始把扩大以建筑业为依托的劳务输出作为振

---

① 当代中国的计划工作办公室编：《中华人民共和国国民经济和社会发展计划大事辑要》，红旗出版社 1987 年版，第 486 页。
② 当代中国的计划工作办公室编：《中华人民共和国国民经济和社会发展计划大事辑要》，红旗出版社 1987 年版，第 506 页。
③ 中共四川省委党史研究室等编：《中国新时期农村的变革·四川卷》，中共党史出版社 1998 年版，第 10 页。
④ 任华熙、周福双：《山区脱贫致富的好路子——广元市农村劳务输出的调查》，载姚志能《希望之路——四川农村十年改革纪实》，四川人民出版社 1991 年版，第 127 页。

兴经济的重要措施，并对建筑业管理体制进行改革；1989年，全县以建筑业为主要依托的劳务输出达到3.54万人，占农村总劳动力的7%，实现劳务总收入5310万元，分别比建筑业管理体制改革前的1985年增长176.7%和224%；建筑安装总产值达到1.45亿多元，上缴税金470万元，分别是1985年的3.56倍和5.5倍。① 而相应的，中心城市作为劳动力需求的一方，也逐渐改革了企业用工体制和劳务市场体制，如1986年12月，成都市编委批准建立了市职业介绍所，对社会开放了劳动力市场，成为全国开放劳动力市场较早的城市，到1988年6月底，成都市和各区（市）县的劳动力市场全部建立和开放。②

在劳动力市场改革的初始阶段，农村剩余劳动力主要农忙务农，农闲务工。随着农村改革的深入和经济的发展，逐年扩展成常年在外务工经商。因此，农村的劳务输出呈现出城市经济拉动和农民工自主组织、自主选择目的地的特点。如据1993年的统计，川渝地区通过政府部门和社会团体等有组织输出的劳务占劳务总输出量的5%—6%，自发组织和单独外出的占94%—95%以上。③

劳动力基本成为一种由市场所支配的"商品"。农村劳动力向城市输入，成为不可逆转的趋势。相较于20世纪60年代和20世纪70年代计划经济时期，由政治力量和意识形态所动员起来的"上山下乡"和"逆城市化"，川渝地区的城乡关系在劳动力转移方面，已经发生了质的变化。而值得提出的是，这一时期的农村劳动力向城市的转移，是在二元户籍制度基本保留下来的情况下产生的。城市与农村户籍的差别，使"农民工"这一身份出现了。但由于依旧保持了比较严格的城乡二元的户籍制度，造成了农村劳动力转为城市居民身份的门槛依然较高，这样特殊的制度安排，客观上强化了农村劳动力"商品"的流动属性。

而这一属性，第一，使川渝地区成为劳动力输出大省。由于川渝地

---

① 甘亮：《从条块分割到行业管理——蓬溪县改革建筑业管理体制的调查》，载姚志能《希望之路——四川农村十年改革纪实》，四川人民出版社1991年版，第58页。
② 陶武先、王荣轩主编：《成都五十年》，中国统计出版社1999年版，第150页。
③ 高勇：《省级政府对农村剩余劳动力流动转移的组织和调控》，载何畅《新时期四川经济发展战略》，西南财经大学出版社1996年版，第96页。

第四章 | 调适与更新：改革开放以后川渝地区城乡关系的结构性变化

区农村剩余劳动力的数量庞大，劳动力成本较低，形成了一股出省打工的"民工潮"。据统计，到1993年全川（含今重庆市）出省民工中常年性的有200多万人，季节性、临时性的有300多万人。①

第二，农民工的高流动性特点，使其就业形势受市场波动影响较大。不过由于整个经济发展的大趋势基本没有变化，市场波动更体现于对增速的影响。如1989—1991年，为保持国民经济健康发展，全国实施了三年"治理整顿"。国家为降低通货膨胀率抽紧银根，市场疲软的经济环境下，一些乡镇企业出现停产半停产状态，第三产业也不景气，造成城乡劳动力转移速度放缓。其间转移到非农产业的劳动力由1989年的643.59万人上升到726.3万人，3年增加82.71万人，年均增加27.57万人。按三次产业划分，第一产业劳动力所占比重由1989年的86.9%下降到1991年的85.6%，下降了1.3个百分点；第二产业由7%下降到6.8%，下降了0.2个百分点；第三产业由6.4%上升到7.6%，仅上升了1.2个百分点。而之前1985年至1988年，农村劳动力转移到非农产业的人数是从448.7万人上升到608.48万人，4年增加了159.78万人，年均增加39.95万人，按三次产业划分，第一产业劳动力所占比重1985年的89.4%下降到1988年的86.9%，下降了2.5个百分点；第二、第三产业劳动力所占比重分别由6.1%、4.5%上升到7.7%和5.4%，分别上升了1.6个和0.9个百分点。② 由此可以看出，从1985年至1991年，川渝地区农村剩余劳动力在向非农产业的转移过程中，因受市场波动的影响，其数量的增长也表现出相应的波动特点。

第三，农民工的高流动性特点，使"民工潮"带给城市的负面效应开始显现。20世纪80年代后期，随着大量农村劳动力向城市转移，"民工潮"这一特定名词出现。由于"民工潮"的高流动性和流向的不确定性，带给城市交通运输、社会治安等方面的负面效应开始显现出来。为此，各地政府开始加强对民工"盲目外流"的管理，严格控制

---

① 高勇：《省级政府对农村剩余劳动力流动转移的组织和调控》，载何畅《新时期四川经济发展战略》，西南财经大学出版社1996年版，第95页。

② 中共四川省委党史研究室等编：《中国新时期农村的变革·四川卷》，中共党史出版社1998年版，第337—338页。

"民工"过快增长,从严或暂停办理民工外出务工手续等。① 这表明虽然农村劳动力基本"商品化",但城乡劳动力的转移依然受到二元户籍管理体制的制约和政府管控劳动力市场的手段影响。这种模式一方面保证了城市经济和社会秩序的基本平稳,另一方面,户籍制度所造成的城乡身份和心理上的二元鸿沟依然被保留下来,甚至因为城市经济和消费文化的兴起,这种鸿沟有逐步拉大的趋势。

总的来说,这一时期,随着川渝地区市场化改革的深入,劳动力市场兴起。向沿海等发达地区的劳务输出是增加川渝地区农民收入和拉动地方经济发展的重要手段,日益成为川渝地区农村经济发展的一项大产业。劳动力最初的输出是由政府引导的,但到后来基本成为一种由市场所支配的"商品",在城乡之间转移和流动。但这种转移是在二元户籍制度基本保留下产生的。由于彼时依旧保持了比较严格的城乡二元户籍制度,造成农村劳动力转为城市居民身份的门槛依然较高,这样特殊的制度安排,客观上强化了农村劳动力"商品"的流动属性,也使城乡居民之间由于户籍制度所造成的身份和心理鸿沟依然存在并有拉大的趋势。而这种农村劳动力"商品"的流动属性,在促进城市和经济发展的同时,也引发了因大量劳动力流入形成的"民工潮"所带来的一系列社会问题,甚至有些问题如农民工在城市里的身份认同问题、心理归属问题、子女上学就医等问题,时至今日也未能得到比较好的解决。

(二)乡镇企业的发展对川渝地区城乡关系的影响

市场化改革所带动的这一时期川渝地区乡镇企业的迅速发展,意味着川渝农村的工业化进入了一个全新的时期。而乡镇企业在产值和规模,以及在逐渐形成的市场体系中的地位,都呈快速发展和上升的状态,这种"异军突起"使原先川渝地区城乡二元分割的关系向新的模式转变。

1. 一定程度上分担了城市对农村劳动者的就业压力

乡镇企业的崛起和发展,以及乡镇企业的性质大多是劳动密集型企业,使其成为吸收川渝地区农村剩余劳动力的主要方式,一定程度分担

---

① 李占才:《改革以来我国农村劳动力转移政策的演化及其经验》,《当代中国史研究》2009年第6期。

第四章 | 调适与更新：改革开放以后川渝地区城乡关系的结构性变化

了城市对农村劳动者的就业压力。据调查，全国每万元固定资产中，国营重工业只能安置1人就业，轻工业可以安置2.5人，而乡镇企业可安置10人。① 以产值来说，川渝地区乡办工业（乡镇工业）1985年产值为37.5亿元，1990年为90.0亿元，增长幅度为140%。② 而据统计，1990年，川渝地区乡镇企业从业人员已达700多万人，占农村劳动力总数的14.4%，占农村剩余劳动力总数的44.1%。③

2. 为农业发展提供了资金支持，改善了农村和乡镇人民的生活水平

据统计，从1977年至1986年的10年，川渝地区乡镇企业用于以工补农的资金3.89亿元。而在1990年一年里，乡镇企业用于以工补农、以工建农和农村各项社会福利事业支出的资金即达到1.84亿元。另据统计，1990年，乡镇企业固定资产原值134.4亿元中，乡、村两级企业生产性固定资产占64.3亿元，为乡、村两级集体组织积累了一笔可观的公共财产，壮大了乡、村集体组织的经济实力。④ 广汉向阳镇自1985年以后，在干部误工、"五保户"生活、民办教师补贴、烈军民优抚、广播、电影、教育等方面，均不向农民集资派款，多数由乡镇企业承担。乡镇企业生产的铁木农具、农机具、化肥、农药等产品，直接支援了农业生产。乡镇企业对农副产品的加工、销售，不仅使农副产品增值，而且为农业的深度开发，开辟了更广阔的领域。乡镇企业已成为增强农业后劲的最主要的资金、技术和物质基础。在1989年，德阳乡镇企业支援农村集体福利事业费用达237万元，支持农村文化、教育费用46万元。⑤ 由于乡镇企业的支援，西充县的仁和镇取消向农民摊派农村文化事业、村镇建设资金；"五保户"、烈军属等费用也再不向农民征集；此外，还支援学校、幼儿园、电影院、俱乐部、文化宫、公

---

① 陈德学：《小集镇发展与乡镇企业》，载廖家岷《四川乡镇企业十年（1977—1986）》，四川人民出版社1988年版，第170页。
② 兰瑞华：《四川地县统计资料》，中国统计出版社1991年版，第4页。
③ 段志洪、徐学初主编：《四川农村60年经济结构之变迁》，巴蜀书社2009年版，第180页。
④ 段志洪、徐学初主编：《四川农村60年经济结构之变迁》，巴蜀书社2009年版，第180页。
⑤ 当代四川丛书编辑部编：《工业新城德阳》，当代中国出版社1993年版，第248页。

园等公共事业建设。① 这些，不仅减轻了农民的负担，而且大大丰富了农村文化生活，促进了农村经济的繁荣。

3. 改变了城镇在城乡之间的地位和作用

这一时期因乡镇企业的发展，支撑起所在地城市或城镇在市场体系或行政体系中的地位。最具有代表性的当属遂宁市。遂宁在1985年建市以后，市中区鉴于没有国营工业的实际情况，把全区经济的突破口放在了发展乡镇企业上，1990年全区乡镇企业总产值达到4.43亿元，比1984年增长5.12倍，年均递增率35.24%，其中工业产值1.7978亿元，增长5.34倍，年均增加36.06%。第三产业发展迅速，1990年，个体工商户发展到19783户，比1984年增加8588户。② 而另一个因乡镇企业发展而带动城镇市场兴旺的，是华蓥市。1985年华蓥撤区设市后，以市所在地双河为中心，以永兴、禄市、天池、高兴、观音溪、溪口、庆华等镇为骨干点的城镇乡镇企业和市场兴旺繁荣起来，同时也带动了明月、阳和等乡场市场的发展；1987年社会商品零售总额达到1.0504亿元。③ 而拥有4万余城市人口的华蓥城市主城区，与这些在市内间距十公里左右的7个建制工业镇（4万余城市人口）连为一体，形成独具特色的山区新兴工业城市。④

即使在国家计划生产为主的1985年前后，川渝地区乡镇企业的产品列入国家计划的也是少数，按产值计，一般只占乡镇企业总产值的15%左右，大量的是靠市场调节；即使纳入计划的产品，相当部分的原料供应和产品销售，仍需通过市场解决。"找米下锅""自销产品"，成为乡镇企业的经常性业务活动。⑤ 因此乡镇企业所在的小城镇，开始从以往计划经济时期工业支援的接收点和农业收购的征收点角色，向市场

---

① 康咸熙：《乡镇企业在南充地区的兴起》，载廖家岷《四川乡镇企业十年（1977—1986）》，四川人民出版社1988年版，第179页。

② 当代四川丛书编辑部编：《纺织食品城遂宁》，当代中国出版社1993年版，第76—77页。

③ 周派国：《华蓥市场话兴盛》，载李廷文《华蓥今古》，科学技术文献出版社重庆分社1988年版，第58页。

④ 陈元安、粟建平：《华蓥经济发展构想》，载李廷文《华蓥今古》，科学技术文献出版社重庆分社1988年版，第60页。

⑤ 廖家岷主编：《四川乡镇企业十年（1977—1986）》，四川人民出版社1988年版，第17—18页。

第四章 | 调适与更新：改革开放以后川渝地区城乡关系的结构性变化

经济体系下的城乡商品流通的节点转变。而在这种模式下，小城镇既成为农村第二、第三产业的所在地，又克服了以往封闭的旧体制，在经济的诱因下，促进横向经济联系的开展和城市资金、技术、物资、人才、信息向农村扩散；乡镇企业和所在的小城镇成为承载城乡信息交流功能的主体。例如，德阳市推广广汉"三背靠"（背靠国营企事业、背靠大专院校、背靠科研单位）的经验，鼓励和促成一批乡镇企业与国营大中型企业开展横向联合，引进资金、设备、技术，缓解面临的困难，救活一批陷入困境的企业。如广汉南兴镇与四川第一棉纺厂联办川兴棉纺厂，市中区罗江镇与省玻纤分厂，什邡县与重庆山城啤酒厂联办什邡啤酒分厂等。[①] 不仅提高了乡镇企业的竞争力，又促进了川渝地区城乡之间在资金、技术和信息方面的交流。

（三）城乡差距的拉大和城乡差距内涵的变化

然而以宏观的视角审视，从1985年开始的市场化改革，实际上也是开启了川渝地区城乡差距拉大，以及城乡差距的内涵由原来僵化的二元结构向多样化的城乡差别转变。

1. 城乡差距的拉大，是这一时期全国经济发展的共同特征。它既受到市场化改革所自带的"马太效应"的影响，又是国家政策和财政倾斜转变的后果

从全国看，国家于1985年开始将改革重心由农村转向城市，各种资源大幅度倾向城市；同时，企业、机关、事业单位等进行的工资制度改革，也使城市职工收入明显增加，各种补贴占比越来越高。据统计资料表明，1985—1992年，国家对城市居民的生活补贴从261.8亿元增加到321.6亿元，总体呈上升态势。在社会保障方面，城市职工的基本养老保险、医疗保险、失业保险等社会保障制度逐步健全，受益面不断扩大。[②] 例如，按照四川省府办公厅川办发〔1988〕51号文件规定，1988年内各县要基本实现以县为单位的全民企业职工退休费社会统筹。在此基础上，成都、重庆等14个市、地实现以市、地为单位的统筹，

[①] 当代四川丛书编辑部编：《工业新城德阳》，当代中国出版社1993年版，第224—225页。

[②] 马显军：《城乡关系：从二元分割到一体化发展》，博士学位论文，中共中央党校研究生院，2008年。

力争1989年全省21个市、地、州均实行以市、地、州为单位的统筹。同时，按照省政府川府发〔88〕118号文件规定的原则，积极开展集体企业职工退休费社会统筹，为人员的合理流动提供社会保障的条件，解决他们的后顾之忧。[①] 这意味着全民所有制企业在经济结构中的比重逐年降低的时候，国有企业职工的养老和社会保障费用却在逐年提高。这是对国家资源向城市倾斜转变的最好说明。

对于农业生产尤其是粮食生产的一定忽视，也是造成这一时期川渝地区城乡差距拉大的重要原因之一。1985—1988年，由于对农业基础地位认识不足，对农业形势做出盲目乐观的估计，加之农产品仓储设施严重不足，市场机制又未形成，连续四年的农业生产都在滑坡。如南充市，农村的农田基本建设在这四年几乎停顿，水土保持越来越差；耗费巨大人力、物力改成的条形田被分割；曾为农业丰收立下汗马功劳的电动提灌及水利设施，由于投入锐减，机械老化，设备严重毁盗，提灌面积下降41.3%，在1987年、1988年连续两年遭受干旱时，便一度出现等水、抢水栽秧的情况。[②] 全省的粮食总产由1984年的816亿斤减至1988年的776亿斤，年递减率为1.2%；1989—1992年为恢复发展阶段，粮食总产由1988年776亿斤增至1992年的886亿斤，年递增率为3.4%[③]；1988年11月全国农村工作会议对农业形势做出了正确的分析，并对农业发展做出了若干重大决定，才使农业情况明显好转，从而结束了徘徊局面，从1989年开始，全省粮食总产量和亩产才都恢复到1984年的水平线以上。[④]

与此同时，农业生产资料和农民生活消费品价格的上涨又大大快于农产品价格的上涨，工农产品"剪刀差"在缩小之后又呈扩大之势。

---

① 四川省经济体制改革委员会、生产体制处、《改革导刊》部汇编：《效益的新起点——四川省深化企业改革经验汇编》，四川省社会科学院1988年版，第57—58页。
② 当代四川丛书编辑部编：《丝绸名城南充》，当代中国出版社1991年版，第37页。
③ 杨旭：《发展四川粮食生产的潜力与对策》，载何畅《新时期四川经济发展战略》，西南财经大学出版社1996年版，第11页。
④ 中共四川省委党史研究室等编：《中国新时期农村的变革·四川卷》，中共党史出版社1998年版，第156页。

第四章 | 调适与更新：改革开放以后川渝地区城乡关系的结构性变化

1989—1991年，川渝地区"剪刀差"分别比上年扩大10.3%、6.5%、2.9%。① 农民获得的利益不断被"剪刀差"销蚀，使农业成了效益相对最低的产业。

因此，川渝地区的城乡差距在城乡经济不断发展的同时在逐步扩大，以城乡人均收入比率为例：1985年为2.205859；1986年为2.51228；1987年为2.565907；1988年为2.5175；1989年为2.730382；1990年为2.6714；1991年为2.86508；呈总体上升趋势。②

2. 城乡关系从比较单纯、地域差别不明显的城乡二元结构，转向地域因素决定下的多样化的城乡关系

如前所述，市场化改革使川渝地区农村的产业向专业化、区域化生产方向发展。因此，地域的差别和农村围绕中心城市的区位差异，逐渐成为塑造城乡关系的重要因素。川渝地区的城乡关系开始从比较单纯、地域差别不明显的城乡二元结构，转向地域因素决定下的多样化的城乡关系，城乡之间差距的内涵发生变化。

随着市场化改革和农村产业结构调整，至20世纪80年代后期，川渝地区农村初步形成了4种类型的产业结构区③：

一是开放型产业结构区。主要分布在大中城市郊区和部分平原县，占川渝地区县（区）总数的15%左右。这类地区改革了原有的产业结构，农村工农业产品的商品率已达到75%—80%，第一产业在农村社会总产值中所占比重已下降至60%—45%，基本上脱离了半自给自足农业经济的发展水平，形成了全面发展商品经济的能力。而这种城乡之间的关系，笔者称为"城郊型"城乡关系。

1985年绵阳升为地级市之后，确立了"以城市为依托，以农村为重点，依靠城市发展农村，面向城市搞活农村，服务城市富裕农村，大力发展商品经济"的城郊型经济战略构想，并逐步总结出"以粮食生

---

① 中共四川省委党史研究室等编：《中国新时期农村的变革·四川卷》，中共党史出版社1998年版，第332—333页。
② 郑长德：《发展经济学与地区经济发展：以四川省为例》，中国财政经济出版社2007年版，第91—92页。
③ 段志洪、徐学初主编：《四川农村60年经济结构之变迁》，巴蜀书社2009年版，第182—183页。

产为基础，以乡镇企业为主体，以城乡集体工业和多种经营为两翼，以市场和科技为先导"的"飞鸟型"经济发展模式。1989年，绵阳市工业总产值2.85亿元，比1985年的1.11亿元增长1.57倍，年均增长26.6%；农业总产值2.78亿元，比1985年的2.17亿元增长28.1%，年均增长6.4%。1989年工业总产值首次超过农业总产值，工农业总产值之比发展到50.6∶49.4。① 达县市针对城郊农业的特点，按照"富裕农村，服务城市"的方针，提出了走专业化商品生产的路子发展城郊型经济的战略思想，围绕这一目标，发展专业村，建立副食品商品生产基地，开展系列化配套服务。② 为满足城市人民生活需求，南充市郊大力发展副食品基地，逐步建起了以新建、舞风、华凤、火花4个乡12个村为主的蔬菜、藕芋基地；以文峰、火花、舞风、华凤、新建5个乡19个村为主的水果生产基地；以文峰乡的七、八、九村为主的冬菜生产基地；以舞风、火花、华凤3个乡10个村为主的精养鱼塘基地，使市郊的自然优势转变为商品优势。③

二是综合型产业结构区。其城乡关系往往是围绕农村的产业结构而塑造的，主要分布在一部分平原县、大部分丘陵区和中等城市郊区，占全省县（区）的35%左右。这类地区已经形成具有一定特色的支柱产业，初步具备了综合发展商品经济的能力，农副产品商品率高于全省一般水平，第二、第三产业在农村社会总产值中所占比重已达到1/3以上。富顺县是其中的代表。富顺全县以优势产品为龙头，骨干企业为支柱，组建农工商经济联合体：先后组建了酒类总公司、丝绸纺织总公司和食品总公司3个联合体。丝绸纺织总公司直接经营管理原来隶属关系不同的蚕种场和蚕茧站，投资扶持蚕桑生产，在农村建有较为稳固的原料基地。酒类总公司没有直接投资建立原料生产基地，但与种植主要酿酒原料高粱的农户在供求上互为依存。食品总公司在没有全面建成商品生产基地以前，主要采用优惠价和保护价、增设收购点等办法保证原料

---

① 当代四川丛书编辑部编：《科学电子城绵阳》，四川人民出版社1992年版，第178—179页。
② 张勤：《实行专业化生产、开展系列化服务》，载姚志能《希望之路——四川农村十年改革纪实》，四川人民出版社1991年版，第107页。
③ 当代四川丛书编辑部编：《丝绸名城南充》，当代中国出版社1991年版，第36页。

第四章 | 调适与更新：改革开放以后川渝地区城乡关系的结构性变化

供应。县对各联合体实行县内计划单列，行政上由县政府委托一个综合经济部门代管，财政解缴由总公司统管。1989—1990年，总公司拿出117万元用于改进栽桑养蚕技术和改造蚕种场，促进了蚕桑生产发展，全县蚕农售茧收入净增450多万元。食品总公司1989年让利21万元，奖售卖猪农户化肥350吨，并制定高于省里规定的生猪收购最低保护价，大大提高了农民的养猪积极性，全县生猪收购量从1986年的10万头增加到1989年的17.55万头。①

三是起步型产业结构区。主要分布在盆周山区和川西高原山区的一部分县，占川渝地区县（区）总数的40%左右。这类地区第一产业比重仍然较大，生产水平较低，尚未形成支柱产业，产业结构基本上仍是原有传统农业的框架，农副产品商品化少，人均农村社会总产值和纯收入相当或低于全省平均值。

四是封闭型产业结构区。主要分布在川西北高原，占川渝地区县（区）总数的10%左右。这类地区商品经济欠发达，乡镇企业十分薄弱，农村产业结构几乎没有什么变化，第一产业占农村社会总产值的80%左右，其中还有一部分县未能解决温饱问题。可以说，后两类城乡之间的联系处于既没有了计划经济时期国家对于农村资源的倾斜，又缺乏足够的市场经济的拉动力，提升这些区域的快速发展。

因此，偏远地区城乡整体贫困以及它与中心城市区域差距问题，成为这一时期川渝地区多样化城乡关系状态中较为明显的一环。

第三节 党的十四大之后川渝地区城乡关系的变化

经历了20世纪80年代末的政治风波以及之后对于市场经济的争论②，1992年年初邓小平南方谈话时指出：社会主义的判断标准，"应该主要看是否有利于发展社会主义社会的生产力，是否有利于增强社会

---

① 雷国富：《城乡"联姻"互促互进——富顺县组建农工商联合体的调查》，载姚志能《希望之路——四川农村十年改革纪实》，四川人民出版社1991年版，第38—39页。
② 薛驹主编：《十四大报告二十二讲》，中共中央党校出版社1992年版，第170—171页。

主义国家的综合国力，是否有利于提高人民的生活水平"。① 在这一解放思想、实事求是的理念指引下，同年，党的十四大报告提出："我国经济体制改革的目标是建立社会主义市场经济体制。"

经济体制改革目标的确定，使全社会对于进一步发挥市场经济作用达成了共识，不仅使之前城乡经济体制改革所形成的市场化趋势得以保持，而且为全国经济发展和进一步改革指明了方向。从宏观经济上来看，1992年至1996年的五年及时正确处理了"改革、发展、稳定"三者关系，大力推进改革，积极平衡总量，切实调整结构，使"八五"计划成为我国经济发展波动最小的时期。② 因此，川渝地区的经济体制改革也从1992年起进入一个新的阶段，而在20世纪80年代市场化改革和原有二元经济结构的共同塑造下，逐渐转变的城乡关系也受到这一阶段改革的影响，在国家和区域的实际发展中产生了进一步演变。

一 社会主义市场经济体制的确立与川渝地区经济的进一步发展

如果说改革开放前十四年（1978—1991年）是以农村土地承包制度改革和城乡经济体制改革分别开启了两个阶段，那么从1992年起在建设社会主义市场经济体制目标下，城市和农村更深入的新一轮的改革同时展开，是这一时期川渝地区经济进一步发展的基本动力。

（一）拉动川渝地区城市经济发展的"三驾马车"：国有企业改革、民营企业经济发展和扩大对外开放

1. 国有企业的深入改革

在价格机制转轨改革和城乡市场机制初步建立之后，改革国有企业的经营机制，建立适应社会主义市场经济的现代企业制度就成为进一步深化中国城市经济改革的主要内容之一。随着城乡市场机制在全国范围内的逐步建立，原有的在计划经济运转过程中扮演主体地位的经济组织——全民所有制企业，虽然经过了数年改革，在自负盈亏、自主经营方面取得了一定的进展，但以社会主义市场经济体制目标所要求的现代企业制度的标准来看，川渝地区当时的国有企业一般面临着这样那样的

---

① 《邓小平文选》（第3卷），人民出版社1993年版，第372页。
② 武力：《中国共产党与当代中国经济发展研究（1949—2006）》，中共党史出版社2008年版，第7页。

第四章 | 调适与更新：改革开放以后川渝地区城乡关系的结构性变化

问题：如产权不明的所有制、政企不分的管理体制，以及资金短缺、社会负担过重、企业内部经营机制和企业家阶层的形成等问题。[1] 而这些问题是导致当时国有企业大面积亏损的主要原因。如1993年1—11月全省预算内国有工业企业的亏损面高达41.9%，比上年同期增长了57.5%。1994年上半年对成都市的调查资料显示，成都市国有企业亏损达170家，亏损面54.6%，在市属88家亏损企业中，多年亏损的有52家，占60%左右，其中有23家特困企业处于长年亏损濒临破产状态。[2]

国有企业大面积的亏损早已引起了中央和各级政府的注意，在党的十四大召开之前的1992年7月，国务院就颁布了《全民所有制工业企业转换经营机制条例》，提出企业转换经营机制的目标是：使企业适应市场的要求，成为依法自主经营、自负盈亏、自我发展、自我约束的商品生产和经营单位，成为独立享有民事权利和承担民事义务的企业法人。[3] 四川省随即制定了相关的实施办法，主要内容是"把14项经营自主权不折不扣地还给企业，促使企业面向市场，在竞争中求得发展；要切实转换政府职能，简放政权，按照建立社会主义市场经济体制的要求，改进和加强宏观管理"。[4]

川渝地区是全国最早进行现代企业制度试点探索的省份。具体的做法是，1993年4月省委组织西南财大、省社科院和省经委等部门深入到国有大中型企业进行调查研究、总结；6月省委又邀请部分专家、教授和有关部门领导共同深入德阳、绵阳、成都市的一些企业，解剖"麻雀"，研究措施，在广泛听取各方面意见的基础上，制定了33条建立企业新体制的政策措施，确定了6个市的22家国有大中型企业作为试点。形成了"理顺企业产权关系，完善企业法人制度"的实施意

---

[1] 成都市青年联合会：《关于国有企业建立现代化企业制度问题与对策》，载何畅《新时期四川经济发展战略》，西南财经大学出版社1996年版，第4—5页。

[2] 张树民：《四川省国有大中型企业亏损原因及对策》，载何畅《新时期四川经济发展战略》，西南财经大学出版社1996年版，第80页。

[3] 《全民所有制工业企业转换经营机制条例》，http：//www.gov.cn/gongbao/content/2011/content_1860731.htm，2018年5月2日。

[4] 谢世杰：《求实创新，加快四川发展》，中共中央党校出版社1997年版，第28—29页。

见。① 随着1993年11月党的十四届三中全会通过《中共中央关于建立社会主义市场经济体制若干问题的决定》，将建立"产权清晰，权责明确，政企分开，管理科学"的现代企业制度确定为国有企业的改革方向，四川省在具体的改革方案上又采取了"抓大、放小、扶优、解困"的方针，抓住关系全局的一批国有大中型企业，加快改革、改组和技术改造的步伐；并将全省列入改革试点的企业扩展到80家，其中大部分是全省工业结构调整中的重点企业；对国有小型工商企业，则推广宜宾、射洪县"放开搞好量大面广的县属小企业"的经验，并实行"改、转、租、卖、并"，尽快盘活国有资产存量。②

经过近5年的探索和改革，川渝地区主要大中型企业现代企业制度框架基本形成。与此同时，股份制改革也在规范化、法制化轨道上健康发展。截至1996年，全省已设立股份有限公司330多家、有限责任公司3000多家，其中公众公司53家，居全国第2位，上市公司33家，居全国第3位。通过股份制全省共募集国内外资金250亿元，其中境外25亿港元。股份制试点企业已占全省大中型工业企业的一半以上，股份制企业已成为全省经济发展的"排头兵"。③

经过现代企业制度改革，川渝地区的各类股份制企业，生产快速发展，效益大幅增长，成为国有企业搞得最好、最有活力的一部分。其中，"四强""三好""两高"的扩张性企业④迅速成长为大集团、

---

① 谢世杰：《求实创新，加快四川发展》，中共中央党校出版社1997年版，第116页。
② 在实践中又增加了"并（合并、兼并）、分（分立、分解）、解（带资解体）、嫁（嫁接）、破（破产）"等改革形式，就连"卖"这种形式的改革，现在也出现了卖实物与卖股份，卖部分与卖整体，卖给内部职工与卖向社会，卖给当地与卖给外地，职工大体平均购股与个别大户控股，协议转让与公开拍卖等多种形式。参见谢世杰《求实创新，加快四川发展》，中共中央党校出版社1997年版，第353—354、452、467页。
③ 龙光俊：《四川经济展望（1997）》，四川人民出版社1996年版，第27页。
④ "四强"指资金实力强、融资能力强、竞争能力强、扩张欲望强；"三好"指领导班子好、管理好、机制好；"两高"指市场占有率高、盈利水平高。这类企业通过兼并、收购、合并等各种方式迅速膨胀为实力雄厚、在本行业起支撑作用的大集团、大公司。1997年3月，四川确定了长虹、五粮液等37户企业为扩张型企业，并在绵阳召开了全省扩张型企业工作会议，确定了支持扩张型企业快速扩张的政策，对这些企业加大科技投入，重点支持技术改造，尽快形成本行业的规模优势、技术优势、产品优势和市场优势，有步骤地支持这些企业快速进行资本集中，组建为本行业最大的集团公司。参见陈永忠《四川省国企改革的回顾和1998年展望》，《理论与改革》1998年第2期。

第四章 调适与更新：改革开放以后川渝地区城乡关系的结构性变化

大公司。

国有企业的进一步改革，首先改变了川渝地区城市企业的所有制结构。从1992—1996年的统计数据上看，国有工业企业从1992年的5300家下降到1996年的5252家，集体工业企业从81449家下降到64853家，合作经营工业企业从1992年的14040家下降到1996年的11085家，其他工业企业（包括三资企业）从1992年的238家增加到1996年的1684家。[①] 企业所有制结构进一步丰富，使从事市场竞争的经济主体逐渐成熟，从而也表明川渝地区的社会主义市场经济体制建设取得了比较明显的成果。

其次，国有企业的改革一方面改变了原有"政企不分"的弊病，在许多重点企业中初步建立了现代企业的管理体制，提高了企业内部的效率；另一方面通过破产、减员增效，将国有存量资产通过不同形式重新投入市场中，救活了一批企业。例如，宜宾、广汉等县（市）把产权转让与股份制改造相结合，在对国有企业资产清理、评估后，有偿转让给法人或职工个人，改建为有限责任公司或股份合作制，救活了一批企业。[②] 而这一时期成都市的国有企业改革，先后实施了企业兼并、破产109家，股份制改造901家（其中15家公司在深、沪、港上市），小企业改制725家，组建企业集团18家。仅1997年，通过兼并破产、减员增效，盘活存量资产27亿元，分流安置职工5.2万人，核销呆账准备金5.7亿元。[③]

改革不仅将国有企业的资源优化配置，提高了市场竞争力，而且实际上提高了资产利用率，增加了城市经济的投资部分；而国有企业的减压减负，将原本属于企业的社会负担转变为提高城市第三产业的需求动力，无疑也成为拉动城市经济发展的重要力量。如成都市1995年的第二产业产值比1990年增长了4倍多，第三产业产值比1990年增长了近4倍。[④] 除了大型国有企业的改革之外，县属企业的改革也逐渐展开，

[①] 四川省统计局编：《四川统计年鉴（1997）》，四川省统计局1997年版，第307页。
[②] 谢世杰：《求实创新，加快四川发展》，中共中央党校出版社1997年版，第146—147页。
[③] 陶武先、王荣轩主编：《成都五十年》，中国统计出版社1999年版，第190页。
[④] 陶武先、王荣轩主编：《成都五十年》，中国统计出版社1999年版，第379页。

主要从产权制度改革入手,省委、省政府于1994年4月、1995年5月、1996年6月先后在宜宾县、射洪县、金堂县连续3年召开了全省县属企业改革工作会议,全面推行县属企业改革。截至1996年,全省已有1/3的县(市、区)属企业产权制度改革取得较快进展,其中有10%的县(市、区)已基本完成改制改组任务。[①]

2. 民营企业经济的发展

1993年中共四川省委、四川省政府下发了《关于大力发展个体、私营经济的决定》,提出了解放思想、加快发展的31条政策措施。不久,省人大也颁布了《四川省个体工商户条例》和《四川省私营企业条例》,为川渝地区个体私营经济的健康发展提供了法律保障。据此,川渝地区民营经济进入了快速发展时期。到1996年,个体私营经济已在川渝地区工业总产值中占6.65%,在社会商品零售总额中占27.53%。私营企业的户数和雇工人数比上年增长28%和30%,注册资本额比上年增长39.4%,总产值增长46%。[②]四川的民营经济步入了加速发展的"快车道",逐渐成长为川渝地区城乡经济体制中不可或缺的一部分。

3. 对外开放的进一步扩大

资金短缺长期以来就是制约川渝地区经济快速发展的重要因素。"八五"期间,尤其是邓小平南方谈话后,四川省委、省政府做出"大开放促大发展"的战略决策,把对外开放作为经济工作的头等任务,先后制定了《四川省鼓励外商投资条例》《四川省鼓励外商投资的补充规定》等法规性文件。川渝地区对外开放取得了明显进展。1992年全省实际利用外资5.1097亿美元,比1991年的8170万美元增长6.25倍。截至1992年年底,川渝地区已开业投产的外商投资企业758家,全年总产值86亿元,出口创汇5425万美元。四川省政府确定1993年为"招商引资年",这一年川渝地区新办"三资"企业2000多家。1994年夏季,四川国际招商投资洽谈会上,共有277个项目签约,总

---

① 龙光俊:《四川经济展望(1997)》,四川人民出版社1996年版,第28页。
② 王恒丰:《快速发展的四川民营经济》,载王庭科《民营经济在崛起》,四川人民出版社1999年版,第6页。

投资56.2亿美元,利用外资24.5亿美元;同年又签订了总投资1688万美元的协议项目。[①] 截至1995年年底,全省实际利用外资55.5亿美元;已有50多个国家(地区)的外商来川投资,共兴办"三资"企业6268家。[②] 外资的引入不仅缓解了经济发展中资金短缺问题,而且通过外商独资和中外合资等形式,各种"三资"企业在管理与企业文化方面都对川渝地区各种所有制企业产生了一定的示范效应,在引进国外先进的科学技术方面产生了积极作用。

(二)稳定与改革:川渝地区农村经济的发展

从1992年开始,粮食市场完全放开,这一政策的执行,使粮价能根据市场供求情况自动调整[③],标志着我国城乡物资交流彻底摆脱了以往计划经济时期的购销模式。然而由于农业在国民经济中的基础地位,对于川渝地区这样的人口及农业大省,农业生产不仅是关系到城乡人口的基本生存问题,也是城乡经济快速发展的基本条件。因此,在国家完全放开粮食市场的情况下,面对川渝地区农村劳动力依然极度过剩、农业生产边际回报率逐年下降的情况,四川省委制定了"决不放松粮食生产,积极开展多种经营,大力发展乡镇企业"的农村工作方针,随后进一步明确了"稳粮增收调结构"的指导思想。[④] 其目的,一是要稳定以粮食为主的农业产量和生产水平,二是在社会主义市场经济体制下进一步改革发展乡镇企业和第三产业,吸收农村剩余劳动力和提高农民收入,此两者是这一时期川渝地区农村经济发展的主要内容。

1. 稳定粮食生产,调整农业结构

如前所述,在彻底放开粮食市场政策的大环境下,如果各级地方政府没有明确"稳粮"的指导思想,以及没有采取一定的行政和市场手段,按照当时川渝地区农业生产的投入和回报比率,要实现当时省委提出的人均占粮400公斤以上的目标是非常困难的。

[①] 廖仁治:《四川省利用外资的现状与对策》,载何畅《新时期四川经济发展战略》,西南财经大学出版社1996年版,第295页。
[②] 龙光俊:《四川经济展望(1997)》,四川人民出版社1996年版,第61页。
[③] 王小琪、陈延平:《四川统筹城乡发展机制探析》,电子科技大学出版社2006年版,第52页。
[④] 谢世杰:《稳粮增收调结构,少生快富奔小康》,《农民日报》1994年9月24日。

川渝地区的农业基础比较脆弱，还处于"看天吃饭"的比较落后的水平，也侧面体现了省委提出各级政府"决不放松粮食生产"的必要性。回顾改革开放后川渝地区的粮食生产，1985—1988 年是滑坡阶段，粮食总产由 1984 年的 816 亿斤减至 1988 年的 776 亿斤，年递减率为 1.2%；1989—1992 年为恢复发展阶段，粮食总产由 1988 年 776 亿斤增至 1992 年的 886 亿斤，年递增率为 3.4%；然而由于连续两年的自然灾害，粮食总产又由 1992 年的 886 亿斤降至 1994 年的 846 亿斤，年递减率为 2.3%。① 分析粮食产出波动较大的原因，根本在于粮食单产的增减，而影响粮食单产的增减，关键是化肥和种植技术的投入和推广等。

在这样的基础和环境下，川渝地区各级政府为实现农业稳定产出采取的措施，第一，是稳定粮食种植面积。1994 年，全省有稻田 4762 万亩，水稻栽插面积仅 4473 万亩，相比 1992 年之前的 4600 万亩，出现明显的下降，为此省委提出尽快实行基本农田保护制度，严格控制非农占地，加快"四荒"的开发利用②；并提出要保证建设 4000 万亩稳产高产的粮食生产基地，走提高单产扩大复种的路子。③

第二，一方面是通过市场手段调控粮食收购价格，做到农民种粮收入的稳定增长。省上对粮棉油收购政策和价格分别采取了一些比较灵活的办法和补贴措施，如小麦订购价格在国家定价基础上确定了一个浮动价格，最高可上浮到每斤 0.55 元（1994 年）；棉花在国家大幅度提高收购价格的基础上，省上决定原有的补贴政策不取消，农民每交售 1 担 1—5 级机纺棉，由省财政补贴 20 元（内含 5 元生产扶持费），等外棉花每担也补贴 5 元生产扶持费。另一方面是尽量压低农用生产资料的价格，降低种植业的成本。1994 年开始对化肥实行保量限价，其价格限制到工厂有利可图的水平上，上半年供应化肥生产的气和电都暂不

---

① 杨旭、廖级熙、刘晓岗：《发展四川粮食生产的潜力和对策》，载何畅《新时期四川经济发展战略》，西南财经大学出版社 1996 年版，第 111—112 页。
② 谢世杰：《求实创新，加快四川发展》，中共中央党校出版社 1997 年版，第 253 页。
③ 李仁忠：《农业投入的思考》，《四川财政》1994 年第 8 期。

第四章 | 调适与更新：改革开放以后川渝地区城乡关系的结构性变化

调价。①

第三，是通过优化种植结构和增加科技投入，提高粮食亩产量。其中主攻单产的潜力最大的是盆地丘陵区和川西平原地区；"九五"计划时，四川提出了到2000年建成1000万亩技术、物资综合配套的规范化经营的吨粮田（周年亩总产超1000公斤的田），平均单产提高200公斤以上；改造中低产田土，经过改造每亩提高单产150公斤左右。②而提高农业科技投入被省委提到非常重要的地位，1992年年初做出了《关于大力推动科技进步，振兴四川经济的决定》（又称"科教兴川五十条"），并相继制定实施了13个配套性政策文件和"知识分子工作23条"等政策措施。③ 1994年提出省级农业部门下派100名高级农业科技人员，抓市、县1000名高、中级农艺师，带10000名中初级技术人员，指导100万农户，带头种好4000万亩高产示范田。④而在资金投入方面，到1996年，四川省上下已初步形成财政拨款、金融贷款、企业自筹及社会筹资集资等多渠道、多形式的科技投入体系和与之相适应的科技投入机制，指导性科技开发计划——"星火计划"在川渝地区农村全面推开。⑤

对粮食生产的重视，从其在种植业中的比例逐年增加就可以看出。粮食生产在种植业中的比例从1990年的59.84%增加到1996年的73.6%。⑥ 这使川渝地区的粮食产量在遭受1993年、1994年自然灾害后迅速得到恢复，1995年超过了1992年的产量，到1996年达到3483.1万吨，是新中国成立以来历史最高水平。⑦

2. 农业的产业化发展

农业产业化经营是20世纪90年代农村深化改革和商品经济发展的新事物，是"把农村千家万户的分散经营引导到规模化、系列化、产

---

① 谢世杰：《求实创新，加快四川发展》，中共中央党校出版社1997年版，第174、252页。
② 李仁忠：《农业投入的思考》，《四川财政》1994年第8期。
③ 谢世杰：《求实创新，加快四川发展》，中共中央党校出版社1997年版，第368页。
④ 谢世杰：《求实创新，加快四川发展》，中共中央党校出版社1997年版，第174页。
⑤ 张佳周、许成厚：《巴山蜀水，看星火燎原》，《华夏星火》1996年第2期。
⑥ 江金权主编：《从十五大到十六大》，中共党史出版社2001年版，第890页。
⑦ 四川省统计局编：《四川统计年鉴（1997）》，四川省统计局1997年版，第284页。

业化的轨道上来","推进农业向商品化、专业化、现代化转变",提高农业生产的规模经营效益,实行集约化经营和集体化经济的重要途径。①

进入20世纪90年代以后,川渝各地陆续出现了公司带农户、专业合作社和专业协会带农户等经营形式;产加销、贸工农一体化经营发展迅速并取得了一定的成效:逐渐建成一大批农产品生产基地,出现了一批一体化经营的龙头企业;经营方式包括合同契约型、二次分配型和股份合作型。在一些地方,按照市场要求和资源条件,确立了农业发展的主导产业,初步形成了市场牵龙头、龙头连基地、基地带农户的经营格局。据统计,至1996年,全省已发展具有一定龙头带动作用的企业21417家,年产值282.17亿元,创利税26.83亿元,带动基地1419.6万亩,带动农户306.5万户、1072.75万人。②

可以说,农业的产业化是在20世纪80年代专业化生产的基础上,在建设社会主义市场经济体制目标下,川渝地区农村经济发展的新趋势,当时虽然还处于探索起步阶段,但川渝地区是农业大省,市场庞大,资源丰富,对发展农业产业化具有相当有利的条件,从而也极大地推动了川渝地区农村经济的发展。

3. 乡镇企业的进一步改革和发展

经过了十多年的发展,乡镇企业对于川渝地区农村剩余劳动力的吸收,农民收入水平的提高,以及对整个农村经济的拉动作用已经得到了历史的证明,也得到政府的高度认可。1991年,四川省委、省政府下达了《关于进一步大力发展乡镇企业的决定》(以下简称《决定》),强调要"坚定不移地贯彻执行大力发展乡镇企业的方针","把发展乡镇企业放在十分突出的位置,作为全省经济工作中一种带战略性、全局性的大事来抓"。《决定》规定"政府主要领导一般每一季度要召集有关部门专门研究一次乡镇企业工作","省每年召开一次表彰大会或地县主要领导工作会。各级领导干部的任期目标责任制,应列入乡镇企业

---

① 段志洪、徐学初主编:《四川农村60年经济结构之变迁》,巴蜀书社2009年版,第185页。
② 李仁忠:《关于加快四川农业产业化进程的思路》,载龙光俊《四川经济展望(1998)》,四川人民出版社1997年版,第33页。

第四章 | 调适与更新：改革开放以后川渝地区城乡关系的结构性变化

发展和提高的目标，定期考核奖惩"。"要健全和充实各级乡镇企业管理机构，省乡镇企业局恢复为省政府直属一级局"。《决定》还就继续实行"养鸡下蛋"的优惠政策、下放乡镇企业固定资产投资审批权限、增加贷款，以及加强管理、依靠科技等问题作了具体规定，给乡镇企业的发展注入了新的动力[1]，川渝地区乡镇企业迎来了又一个黄金发展期，尤其是在建设社会主义市场经济体制目标确立后的1993年，川渝乡镇企业达242.4万家，有职工1033.6万人；总产值达1923亿元，比1978年增长65倍，年均递增32%，特别是比1992年增长100.1%，实现了一年翻番。[2]

然而数量的高速发展并没有解决川渝地区乡镇企业在资金短缺、技术落后等方面的劣势，而随着市场经济在川渝地区的进一步推进，市场竞争越来越激烈。与此同时，国有企业改革提出了建设现代企业制度的目标，在这样的大环境下，川渝乡镇企业在企业组织形式和管理体制方面进行了改革，以适应市场的竞争和解决企业"小而弱"的状况。1994年6月省政府批转《省乡镇企业管理局关于乡镇企业股份合作制的试行意见》，对乡镇企业股份制改革的基本原则、步骤、做法等作了规定，按照企业产权"谁投资、谁所有、谁得益"原则，乡镇股份合作制一般设乡村股、企业股、法人股和个人股。企业税后收益的分配，40%用于扩大再生产，其余用作公益金、公积金和按股分红。企业实行董事会领导下的厂长（经理）负责制。到1995年，乡村两级企业实行股份合作制的有4259个，拥有职工28万人，资本金36.1亿元，其中集体占38.5%，个人占26.7%，法人占34.8%。[3]

这一时期川渝地区乡镇企业的改革，在一定程度上解决了川渝乡镇企业在资金短缺、企业规模较小等方面的缺陷，提高了乡镇企业的竞争力。从乡镇企业数量的减少、产值的持续增加等统计数据可以明显地反映出改革的成果：乡办工业从1992年的19182家下降到1996年的

---

[1] 中共四川省委党史研究室等编：《中国新时期农村的变革·四川卷》，中共党史出版社1998年版，第249页。
[2] 谢世杰：《稳粮增收调结构，少生快富奔小康》，《农民日报》1994年9月24日。
[3] 中共四川省委党史研究室等编：《中国新时期农村的变革·四川卷》，中共党史出版社1998年版，第255页。

16645家,产值却从1992年的160.73亿元增长到1996年的400.14亿元,翻了一番多。① 而且少数规模大的企业,成立了股份有限责任公司,向规范化的方向迈进了一步。

二 社会主义市场经济体制建设与川渝城乡关系的进一步演变

在党的十四大确立了建立社会主义市场经济体制目标之后,1993年11月14日党的十四届三中全会通过了《关于社会主义市场经济体制若干问题的决定》,除了提出国有企业改革的目标,也提出了培育和发展市场体系,进一步发挥市场在资源配置中的基础性作用;转变政府职能,建立健全宏观经济调控体系等重要的改革指导思想。② 川渝地区经济的改革与发展也进入了一个新时期,而具有川渝区域特色的经济发展模式也逐渐显现出来,其中对川渝城乡关系内涵演变影响较大的就是以县为单位的县域经济发展模式。

(一)县域经济推动下的市场化与城乡关系内涵的进一步转变

改革开放以来,尤其是党的十四大确立建设社会主义市场经济体制目标后,县域经济不仅是我国经济改革发展的重要组成部分,而且也容易受到国家宏观经济政策和制度安排的影响,如国有企业改革实行的"抓大放小"方针;变"三级行政体制"为"五级行政体制"③,并在此基础上实行"五级财政下的分税制";以经济建设为中心等。政府层级的增加,财政分权制的实行以及全党抓经济的工作重心转变,使县域经济不仅远离了中央计划,而且还面临不同层级辖区政府的竞争和博弈。④

从某种意义上来说,这一时期社会主义市场经济体制的一大推动助力,就是地区间对于经济效益的追求和相互的竞争。⑤ 由于川渝地区幅

---

① 四川省统计局编:《四川统计年鉴(1998)》,四川省统计局1998年版,第301、302页。
② 《中共中央关于建立社会主义市场经济体制若干问题的决定》,http://www.people.com.cn/GB/shizheng/252/5089/5106/20010430/456592.html,2018年5月2日。
③ 三级行政体制:是指中央政府—省级政府—县级政府。五级行政体制:中央政府—省级政府—地(市)级政府—县级政府—乡镇政府。
④ 郑炎成、陈文科:《县域经济在国民经济中的现实地位变迁:理论与实证》,《财经研究》2006年第3期。
⑤ 李奎、陈健:《地区竞争与政府改制》,《湖南大学学报》(社会科学版)2006年第6期。

第四章 | 调适与更新：改革开放以后川渝地区城乡关系的结构性变化

员广阔，人口众多，县级行政单位较多，自然资源和经济基础各有不同，川渝地区的经济发展和市场竞争的形式也很明显地呈现出以县域经济为单位的特点，而且在较早的时候就受到了省政府和相关学者的重视。1992年年初，四川省委就提出发展县级经济先抓"一条线"的构想，随后确定实施县域经济"一条线"战略[①]，将江油经成都到峨眉山一线的11个县作为建设重点，由省和相关市直接抓。[②] 这样的政策安排，反映出对于县级经济发展的重视，但也因为重点发展加剧了川渝地区县域经济之间的不平衡趋势。

而从城乡关系的角度来看，县域经济既有城镇经济，也有乡村经济；既涉及国民经济第一、第二、第三产业，又涉及各种经济成分；几乎整个国民经济的所有指标，在县域范围内都可以得到反映。国家的许多重大政策和重大战略，包括农村经济结构战略性调整，增加农民收入；发展中小企业，扩大就业门路，农村城镇化和农业现代化等，无疑都要求把县（市）作为操作的平台。[③] 县级经济圈可以说是城乡经济关系的一个缩影，审视这一时期县域经济的发展，可以观察到川渝地区城乡关系演变的脉络。而这种县域经济发展模式，对于拥有广阔农村腹地的川渝地区城乡关系的影响，主要体现在三个方面：

第一，为了吸引投资，发展经济，许多县级城市和城镇加大基础设施建设投入，尤其商品交易市场的增加和扩建，为川渝地区市场体系的扩展和完善提供了坚实的空间基础，在建设社会主义市场经济体制目标

[①] 县级经济"一条线"战略：是四川省20世纪90年代初提出的区域经济发展战略。1992年，四川省委、省政府制定了"发展县级（域）经济，先抓一条线的区域济发展战略"，即从江油经成都到峨眉山一条铁路线，把绵阳、德阳、广汉、成都、眉山、夹江等11个县市串联起来，形成四川中部的一条经济轴，大力加快发展和改革的步伐，并以此带动全省县域经济发展。1992年，一条线区域经济发展战略实施的当年，"一条线"上的绵阳、德阳、广汉、成都、眉山、夹江等11个市县区工业增长达到33%，乡镇企业产值增长1倍以上，财政收入增长38%，"一条线"区域经济发展战略取得了显著的成效。然而，由于一条线铁路沿线的市县除成都市以外，大多规模小、经济实力弱，加之空间距离长，轴线等级低，市县之间的经济活动难以形成地理空间上的集聚，从而导致"一条线"战略收效有限。截至2000年，"一条线"战略基本终止。参见漆先望、陈梅芬《四川区域经济协调发展战略研究》，西南财经大学出版社2011年版，第31页。

[②] 辛文：《发展县域经济的若干问题》，《财经科学》1994年第5期。

[③] 闫国祥、王彦武主编：《河南全面建设小康社会研究》，河南人民出版社2004年版，第180页。

下进一步提高了城乡经济的交流水平。例如，广元市中区投入人力、物力和资金加快小集镇和市场建设，完善了基础设施，改善了集镇旧貌，使全区出现了一个省的试点小集镇和一个市的试点小集镇；同时在每个乡镇都建起了农副产品交易市场，其中有顶棚的较标准市场就达85%以上。[1] 巴中市（原县级市）以市政基础设施建设为先导，以个体私营经济和工商业发展为重点，将市内7个大集镇按有关要求建设明星集镇，在当时就已吸引8省13地市的客商入市开发；全市投资4000万元，建起了60个专业批发市场、99个农副产品交易市场，新增5000多个摊位。[2] 资阳市（原县级市）在1993年撤县设市后，建起了城南、西、北等市场，全市新建市场面积达15.1351万平方米。[3] 叙永县制定了"依托资源、加强开发建设，实施大市场、大流通，带动大开发，发展县域经济"的战略，建设省级叙永贸易开发区，木材、建材、房地产等市场相继投入使用。[4] 乐山市五通桥区提出经济发展主攻方向应优先重点发展"六点两线"，即以竹根、杨柳、牛华等六大重镇经济发展为突破口，以点带面辐射全境，在乐五干道、213国道沿线形成集交通、生产、经贸于一体的经济带。[5]

第二，在竞争的市场机制下，流动的物资和人力资源，同县域的原有经济基础和自然资源禀赋结合起来，逐渐形成了以竞争优势大的行业为支柱产业的经济发展模式，而这样的县域经济结构又影响塑造了县域内的城乡关系内涵，使川渝地区的城乡关系内涵进一步多元化。

以农业产业化和县域支柱产业互相支撑、城乡经济关系良性互动为特征的"新津模式"。新津县发挥自身川西平原农业大县的产业和区位优势，大力发展个体私营经济，到1995年已有年产值过亿元的企业5

---

[1] 王平、杨通善：《摆脱贫困奔小康——抓住"四个突破"发展山区经济》，载周绍坤《星光灿烂——四川县域经济巡礼》，四川人民出版社1996年版，第3—4页。

[2] 周绍坤、张登才：《巴州：升起希望之星》，载周绍坤《星光灿烂——四川县域经济巡礼》，四川人民出版社1996年版，第18页。

[3] 曹荣火、刘海金：《迈向新世纪，资阳起新城》，载周绍坤《星光灿烂——四川县域经济巡礼》，四川人民出版社1996年版，第36—37页。

[4] 袁达明、林海云：《用我山区优势，创造崭新未来》，载周绍坤《星光灿烂——四川县域经济巡礼》，四川人民出版社1996年版，第55—56页。

[5] 罗国雄：《秀丽小西湖，江边宏图起》，载周绍坤《星光灿烂——四川县域经济巡礼》，四川人民出版社1996年版，第105—106页。

第四章 | 调适与更新：改革开放以后川渝地区城乡关系的结构性变化

个，过5000万元的企业6家，过千万元的企业10家以上；其中明星企业希望集团已成为年产值20亿元的大型集团化企业，拥有了一批管理先进的高科技、外向型、成片集中的现代企业集群。①

以支柱产业的原材料需求拉动农村经济发展为特征的纳溪县"城郊型经济"模式。纳溪县位于四川盆地南缘丘陵低山区，典型的农业大县，90.2%的人口在农村。为打好农业基础，早圆小康梦，纳溪县确定"城郊型经济"发展方向：靠农兴工，以工促农，优势互补。此举极大地促进了农村经济发展：农业连续15年稳产增产（1981—1995年）；工业建起了造纸、纺织、化工、建材四大支柱产业，其中真丝针织服装打入了国际市场；乡镇企业蓬勃发展，1994—1995年，带动农民人均纯收入增加400多元。1995年，在确保粮食增产的前提下，县上又推出"十万担蚕茧""45万头肥猪"两大工程，进一步巩固农业的基础地位。②

在城乡结合上做文章，通过产业或企业的转移，带动周边农村发展的泸州市中区经济发展模式。在城乡结合上做文章是泸州市中区经济发展的一个生长点，他们把城里的一些街道工业进行异地技术改造搬到农村，利用农村的土地和劳动力发展乡镇企业，腾出街上的黄金口岸，发展贸易。城市的技术、资金和人才与农村的土地、劳动力结合，促进了经济发展，1994年全区7个乡，有6个乡（镇）建成了亿元乡（镇）。③

依靠特殊的资源禀赋形成县域经济支柱产业的"资源开发型"模式。九龙县从自身实际出发，将经济发展模式确定为"资源开发型"，把矿产资源特别是以铜为龙头的矿产开发作为经济发展的主攻方向，制定出符合县情的经济发展战略，使九龙县的经济在长期停滞迂回状况下迈出了可喜的一步，提前一年完成了"八五"计划各项指标，提前一

---

① 张星炜：《社会主义的中国特色与四川经济社会发展讨论会综述》，《理论与改革》1995年第2期。
② 张枝俊、韩宗馨：《夯实基础，早圆小康梦》，载周绍坤《星光灿烂——四川县域经济巡礼》，四川人民出版社1996年版，第32页。
③ 张枝俊、韩宗馨：《夯实基础，早圆小康梦》，载周绍坤《星光灿烂——四川县域经济巡礼》，四川人民出版社1996年版，第58—59页。

年实现了"越温"任务,1994年县财政收入首次突破1000万元大关,人均纯收入达713元,分别比1989年增长了122.93%和59.15%。①宝兴县被地质专家和石材界人士称为"石材王国"。20世纪90年代初步查明的石材储量在20亿立方米以上,名贵品种达30多个,"蜀白王"大理石被外贸部定为特级产品,中国绿花岗石还跻身全国石材"十佳"行列。石膏矿储量在20亿吨以上,居亚州之最;可开发的水力资源达94万千瓦,野生和家种药材1200多种,被誉为"水电基地"和"神药之区"。此外,重晶石、铅锌矿等矿产资源也很有开发价值。以大熊猫生态旅游和硗碛藏乡风情为主的山川风物对游人尤具吸引力。依托这些丰富的自然资源,宝兴县加大开放和招商引资力度,至1995年兴办起9家三资企业,发展了50多个经济联合体。开放引资使乡镇企业连续两年实现翻番,石材工业的生产量和规模效益都比"七五"末增长10倍多。②这些县处于偏远地区,原本经济基础较差,发展落后,城乡整体都长期处于贫困的状态。依靠特殊资源禀赋兴起的产业,虽然对本县农村经济有一定带动作用,然而城乡差距因此而拉大的趋势也是相当明显的。

此外,这一时期全省大力开展的小城镇建设,在促进城市化发展的同时,也带动了城乡经济的发展。随着《关于社会主义市场经济体制若干问题的决定》提出充分利用和改造现有小城镇、建设新的小城镇之后,四川省委提出在1994年着重抓100个小城镇试点。"解决四川农村劳力过剩的最好办法、最根本的办法是抓小城镇建设。这是实现农村工业化和中国特色的城市化的必然途径。"③

在政策的指导和法律的放宽共同作用下,川渝地区的小城镇和城镇经济快速增长,到1995年,川渝地区小城镇"承载的乡镇企业,第二,三产业占全省农村的40%左右,形成产值、税收占全省农村近50%,

---

① 余长久、潘银全:《"九龙"腾飞不是梦》,载周绍坤《星光灿烂——四川县域经济巡礼》,四川人民出版社1996年版,第16页。
② 杨明江:《宝兴人"兴宝"在今朝》,载周绍坤《星光灿烂——四川县域经济巡礼》,四川人民出版社1996年版,第49页。
③ 谢世杰:《农民稳则巴蜀安》,《经济日报》1994年3月9日。

第四章 | 调适与更新：改革开放以后川渝地区城乡关系的结构性变化

小城镇的规模格局和经济格局已经初步形成"。① 而在县域经济范畴下，小城镇的发展还扮演着产业和市场的区域分工配套、联系城乡、带动人口城镇化的角色，如资中县，以县城为中心，分别把渔溪、球溪、银山建成初具规模的食品工业、机械工业、化工工业片区，形成城镇经济走廊；以省级综合批发市场为中心，连接全县"三高"② 农业基地，形成集农科贸于一体的带状式农业经济走廊；以沿成渝线分布的以建材为"龙头"的 30 个重点企业和 16 个重点乡镇为骨架，形成串珠式工业经济走廊。③

第三，在国企改革全面展开和分税制改革开始推进的环境下，川渝地区县级及县以下财政开始出现困难，由此而不得已对农民税负的加重，挫伤了农民的积极性，在一定程度上抑制了乡村发展速度，对城乡关系产生了一定负面的影响。

川渝地区的国有小型企业多分布在县（市、区）一级，这些企业多数设备老化、技术落后、亏损严重、效益不高，虽然宜宾、广汉等地在 1993 年就开始实行"改、转、租、卖、并"等形式盘活国有资产存量④，但总体来说县级财政收入因县属国企的改革需要时间而被削弱不少。另外，从 1994 年开始的分税制改革，已被众多学者公认为对基层县乡财政的困难产生了影响，并对 20 世纪 90 年代中期以来趋于严重的农民负担问题负有责任。⑤ 因此，在这一时期县域经济的改革和发展过程中，不仅有城镇的第二、第三产业发展带动农村劳动力的非农化和农村经济发展的正面影响；也有因税制改革和国企改革在一定程度上加重了农民负担、挫伤了农民积极性，在一定程度上抑制了乡村发展速度，对城乡关系产生了一定的负面影响。

---

① 谢世杰：《加快小城镇建设是四川农村经济社会全面发展的必然选择》，《理论学习导刊》1995 年第 6 期。
② "三高"农业是指高产、高质、高经济效益的农产品（或项目）。
③ 肖读良、彭智勇：《新城连走廊，跃起看资中》，载周绍坤《星光灿烂——四川县域经济巡礼》，四川人民出版社 1996 年版，第 112 页。
④ 1993 年 12 月 16 日，谢世杰在内江、自贡、宜宾等市地调查中的讲话摘要。谢世杰：《求实创新，加快四川发展》，中共中央党校出版社 1997 年版，第 111 页。
⑤ 赵阳、周飞舟：《农民负担和财税体制：从县、乡两级的财税体制看农民负担的制度原因》，《香港社会科学学报》2000 年秋季卷。

(二) 川渝地区的城市化发展与城乡差距的进一步拉大

这一时期（1992—1996 年）由于市场机制的全面推开，使资金、技术、人才等生产要素在逐利性的驱使下进一步向城市集聚。而原来作为城市经济支柱的国有企业，因不适应市场经济的竞争造成亏损面不断扩大，国家不得不出台"抓大放小"方针，深化改革，最终取得较好效果：一方面提高了企业内部效率；另一方面通过破产、减员增效将国有存量资产重新投放到市场当中，救活了一批企业，促进了城市经济的发展。这一时期国有企业改革"抓大放小"的方针，以及全面放开个体和私营经济的政策，也搞活了城市经济。在上述几个因素的相互作用下，川渝地区城乡经济持续发展，城镇化水平得以提高。

就发展速度来说，这一时期川渝地区的城市化呈现出加速的趋势。1991—1995 年川渝城镇化速度提高了 3.46 个百分点，全国提高了 2.64 个百分点，这五年川渝地区城镇化进展速度稍高于全国。[1]

就城乡户籍人口的变化来说，城镇人口从 1992 年的 1090.6 万人增加到 1996 年的 1276.1 万人，增加了 185.5 万人，平均每年增幅约为 3.4%；农村人口基本维持 6900 万人上下。但由于人口跨产业跨地区流动较大，加之地改市和县改市等行政体制的变动，以及户籍制度改革的滞后性等，实际非农人口增加幅度要更大一些，根据《四川统计年鉴 (1998)》的数据，实际非农人口从 1992 年的 1172.6 万人增加到 1996 年的 1378.1 万人，增加了 205.5 万人。[2]

但从总体上讲，川渝地区城市化水平还处于较低的阶段，尤其是 1997 年重庆被设为直辖市后，四川省的城市化还有一定下降，只有 20% 左右，低于全国平均水平 8 个百分点。[3] 而且四川城市数量不少，但规模普遍偏小，彼时城市中除一个特大城市外，其余都是属于中小城市规模（时至今日，这种格局依然没有本质变化），全省 20 个市、地、州，其首府所在地城市人口小于 20 万人的就有 10 个。[4]

川渝地区较低的城市化水平，与农村庞大的过剩劳动力，决定了这

---

[1] 龙光俊：《四川经济展望 (1997)》，四川人民出版社 1996 年版，第 6 页。
[2] 四川省统计局编：《四川统计年鉴 (1998)》，中国统计出版社 1998 年版，第 29 页。
[3] 黄启国：《加快四川城市化进程的思考》，《城市研究》1998 年第 1 期。
[4] 龙光俊：《四川经济展望 (1997)》，四川人民出版社 1996 年版，第 6 页。

第四章 | 调适与更新：改革开放以后川渝地区城乡关系的结构性变化

一时期川渝地区的城乡关系依然是矛盾的、纠结的，难以理顺的，城乡二元结构依然是难以突破的。以1992年为例，四川全省劳动力资源总数有7550万人，而其中4332万人在第一产业，但以当时的耕地数量和生产条件，一半的人务农就足够了。换句话说，此时四川农村剩余劳动力达2000多万人。① 而以1992—1996年"农转非"仅247万人的速度来看，要理顺第一产业与第二、第三产业关系和城乡关系还需要很长的时间。因此，城市化水平过低的问题不仅拖累了经济的快速发展，也使影响川渝地区城乡关系最关键的因素——城乡二元结构难以被突破。当然，这也为此后川渝地区提出加快城市发展的战略提供了现实合理性。

此外，由于市场机制驱使着资金、技术、人才向城市集聚，使城市经济发展迅速，城市居民平均收入因而也得到长足发展。而广大的农村，由于川渝地区较低的城市化水平，使其剩余劳动力过于庞大，人口对经济造成的负担大过其作为人力资源所带来的价值，因此在城乡经济都在发展的趋势下，因为发展速度不一致，川渝地区城乡收入被进一步拉大。1990—1996年四川城乡居民收入增长幅度分别在37%—107.7%（城）和5.8%—35.5%（乡）。② 城市居民收入增幅大大高于农村居民。城乡收入的拉大，不仅加深了城乡居民之间的心理隔膜，加重了城乡之间不和谐；而且作为彼时农业人口占总人口近80%的川渝地区，农民收入增加乏力，意味着省内的消费市场增长乏力，实际上也制约了城市的第二、第三产业的进一步发展和产业水平的提升，由此也制约了城乡经济的进一步发展。

---

① 黄宇：《轻工业——四川经济腾飞的翅膀》，载何畅《新时期四川经济发展战略》，西南财经大学出版社1996年版，第67页。
② 王小琪、陈延平：《四川统筹城乡发展机制探析》，电子科技大学出版社2006年版，第52页。

第五章

分化与重组：1997年以后川渝地区城乡关系的多元化发展[①]

1997年3月14日，第八届全国人民代表大会第五次会议决定批准设立重庆直辖市，并对其管辖的行政区域建置和划分作了相应的调整。1997年6月18日重庆直辖市正式挂牌成立，成为中国继北、上、津之后的第四个直辖市。

重庆被设为直辖市以后，川渝两地的城乡关系由于各自的省情、市情发生了变化而走向发展上的分化，由此衍生出各自不同的城乡关系发展特点，并同时对城乡二元体制产生了一定的影响。

四川省在区域调整之后，亟须寻求新的经济增长点，而工业化和城市发展是其较为现实的选择。但是，这种选择使城乡之间在经济、社会、政治乃至文化发展上的差距不但没有缩小，反而还呈扩大之势，这使城乡发展的分化越来越大，而且有出现断裂的迹象。

而重庆被设为直辖市后，也面临"大城市带大农村"的困境，生产要素流动与制度供给都不利于农村的发展，但是，得益于行政体制改革后包袱的减轻和行政级别升级后国家在政策、资金上的支持，重庆市以城带乡理念已现端倪。不过，从川渝两地城乡关系发展的实际状况上看，此一阶段，城乡二元体制并没有被撼动，甚至在有些方面还有所强化。

---

① 本章内容所涉时间主要为1997—2003年，不过因叙事和研究的完整性所需，个别地方时间上或有前展或后延，但这并不影响主体时间段的特征。

第五章 | 分化与重组：1997年以后川渝地区城乡关系的多元化发展

第一节 1997—2003年的四川：城乡关系的失衡

一 四川城乡差距的再度扩大

区域调整后，四川面积与经济规模都减小，必须调整经济增长方式，培育新的经济增长点，而由此对城乡关系产生了重大影响。1997年，我国经济发展开始迈入通货紧缩期，经济发展过程中存在的问题开始显现，四川省的问题尤为突出。大量国有企业不得不加大裁员力度，在这种情况下，城市开始出现大量失业人口，城市居民就业面临严峻的考验。为了解决城市失业问题，稳定经济发展，国家政策、资金开始朝城市发展倾斜，四川尤甚，于是城市与乡村之间的差距再次被进一步扩大，这一次主要表现在收入差距和消费差距的扩大上。

（一）收入差距的扩大

彼时四川城乡之间，收入差距不仅大，而且呈现出扩大的趋势。自1997年以来，受自然灾害、收入单一等多方面的限制，农民收入增长速度比较慢，有些地区甚至出现了停滞增长的情况；而国家连续多年逐渐提高城市事业单位的基本工资、生活福利等，城市居民的收入实现稳步增长。于是，四川城乡之间的收入再一次被扩大。据四川省统计局官方公布的数据统计显示，在1997年，城市居民收入与农村居民收入比值为2.81∶1，而到了2000年，这一比例扩大到3.10∶1，到了2003年，该比例扩大到3.16∶1。具体变化情况见表5-1。

表5-1　　　　四川城乡居民收入差距（1997—2003年）

年份	城市居民人均可支配收入（元）	农村居民人均可支配收入（元）	城乡收入比
1997	4723.26	1680.69	2.81∶1
1998	5127.08	1789.17	2.87∶1
1999	5477.89	1843.47	2.97∶1
2000	5894.27	1903.60	3.10∶1
2001	6360.47	1986.99	3.20∶1
2002	6610.76	2107.64	3.14∶1

续表

年份	城市居民人均可支配收入	农村居民人均可支配收入	城乡收入比
2003	7041.51	2229.86	3.16∶1

注：因当时的统计年鉴中没有"农村居民人均可支配收入"指标项，本书选用与此接近的"农村居民家庭人均纯收入"指标项数据作相应比较。

资料来源：《四川统计年鉴（2004）》，中国统计出版社2004年版，第190、199页。

每个人所能够直接支配的收入，可以称为货币价值。通常来说，这种价值并不涵盖每一位普通城市居民所享受到的诸如社会保障金、失业保险、医疗保险等一系列的保障性服务，自然同时也不包含由国家市政所提供的康复、敬老院等带有公益性质的福利场所。而对于普通城市居民一直享受的这些待遇，农村居民始终无法同等享受到，加之这些福利措施很难通过货币的形式来对其进行精准衡量，农村居民的农作物、家禽、家畜等却需要换算成货币形式来完成价值体现，虽然这些东西是收入来源的一部分，但是其也会消耗一部分的资金。因此，四川省城市、乡村居民收入之间的实际差距要远远超过表5-1中的数据。

（二）消费水平的巨大差距

通过居民消费支出这一指标能够充分反映出其真实收入。和收入变化相同的是，四川省在城乡居民人均消费支出这方面的差距也在逐渐增大。城乡居民的消费支出比也大于其收入比，具体情况见表5-2。

表5-2　　四川城乡居民消费水平差距（1997—2003年）

年份	城市居民人均消费支出（元）	农村居民人均消费支出（元）	城乡居民消费支出比
1997	4470.12	1555.36	2.87∶1
1998	4702.08	1578.23	2.98∶1
1999	4876.04	1610.05	3.03∶1
2000	5236.01	1745.02	3.00∶1
2001	5535.22	1749.62	3.16∶1
2002	6030.91	1794.50	3.36∶1
2003	6403.53	1925.61	3.33∶1

注：本表按当年价格计算。

资料来源：《四川统计年鉴（2004）》，中国统计出版社2004年版，第186页。

第五章 | 分化与重组：1997 年以后川渝地区城乡关系的多元化发展

在表 5-2 消费差距变化过程中，农民实际上也属于生产单位，农民每年的收入要拿出一部分用于进行生产性支出，因此不能完全用来进行生活消费；而城市居民本身就具备完善的社会福利，有着稳定的收入来源，甚至可以超前消费，因此其消费能力要远远超过农村居民。

二 四川城乡关系的新变化

（一）重工业优先的工业化历史对四川城乡关系的深远影响

如前文第三章第二节所述，我国从 1964 年开始实施国防三线建设工作。由于特殊的地理位置和资源禀赋，川渝地区成为三线建设布局最主要的地区。三线建设原本就是基于国防战备考虑，因此所安排的项目主要是国防、军工等重工业项目。关于三线建设对川渝地区工业发展和经济推动的作用毋庸置疑，其对当时川渝地区城乡关系的影响前文也已做了较详细分析阐述，这里不再赘述。这里要指出的是，以重工业为代表的三线建设项目对川渝地区城乡关系的影响不只在于当时，其影响更是深远的、重大的，以至于在 30 年之后，还依然左右着四川省城乡关系的格局。如 1997 年上半年，四川省国内生产总值 1346.1 亿元。其中，农业增加值 301.4 亿元，增长 5.0%；工业增加值 602 亿元，增长 12.7%，增速差距明显。国有大中型企业总体上扭亏为盈，盈亏相抵后的利润由上年同期的净亏 3.4 亿到净盈利 4.4 亿元。但乡办工业效益下滑明显，1—5 月全省 7030 家独立核算乡办企业中，有 2405 家亏损，盈亏相抵后净亏 1.7 亿元，净亏增加 48.1%。[①]

由此可以看出，四川省产业增长失衡较重，城乡之间经济效益差距明显。究其原因，有历史的也有现实的。

1. 太过重视重工业的发展，导致经济结构出现严重失衡

根据经济发展的基本规律，首先发展的应该是轻工业，因其对资本需求较低，能够快速完成资本积累。而且轻工业的发展有农业产业累积的资源，能够较快发展起来。与此同时，随着居民收入的提升，居民消费观念已经从最原始的农业消费逐渐转变为轻工业消费，其次以此为基础来推动基础工业的发展，进而进入资本密集型、技术密集型的重工业发展时期。农产品、轻工业、基础工业、重工业这是一个渐进的过程，

[①] 黄国芹、熊建中：《经济稳步回升，效益日趋好转》，《四川日报》1997 年 7 月 25 日。

能够代表需求指向的逐渐变化，也是生产力逐渐累积的结果，同时也是技术、管理等综合能力不断提升的结果。但是在当时超前工业化观念影响下，四川省的产业结构发展，忽略了轻工业、基础工业这两个关键时期，直接迈入了重工业发展时期，所导致的直接结果是：轻工业、农业等其他产业的发展相对缓慢，甚至是停滞发展，而超前的工业化思想，缺乏必要的生产力、技术、经验等多方面的累积、递增。重工业发展犹如无根之木。此外，重工业的过度发展还导致四川农业、工业之间的内在联系性逐渐降低：川渝地区建设的三线项目主要是国防、军工关乎国家安全的项目，整个体系的发展都是围绕国防建设来实施的，忽略了其对轻工业、农业以及其他产业发展的支持；加之四川原有轻工业发展陷入停滞状态，对农产品存在严重的后向需求不足的情况。除此之外，四川农村地区的基础设施比较落后，欠账较多，很难从外地获得经济支持，而当地的工业发展无法推动其农业经济的进步。

2. 就业结构出现严重失衡

在工业化进程中，按照经济发展基本规律，劳动力会首先从第一产业慢慢转移到第二产业；当工业化程度较高时，资本、生产力比较密集，资本过剩就会出现资本对劳动力排斥的情况，那么劳动力就会从第二产业慢慢过渡到第三产业。随着工业化的发展，第一产业的劳动力将会逐渐减少，慢慢转移到第二、第三产业。四川省所规划发展的工业化，是在以劳动力密集为主要特征的轻工业得不到发展的情况下所进行的超前发展，因此在工业、农业方面的劳动力结构会出现严重的失衡，重工业的特征之一就是资本密集，其能够接受的劳动力有限；虽然轻工业的特征是劳动力密集，但是因轻工业没有得到足够的发展，因此在劳动力吸纳这方面也比较有限。在这种情况下，农业生产中比较丰富的劳动资源和工业发展过程中的密集资本之间没有进行有限的衔接，因此剩余的劳动力必然会向现代化的工业产业方向输出，进而错失了降低现代部门与传统部门差距的一个发展机会。[①]

城市化和工业化必然伴随着经济发展过程，两者也是经济发展迈入较高水平的一个标志。此外，农村地区的经济发展也需要通过城市化、

---

① 袁安贵：《论四川二元经济结构调整》，硕士学位论文，西南财经大学，2005年。

第五章 | 分化与重组：1997年以后川渝地区城乡关系的多元化发展

工业化的发展来带动。四川省的农村经济发展情况在某种程度上来说和城市化、工业化的发展息息相关。基于工业化视角来看，四川省在工业方面整体结构较差，工业规模相对较小，工业装备、工业水平相对较差，同时表现出明显的趋同性。四川省1999年的工业总产值为1895.82亿元，但是除了绵阳、德阳和成都这三个地区之外的其他地区工业总产值仅仅只有915.28亿元，在工业总产值中的比重为48.44%。工业企业的设备整体比较落后而且出现了严重老化情况，很多工业企业日常经营都比较困难，更别说带动经济发展。基于城市化视角来看，此时四川省城市化水平相对较低，基础设施较差，城镇的规模相对较小，据相关数据统计，四川省内共有城镇1678个，但城市的数量仅有30个；城镇规模相对偏小，平均人口不到5000人的建制镇较多，难以产生规模效益，进而制约了工业的进步。[①] 城市化、工业化发展的滞后又对农村经济发展产生重要影响，城市化、工业化发展相对滞后，农村劳动力无法进行大规模的转移，因此农村经济发展面临巨大的就业压力，从而影响了其生产效率。

总之，由于历史和现实的原因，使这一时期四川省的城乡经济发展差距日益拉大，城乡差距的内涵进一步发生转变，川渝分治后，四川的城乡关系也因之出现新的不平衡。

（二）城市偏向政策造成的城乡失衡

区域调整后的四川急需新的经济增长点，城市利益集团的压力导致了一系列偏向城市的政策出台与施行。在经济发展过程中，农业发展饱受歧视，最根本的原因是在政治方面，城市阶层具有决策权，而且农村居民分布较散，集体行动的成本相对过高，另外，在农业产出中个体农民的产品只是非常微小的一部分，"搭便车"情况非常突出。因此，在政策制定方面，农民的话语权要小很多。这一时期，城市偏向政策具体表现如下：

1. 产业政策比较倾向于城市

在对农产品市场进行宏观调控的时候，呈现如下明显特征：保工损农、重城轻乡。在当时影响经济发展的主要因素是资源、市场需求，而

[①] 李光耀：《四川农村经济发展的思路和对策》，《天府新论》2001年第3期。

四川省的产业政策侧重点是对乡镇企业发展进行控制,留出大量的资源、市场来发展城市国有企业,同时在推进城市经济发展过程中,将城市稳定的成本嫁接到农民身上。当农产品价格出现小幅度上涨的时候,有关部门为了维护城市生活稳定,降低城市居民生活成本,出台了一些有损农民利益的政策。如2003年,棉花产量出现大幅度下降,市场上棉花价格大涨。从2002年9月的9000元/吨一路上涨到2003年10月的17020元/吨①,涨幅高达89%。由此带动了纺织行业整体价格的上涨,此时,就有部分城市学者要求政府对其进行干预。国家发展和改革委员会等五部门则联合发出紧急通知,要求各地棉花经营企业加快销售库存棉花,平抑棉花价格。② 这其实是从宏观上对市场供求关系进行了扭曲,使农民无法根据自身经营情况自主决策,从而侵害了农民的自身利益。

2. 公共资源主要集中在城市

优势公共资源被用来建设城市公共系统,剩余部分的公共资源分配到广大的农村地区,然而因为农村地区的过于广阔,平均到每一个地区的资源是很少的。农村不能获取的更多公共资源主要表现在以下几方面:

一是农业支出方面,政府财政投入较少。据相关数据显示,2001年到2003年,四川省财政支出分别为594.1亿元、701.6亿元和732.3亿元,而地方财政用于农业的支出仅为42.83亿元、53.5亿元和57.72亿元,在农业方面的财政支出还不到总支出的10%③,在农、林、水利、气象等多个涉农相关部门的支出及建设情况也都不是很好,而且在农业投入中还存在比较突出的"非农化",据不完全数据统计,在农业投入中真正用于农村、农业方面建设的投入还不到一半。

二是在农村社会事业发展支出方面分配相对较低。例如,2002年,政府在财政性教育经费支出方面,用于农村教育的经费仅占社会教育费

---

① 透视《上市公司直面高棉价》,《纺织服装周刊》2003年第45期。
② 每周聚焦《棉价异常上涨值得关注》,《领导决策信息》2003年第14期。
③ 国家统计局汇编:《新中国六十年统计资料汇编(1949—2008)》,中国统计出版社2010年版。

第五章 | 分化与重组：1997年以后川渝地区城乡关系的多元化发展

用的1/4，全省各级财政卫生事业经费中仅有15.5%用来建设乡镇卫生院。[①] 因此在农村地区存在比较突出的因病返贫、因病致贫的情况。

三是在农村社会保障支出方面配比相对较低。城市已经拥有一套完善的社会保障体系，企业、职工都会缴纳一笔用于社会保障的费用，同时国家财政每年还会对其进行补贴。如在2002年，国家财政拿出1017亿元补贴城市社会保障体系；其中社会福利救济、抚恤方面的财政支出共373亿元。据四川省的统计，四川省城市居民人均补助为239元。国家财政在农村方面的救济，主要集中在贫困户救济、自然灾害救济、"五保"户供养等，2002年全国支出总金额约为186亿元，四川省农村居民人均补助只有24元。[②]

由此可见，城乡分割的二元管理体制，对农民限制过多，索取过多，"反哺"较少，削弱了农民自我积累和自身建设的能力，不利于农村经济发展，造成四川城乡关系进一步失衡，进而也造成了今日四川农村数量巨大的深度贫困户的存在。

（三）户籍制度进一步改革下的四川城乡关系

前文已述，在20世纪90年代初期，国家已经开始对户籍制度进行一定松动，允许农民自带口粮进城"农转非"。随后，国家又先后出台了一系列关于户籍制度改革的文件政策。在某种程度上来看，户籍制度改革是对原有城乡二元分割局面的突破，降低了农村人口进入城市的条件，让城市、乡村之间的资源、劳动力能够相互流动，能够促进城乡之间的融合。但是在城乡二元分割的体制下，户籍制度上的很多创新性内容还仅仅停留在文件上，并未真正落到实处，以至于城乡劳动力在就业机会、待遇、权利等诸多方面都出现了严重的不均衡。

1997年6月，国务院批转了《小城镇户籍管理制度改革试点方案》《关于完善农村户籍管理制度意见》，2001年5月，又批转了《关于推进小城镇户籍管理制度改革的意见》。按照上述文件中的相关内容，2003年1月20日，四川省公安厅制定了《关于推进城市户籍管理制度

---

① 白坤：《重庆市城乡协调发展的现状分析及对策研究》，硕士学位论文，重庆大学，2008年。

② 白坤：《重庆市城乡协调发展的现状分析及对策研究》，硕士学位论文，重庆大学，2008年。

改革意见》(川办发〔2003〕4号),对现行户籍制度进行改革。该文件明确指出:县级市市区、县人民政府驻地镇和其他建制镇都在小城镇户籍制度改革的范围之内;在上述区域中有着稳定住所、职业、生活来源的外来人口及其直系亲属,可以按照本人意愿,能够办理该城镇的户口;已经在小城镇拥有蓝印户口、自理口粮户、地方城镇居民户口等,凡是符合上述要求,都能够依照本人意愿,自愿选择办理城镇户口还是选择坚持原籍。在小城镇已经居住、就业同时并达到一定标准的农村居民可以将自身的户口迁移到小城镇,带动农村剩余的劳动力逐步向周边小城镇转移,推动农村、小城镇的共同进步。农村新生儿能够随其母亲或父亲登记成为城镇常住人口。在此之后,成都市开始放松户籍的限制,降低外地人口进入本市的标准。2003年3月31日,成都市政府批转了成都市公安局的《成都市人民政府批转市公安局关于调整现行户口政策意见的通知》(成府发〔2003〕26号),放松了成都市的户口迁入限制。同时,四川省一些中小城市为了自身发展需要,也开始全面放开户籍制度,如达州市人民政府2003年9月24日发布了《达州市公安局关于推进城市户籍管理制度改革的实施办法》(达市府发〔2003〕89号),放宽了户口迁移条件和投靠限制。

城乡二元分割壁垒的松动,推动了城乡人口的流动。就全国情况而言,通过1997—1999年人口变动情况的调查数据,不难发现,户籍制度的改革,促使城乡之间人口流动规模大幅提升。农村地区离家半年以上的村民数量1997年仅为6100万人,到1999年,这一数值增长到8200万人[1],增长了34%。而四川省因人口众多、经济发展滞后、吸纳能力较弱而成为全国劳务输出大省,2000年离家时间半年以上人口达833.43万人,其中乡村流出人口占总流出人口的61.88%。[2] 旧体制下遗留的制度性问题,使户籍、社会保障、财产等诸多方面,城市与乡村之间存在较大差异,因此在城市生活中产生了"候鸟"型农民工这一特殊群体。家庭还在农村,而自身却长期在城市拼搏,或者家庭人口

---

[1] 国家统计局编:《2001中国发展报告——中国的"九五"》,中国统计出版社2001年版,第252页。

[2] 李富田:《四川流动人口规模及其流向特征分析》,《西昌师范高等专科学校学报》2004年第16期。

第五章 | 分化与重组：1997年以后川渝地区城乡关系的多元化发展

从农村转移到了城市，但是依旧没有融入城市生活，没有获得城市户口，在生活、教育、就业等诸多方面都受到了城市的歧视。

因此，考察这一时期户籍制度改革对于四川城乡发展的影响特别是城乡关系的影响，需要从两个方面来看。

一方面，对传统户籍制度进行深化改革，在某种程度上降低了农村居民进入城市的标准，促进了城乡之间的人口、资源等的良好流动，很大程度上推动城乡的互动共荣。户籍制度改革在四川省各地的推进，使劳动力资源配置效率提高，其释放出的人口红利在促进经济增长的同时，也推动了城镇化发展。从1997年到2005年，四川城镇化率从17.18%提高到33%。[1] 应该说，在城市化发展的过程中，户籍制度的改革起到了重要的作用。

另一方面，在城乡二元分割大背景下，附加在城市户籍上的诸多隐形权益并没有实质改革，二元结构的突破还没有实质进展。[2] 虽然农村人口进入了城市，但城市与农村人口在教育、就业、社会保障等诸多方面都存在很大差异。农村人口很难融入城市生活，他们在城市生活遭受着许多歧视。农村人口从事着很多城市人口不愿意从事的工作，却无法享受城市人口在医疗、教育等诸多领域的福利，这些因素又会反过来打击进城农民工的积极性，并进而加剧城乡居民之间心理上的隔阂和进城农民工对城市的客居、过客心态，他们即使在城市打工很多年，也不认为自己是这个城市的主人。户籍改革让城乡二元分割的壁垒有所松动，但是却没有从根源上打破这种壁垒，其改革还有很长的路要走。

三 小城镇建设问题及其对城乡关系的影响

四川省是全国农村小城镇数量最多的省。自1994年至2001年，四川省为了推动小城镇的发展，选择了935个具有典型代表性的农村小城镇进行试点改革。其目的之一就是通过小城镇的建设发展，吸纳农村剩余劳动力，带动城乡经济社会协调发展。实际中，小城镇建设在促进经

---

[1] 根据四川省统计局汇编《四川省统计年鉴（1997）》，中国统计出版社1997年版；国家统计局汇编《新中国六十年统计资料汇编（1949—2008）》，中国统计出版社2010年版相关数据计算所得。

[2] 刘甜甜：《制度变迁视域中我国城乡关系的历史演进及其规律研究》，硕士学位论文，湖南师范大学，2013年。

济成长、增加农民收入、推动城市化发展、加快工业化步伐等方面也取得了一定成效，但是在建设过程中，出现了不少问题，制约了其带动乡村发展的功能。其主要问题表现在以下方面。

（一）试点镇数量过多，质量不高，制约了其带动乡村发展的功能

四川省的试点建设镇，指标参数相对较低，数量相对过多。截至2001年，四川省共有935个试点改革的乡镇，其数量占据了四川乡镇总数的18.5%，如果再算上各市（州）试点镇等，四川省的试点乡镇总数超过了1500个，占据了四川省乡镇总量的30%。[1] 四川省各级政府的财力有限，试点过多，导致各级政府很难积聚力量对试点镇进行重点建设；资金投入的分散，使乡镇企业不能适度集中，导致条件较好的试点镇也不能形成集聚效益，成为带动区域经济发展的极核。为了避免"撒胡椒面"式的改革试点，四川省于2001年出台了《关于促进农民增收的意见》，明确指出短时间内不会再增加新的试点镇，要集中资源对现有的试点镇进行建设；除成都平原和部分经济较发达的地区外，小城镇建设的重点放在城关镇和中心镇；并拟从935个试点镇中选择300个作为重点试点镇优先发展。[2]

（二）试点镇定点盲目性、随意性较大，难以形成合理的城镇体系

根据我国城市规划法的相关内容：设市城市需要对自身的市场城镇体系的相关布局规划进行编制，但是部分市、县没有编制统一的规划布局，因此在选择试点镇的时候存在一定盲目性、随意性。通过对四川省6个市、州的668个试点镇进行调查，结果发现试点镇中共有276个属于县域一般镇，甚至部分地区被纳入城市规划区的镇也被列入了试点改革的范围，而很多中心城镇因为没有获得试点资格，进而丧失了发展机遇。[3] 试点镇定点的盲目性、随意性，使各市县难以形成合理的城镇体系，从而达到区域经济发展和农民增收的效果。

（三）试点镇产业层次较低，难以有效带动自身及乡村经济发展

一般来说，乡镇企业是属于劳动密集型的轻工业、加工业。产业再

---

[1] 戴宾：《四川农村试点小城镇发展的现状及问题》，《农村经济》2004年第4期。
[2] 中共四川省委、四川省人民政府：《关于促进农民增收的意见》，《四川省人民政府公报》2001年第25期。
[3] 戴宾：《四川农村试点小城镇发展的现状及问题》，《农村经济》2004年第4期。

第五章 | 分化与重组：1997年以后川渝地区城乡关系的多元化发展

次调整、升级比较困难，高新技术缺乏，发展后劲不足。而第三产业的总量相对较小，发展不充分，行业结构也严重不均衡，主要是餐饮服务、零售等传统行业，在科技、信息、咨询、金融、保险等诸多方面发展严重欠缺。

（四）资金投入不足，限制了小城镇的发展及其带动功能

自小城镇试点工作开始以来，四川省财政部门每年为小城镇建设提供了300万元的无息贷款和200万元的补助费用，各级政府也相应投入了一定的扶持资金，省农业银行、建设银行也为小城镇建设安排了信贷服务。2000年3月，四川省出台的《关于扩大我省小城镇建设试点的实施意见》，再次提出要安排好小城镇建设的资金问题。但是，因为很多试点城镇自身的基础设施相对较差，财政缺口较大，已无资金继续投入小城镇建设。如自贡市的前五批共有试点镇14个，1996年投入361万元建设资金，平均每个试点镇获得25.79万元的投资资金；1998年共投入505万元建设资金，平均每个试点镇36.07万元；每个试点镇每年平均增加的投入资金只有5.14万元。[①] 资金投入不足，严重制约了小城镇的建设和发展，也影响了其带动功能。

（五）规划起点低，千篇一律，没有特色，缺乏吸引力

很多试点镇在获得试点资格之后，唯恐落后于其他试点镇，还没有认真规划好，就开始建设。一边建设一边规划，先把房屋建设好然后才开始修路，很多房屋还属于小镇居民自发性建设，试点小镇在建设过程中没有从整体进行规划；还有部分试点小镇的建设脱离实际，一味地追求面子工程，而不注重其经济价值，经济发展的核心被逐渐淡化；部分试点镇虽然有了整体的规划，但是在实际操作过程中，还缺乏相应的经验。[②] 因为缺乏合理的规划，致很多试点小镇的建设千篇一律，没有自身的特色，加之其管理机制相对比较滞后，缺乏对镇内外居民的吸引力，更缺乏吸引资本的能力，制约了其带动功能的建设。

从各国经验看，小城镇建设对于协调城乡之间的隔离和割裂关系、带动城乡经济社会共同发展具有重要作用，但四川省小城镇建设似乎有

---

① 戴宾：《四川农村试点小城镇发展的现状及问题》，《农村经济》2004年第4期。
② 戴宾：《四川农村试点小城镇发展的现状及问题》，《农村经济》2004年第4期。

点急于求成，其自身建设已是问题重重，对带动城乡经济发展、协调城乡关系的目标则更难以很好地实现了。因此，这一时期蓬勃兴起的小城镇建设，对并不协调的四川城乡关系的改善作用并不明显。

四 四川城乡关系区域差异特征进一步呈现

前文已述，随着川渝地区市场化改革和经济的发展，城乡差异的内涵已经发生了变化，并呈现出因距离中心城市的区位差异而表现出不同的特征。1997—2003年，四川城乡关系总体呈现进一步失衡的特征，但大中小城市尤其是大城市周边的农村，因受中心城市的强大辐射作用，搭上城市发展的顺风车，经济社会同步快速发展，城乡之间人员及要素的交流、互动日益密切，城乡居民之间收入和消费的差异日益缩小，这些也在局部修复了城乡之间总体并未明显改善的关系。当然，时至今日，随着城市的进一步扩张和经济的发展，这些地方大多被城市化了。就四川省而言，比较典型的例子当属成都市郊区的发展，这些地方不仅乘上成都大发展的东风，而且自身为突破城乡二元结构束缚，在基层组织的体制改革与组织改革等方面做了很好的探索。

随着成都市城市发展东南移战略的实施，城郊村城市化进程进一步加快，土地被征用，村民"农转非"，农村经济组织发展面临改革的新课题。包括集体经济如何发展的问题、集体多年积累的资（财）产怎样分割处置的问题及村民"农转非"后怎样适应的问题等。成都市锦江区委、区政府结合本区农村处于城市近郊的特点，在稳定完善家庭联产承包责任制和双层经营体制的基础上，积极探索农村经济与社会综合发展新路子。通过建立股份合作制公司，既保留和促进了集体经济发展，又使村民占有股份享有自身权益。1997年，该区在琉璃、三圣2乡选择了6个村进行试点，以琉璃乡五桂村为龙头，琉璃乡永兴、东光、包江桥、金像寺等村及三圣乡花果村为梯队，对城郊农村经济组织改革进行了初步的探索与实践。① 琉璃、三圣2乡6个试点村社，处在成都市外东城郊接合部，属二环路、老成渝路、新老成仁路侧的经济发展新兴地区。耕地约4500亩，人口近10000人。城区的扩张及经济的辐射，促进地方政府积极探索农村基层管理运营改革。成都市当时主要

---

① 锦轩振：《在城市化进程中加快农村发展》，《四川日报》1997年12月25日。

第五章 | 分化与重组：1997年以后川渝地区城乡关系的多元化发展

在农村村级经济组织方面进行了创新探索与实践。

进行农村村级经济组织改革，要义在于使农村从单纯产品生产者逐步转化为商品经营者。目的在创新制度，积极探索打开原始封闭的产权形式，在部分农民已经不满足家庭联产承包责任制的不完全独立经营主体和利益主体身份时，选择一条以农民多年积累的集体资产，使自身享有独立的经营主体权利和市场竞争主体权利的发展道路。按照"产权清晰、权责明确、政企分开、管理科学"的原则，新的村级经济组织根据《中华人民共和国公司法》和有关股份制的法规、政策，设立董事会、监事会、股东大会，实行经理（厂长）聘用责任制等各项现代企业制度，村级行政管理和经营活动分离，资产权属明晰，村民责、权、利明确。

在具体运作过程中，锦江区各试点村以现有村办公司为基础，将集体资产纳入村办公司，进行"清产核资、资产评估"，结合公司股份制改造和规范化工作，明确和界定新的投资主体和股份总额，留足用于公益事业的部分额度后，将其划分到社和个人，社和个人则以股份形式占有新建公司的资产。股份划分到社的，社成立合股基金会，代表村民行使和享有责权利、按村社两级量化管理，使村民实际占有村、社集体资产，所有法定时间内的村民，均按年龄、务农时间长短、是否担任村干部和贡献大小具体条件确定基数，编造名册，占有不同份额股份。村民还可用现金投入作为股份。

通过农村基层组织的改革探索，几个试点村的集体经济和村民生活水平得以不断发展和提高，1996年，全村人均纯收入不足千元，到2003年，增加到4426元。[①] 这些探索和改革为后来以三圣乡"五朵金花"为范本的成都城乡统筹发展示范区打下了良好基础。

第二节　1997—2003年的重庆：城乡关系的新特点

与四川城乡关系失衡较为相似的是，重庆被设为直辖市后，城乡发

---

① 戚原、张兀：《令人羡慕的"新市民"》，《中国县域经济报》2009年1月1日第4版。

展、城乡关系也面临种种问题。直辖后，重庆市总人口达3000万人，而其中80%以上为农村人口。从此，重庆成为具有典型的"大城市"与"大农村"并存的区域。背负老工业基地转型和三峡库区移民安置等历史重任，重庆市在成立之初就面临诸多的压力和挑战，发展是当务之急，工业优先发展的战略成为重庆市直辖后经济发展的主导。自身积累和国家扶持使重庆市的现代工业飞速发展，特别是重庆市主城区及周边地区。随着老工业基地焕发出生机和三峡库区移民任务的基本完成，随着城市的快速发展，重庆市城乡之间的差异也呈日趋扩大之势。

一 城乡发展总体上呈时空趋异性特征

城乡居民收入差距是衡量城乡发展情况的主要参考指标之一，在城乡总体发展进程中，城乡居民收入差距所呈现的时空演化特征对分析城市、乡村在发展过程中的时空演化特征能提供较好的参考和借鉴。以下从时、空两方面进行分析。

（一）城乡居民收入差距的时间演化特征

在分析城乡居民收入差距的时候，一般通过城乡居民收入比率这一指标来进行分析。城乡居民收入比率简单来说就是城乡居民人均收入之间的倍数关系。我们将农村地区的人均收入设定为1，进而分析1997—2003年这段时间内重庆市的城乡居民收入比率，按年度时间顺序作出城乡居民收入比率演化如图5-1所示。

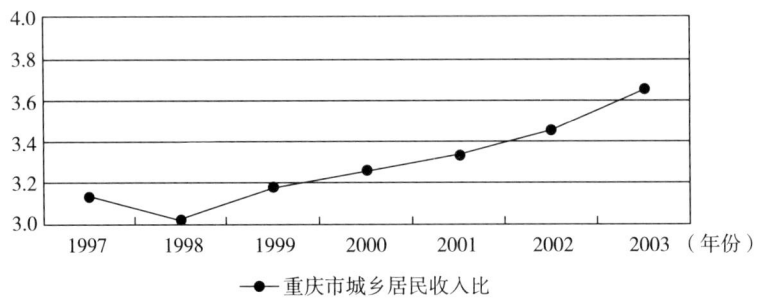

图5-1 重庆市城乡居民收入比率演化（1997—2003年）

资料来源：根据重庆市统计局编《重庆统计年鉴》，中国统计出版社1998—2004年版各年份数据整理。

第五章 | 分化与重组：1997年以后川渝地区城乡关系的多元化发展

由图5-1我们能够很明显地发现，重庆市的城乡居民收入差距在时间这一维度上具有下列几项特征：①城乡居民收入差距表现出"U"形态势。②城乡居民收入差距表现出明显的阶段性。1997—1998年，城乡居民收入差距出现了明显的缩小，而城乡居民收入比率这一指标也从1997年的3.13逐渐降低到1998年的3.02。而1998—2003年这段时期重庆城乡居民收入差距出现了明显的扩大。由1998年的3.02扩大到2003年的3.65。可以看到，重庆市城乡居民收入差距脱离了标准水平。通过相关研究我们发现，地区人均GDP为800—1000美元的时候，其城乡居民收入比率这一数值为1.7∶1比较正常，而在2003年重庆市的人均GDP达到800—1000美元时，城乡居民收入比率高达3.65∶1。

（二）重庆城乡居民收入差距的空间演化特征

重庆市直辖以后，经济社会发展呈明显的空间趋异性。出现了"一小时经济圈"，即以主城特大城市为中心，以一小时车程为半径，包括渝中区、大渡口区、九龙坡区、渝北区、沙坪坝区、江北区等主城区，经济发展相对较好，共同组成了都市经济发达圈。而合川区、江津区、大足县等14个区县的经济发展相对较差，共同构成了"一小时经济圈"里面的郊区县。从空间演化方面来看，重庆市在经济比较发达的地区其城乡居民收入差距在逐渐缩小，并保持在一个相对稳定的水平上；而经济相对比较落后的区县其城乡居民收入差距相对较大，并且表现出持续扩大的趋势，这与四川城乡关系的区域差异也是类似的。重庆城乡居民收入的空间特征主要体现在以下几点。

1. 都市经济发达圈里面的城乡收入差距相对较小，并保持在一个稳定的范围内

1997年都市经济发达圈中的城乡收入之比为2.49∶1，到2003年为2.59∶1，变化不大。1997年主城各区的城乡居民收入差距基本相当[①]，这主要是由于刚刚直辖后，各个区在地理位置上相近，政策也相同。但是从2002年开始，南岸区、大渡口区、沙坪坝区、九龙坡区和江北区成为重庆的重点开发区，这些地区的农业产业化程度和科技水平大大提

---

① 根据重庆市统计局编《重庆统计年鉴（1998）》，中国统计出版社1998年版相关数据整理所得。

高，加之农村劳动力转移迅速，因而这些地区农村居民收入增长速度与城市居民收入增长速度基本同步；相反，北碚区、巴南区和渝北区农村人口数量大，区县财政实力相对较弱，农村缺乏规模化经营和产业化经营，农业农村经济发展缓慢，从一定程度上制约了农村居民增收。1997年，南岸区农民人均纯收入2418元，而巴南区为2161元，相差257元；到2003年，南岸区农民人均纯收入3475元，而巴南区仅为2715元，两者相差760元，差距进一步扩大。①

2. 一小时经济圈中的郊区县的城乡收入差距表现出持续扩大的趋势

从相关数据上来看，在一小时经济圈，位于郊区县范围内的城乡收入表现出明显的差距，平均城乡居民收入比率在1997年为2.05∶1，而到2003年这一数值上升到了2.57∶1。主要原因可能是直辖后，随着主城区的发展，各郊区县的城镇化、工业化也迅速发展，使各郊区县内部城乡居民收入的差距被进一步扩大。

3. 渝东北翼和渝东南翼城乡居民收入差距悬殊，且呈扩大态势

以渝东北翼的忠县、开县、垫江县、万州区、巫溪县、巫山县为样本，可以计算出该片区平均城乡居民收入比率，其中1997年为2.98∶1，2003年为3.21∶1；以渝东南翼的彭水县、酉阳县、石柱县、武隆县、黔江区、秀山县为样本，可以计算出该片区平均城乡居民收入比率，其中1997年为3.3∶1，2003年为3.37∶1。可以看出，这两个片区城乡居民收入差距普遍偏大，多数区县超过了3.3。② 从渝东北翼和渝东南翼两片区内部来看，忠县、巫山、开县、石柱、武隆等区县城乡差距呈扩大态势，主要原因是这些地区农村环境条件差，自身发展能力弱，受到城市经济辐射作用小，因而农村经济发展较慢，城镇的非农经济则发展相对较快，所以区县内的城乡居民收入差距被进一步扩大；当然，在总趋势下也有一定例外，如万州等区县政府因比较重视当地的农业经济发展，农业发展初具规模，因此这些地区的城乡居民收入则保持在一个相

---

① 根据重庆市统计局编《重庆统计年鉴》，中国统计出版社1998—2004年各年份数据整理。

② 根据重庆市统计局编《重庆统计年鉴》，中国统计出版社1998—2004各年份相关数据计算所得。

第五章 | 分化与重组：1997年以后川渝地区城乡关系的多元化发展

对稳定范围内，如万州区农村地区人均纯收入从1997年的1511.64元增长到2003年的1925.13元，年均增幅4%。①

二　生产要素流动不对称，强了城市弱了农村

（一）劳动力流动不对称

2000年，重庆市农村农业从业人口有1352.6万人，占农村劳动力的比重为68.1%，到2003年，这一比重下降到60.7%，相对于2000年，降低了7.4个百分点，说明从事农业生产的农村劳动力逐渐减少，更多的农村劳动力开始往城镇转移，从事其他行业。此外，从2000年至2003年，农村劳动力从事工业生产的比重从4.4%增加为5.8%，从整体上来说，比重有所上升，但是占比依旧比较小，很多农村劳动力选择从事建筑、餐饮、运输等行业，其占比从2000—2003年这段时间内，从27.5%提高到了33.5%，增加了6个百分点。②就同期数据来看，是从事工业生产劳动力的5倍，说明农村劳动力逐渐被吸引到建筑、餐饮、运输、服务等行业。

表5-3　2000—2003年重庆市农村从事不同行业的劳动力比重

年份	农村从事农业的劳动力所占比重（%）	农村从事工业的劳动力所占比重（%）	农村从事建筑、交通运输、批发零售、餐饮的劳动力所占比重（%）
2000	68.1	4.4	27.5
2001	65.8	4.3	29.9
2002	63.2	5.1	31.7
2003	60.7	5.8	33.5

资料来源：根据国家统计局农村社会经济调查总队编《中国农村统计年鉴》2001—2004年版各年份数据整理。

这一时期，重庆市农村中青年劳动力是劳动力要素转移的主体，他们主要流向了第二、第三产业，很少有人会选择从事农业生产。因为这

---

①　根据重庆市统计局编《重庆统计年鉴》中国统计出版社1998—2004年版各年份相关数据计算所得。
②　根据国家统计局农村社会经济调查总队编：《中国农村统计年鉴》，中国统计出版社2001—2004年版各年份数据整理。

一时期，城市依然是人民心中的向往，劳动力以单向流出为主，逆向流入农村的几乎没有。

（二）资金流动明显失衡

在经济发展过程中，对各种资源进行配置都离不开资金的支持。政府和市场资本是资金投入的两个主要来源。在中国特色社会主义市场经济中，经济发展主要通过资金流动来实现对各种资源的有效配置。城乡资金流动、配置的情况会对城乡技术、劳动力等相关要素的流动、配置产生重要影响。相对于工业化程度较高的城市，农村的生产力相对较低，资本积累比较薄弱，在经济发展过程中很容易受到资金流动的影响，而且相对于其他产业，农业生产的效益相对较低，投资回报周期比较长，具有较大的风险，加之市场的作用，农业很难吸引外部资本投入，而资本流失则是常态。

重庆市成为直辖市后，要想实现发展战略目标，确保经济腾飞，首先需要有足够的资金支持，然后要对投资结构进行科学的配置，利用科学、合理的产业结构来带动经济的发展。这一时期，重庆市政府开始加大对城乡固定资产的投入。但是从城乡资金要素配置来看，重庆市政府在投资城乡固定资产的时候，投资结构出现了明显的失衡。从2000—2003年，对城镇方面的固定资产的投资金额从约531.38亿元提高到了约1137.6亿元。而对农村方面的固定资产投资额度则是从约124亿元提高到了约131亿元，虽然农村、城镇在固定资产投资方面的资金都有所提高，但是可以明显看出，对农村的投入增长幅度远小于对城镇的投入。从投资结构比来看，从2000—2003年，城乡固定资产投资比从原来的4.26∶1提高了8.62∶1，城乡固定投资结构出现了非常明显的失衡（见表5－4）。

表5－4　　　　2000—2003年重庆市城乡固定资产投资比较

年份	固定资产投资总额（万元）	城镇固定资产投资总额（万元）	城镇固定资产投资额所占比重（%）	农村固定资产投资总额（万元）	农村固定资产投资额所占比重（%）	城乡固定资产投资比
2000	6558116	5313816	81	1244300	19	4.26
2001	8018228	6720308	83.8	1297920	16.2	5.17

续表

年份	固定资产投资总额（万元）	城镇固定资产投资总额（万元）	城镇固定资产投资额所占比重（%）	农村固定资产投资总额（万元）	农村固定资产投资额所占比重（%）	城乡固定资产投资比
2002	9956645	8568780	86	1387865	14	6.14
2003	12693544	11375600	89.6	1317944	10.4	8.62

资料来源：根据国家统计局农村社会经济调查总队编《中国农村统计年鉴》2001—2004年版各年份数据整理。

（三）城乡贸易活跃，但城乡贸易差不断扩大

商贸物资的流动反映出生产要素进入市场的门槛高低。流动越频繁，则说明生产要素能够自由进出市场，资源配置效率较高；反之，则说明市场存在诸多壁垒，阻碍了生产要素的流动，不利于经济发展。

通过表5-5统计分析可以发现，自2000年以来，重庆市城乡社会消费品方面需求出现了大幅度增长，截至2003年年底，重庆市城乡社会消费品零售总额为934.7亿元，这一数值为2000年的1.45倍，农村社会消费品（县以下总额）零售总额为240.5亿元，这一数值为2000年的1.25倍，城乡贸易市场相对比较活跃；而且在城乡市场中主导产品是城镇社会消费品，其占据了销售总额的70%，并且表现出持续增长的趋势。农村市场在发展过程中完全处于劣势地位，同一时期的农村社会消费品仅仅占据了30%的比重，并且出现了下滑的趋势，城镇、农村在社会消费品销售额上，差距在不断扩大，其城乡社会消费品零售总额比值2000年是2.33∶1，到了2003年就上升到了2.89∶1。这一数值说明，在城镇、乡村的商贸物流系统中，市场发展稳定，要素流动自由，但城乡贸易差在不断扩大。

表5-5　　　2000—2003年重庆市城乡社会消费品零售额比较

年份	社会消费品零售总额（亿元）	销售所在地为县以上总额（亿元）	销售所在地为县以上所占比重（%）	销售所在地为县以下总额（亿元）	销售所在地为县以下所占比重（%）	城乡社会消费品零售总额比
2000	643.4	450.5	70	192.9	30	2.33

续表

年份	社会消费品零售总额（亿元）	销售所在地为县以上总额（亿元）	销售所在地为县以上所占比重（%）	销售所在地为县以下总额（亿元）	销售所在地为县以下所占比重（%）	城乡社会消费品零售总额比
2001	699.3	493.5	71	205.8	29	2.40
2002	763.1	541.2	71	221.9	29	2.44
2003	934.7	694.2	74	240.5	26	2.89

资料来源：根据国家统计局农村社会经济调查总队编《中国农村统计年鉴》2001—2004年版各年份数据整理。

随着经济的发展，传统农业逐渐变成了弱质产业，而与之对应的农民也成了相对弱势的群体，农村成为落后代名词，深究其原因主要有以下两点：一是农村本身的发展基础相对较差。二是"哺育""反哺"明显的不对称。工业和农业、城市和农村之间应是相互"哺育"、相互"反哺"，但实际操作过程中，两者出现了明显的不对称性，农村、农业全心全意"哺育"带动了城市、工业的发展，而城市、工业在"反哺"方面，彼时是非常有限的。农村、农业对城市、工业的"哺育"可以用"涌入"一词形容，而工业、城市对农村、农业的"反哺"可以用"滴落"一词表达；农村、农业为城市、工业的发展做出了突出的贡献，却还没有得到应有的回报。[①]

重庆市广阔的农村地区最鲜明的特征就是劳动力过多、资金过少、技术要素相对较差。按照经济发展的相关理论，不同的要素其流动方向有所不同；农村在劳动力流出的同时，需要引入技术、资金等相关要素对传统的生产方式进行改造，推动其现代化发展。但是重庆市在实施城市化、工业化发展的过程中，由于市场和政策等因素，限制了其他要素进入农村发展，同时还从农村地区吸走大量要素。农村农业在劳动力流失的同时，资金、土地等要素也在不断流失；而在城市化、工业化发展需要占用大量农村土地的时候，对于农民的失地补偿却相对较少。

"哺育""反哺"不对称状况，能够用经济学理论中的"累积性因

---

① 洪银兴：《工业和城市反哺农业、农村的路径研究——长三角地区实践的理论思考》，《工业经济》2007年第10期。

第五章 | 分化与重组：1997年以后川渝地区城乡关系的多元化发展

果关系理论"来进行阐述：在地区不平等的大背景下，经济、社会的共同作用会使有利地区实现累积扩张，同时会侵蚀其他地区的利益，在这种情况下，后者的发展就会相对滞后，甚至是停滞，因此产生了严重的不平等状态。瑟尔瓦尔（1992）认为，这种累积性因果关系里面主要有两项内容：扩张效应、回流效应。工业化、城市化的扩张效应能够带动农村经济的发展，例如技术、信息、物资等比较先进的生产要素扩散到农村地区。同时工业化、城市化发展所具备的回流影响又会对农村地区的经济发展产生负面影响，例如农村地区的劳动力、资本等要素涌向城市。对重庆而言，随着市场经济体制的不断健全和政府职能的逐步转变，城乡之间要素流动的外在约束大大减弱，同时，由于城乡经济发展和科技水平的提高，要素流动范围和规模不断扩大，流动速度明显加快，要素流动仍然以农村流入城市为主，产生了较为明显的"极化效应"，导致城镇、乡村之间出现了明显的差异。

劳动力、资金、技术等生产要素流动以城市为中心的"极化效应"，在一定时期内加剧了城乡之间的差异，使城乡关系在新的内涵下出现不协调、不平衡，在进一步强化城市发展的同时，弱化了农村的发展。

三 城乡供给制度不均衡加剧了城乡矛盾

政府在城市带动农村发展的过程中扮演着主导角色，其政策合理性和有效性很大程度上直接决定了城市带动农村发展的效果。重庆城乡多种制度存在明显的供给不均衡、不完善等问题，一定程度上加剧了城乡之间的矛盾。

（一）户籍制度不平等

尽管重庆关于户籍制度改革正在不断深入，然而计划经济体制的惯性"路径依赖"，附加在城市户口上的就业、医疗、教育、保险等种种福利补贴依然未消除，农村劳动力转移进城的入户限制依然存在，还不能在教育、就业、劳保、生育、子女入学等方面享有同城镇居民一样的权利，使重庆农村劳动力有序转移问题并未根本解决，许多农民仍然只能是"望城兴叹"。截至2003年年底，只有3.45%的农民工及其直系亲属转成了城市居民；在主城区中，这一比例更只有 3.34%。[①]

户籍制度的不平等主要表现在以下几个方面：一是因农村、城市户口之分，城乡居民的社会地位出现明显的不对等，虽然都是重庆户籍，但是在现实的城市生活中，农村户籍被城市人口所歧视。二是城镇、乡村居民在经济权利这方面表现出严重的不平等。虽然重庆市有关政策也允许农民进城务工，但受城乡分离的二元户籍制度影响，许多用人单位在用工时仍存在严重的户籍歧视，城镇、农村居民在就业方面也存在严重的不平等情况。三是城镇、乡村居民在发展方面也存在严重的不平等情况。

城乡二元户籍制度将人口分为城镇、乡村两个不同的社会群体，并同时赋予这两个群体不同的社会地位、经济地位，使城市中集结了优秀劳动力、大量资金和物资等社会资源，各生产要素的产出效率往往高于农村，其结果是许多优秀人才不愿意到农村从事工作，银行不愿意将资金贷给农民，导致重庆市农村地区人力资源、资金资源匮乏，不仅如此，农村资源还在大量流向城市，城市资源却相对较少往农村流动，使得农村资源更加贫乏。这种状况不仅阻碍了城乡一体化市场经济体系的形成和发展，也严重滞缓了农村地区的发展。

（二）土地制度不完善

土地制度是农村经济制度中最核心的内容。自改革开放以后，在广阔的农村地区开始推行家庭承包制，农民拥有土地的承包权、收益支配权、自主经营权等。虽然经过多次改革，我国的土地制度相对于从前有了很大的进步，但是仍有很多问题有待解决，制约了重庆市城乡的协调发展。

一是土地所有权制度方面的问题。尽管《中华人民共和国宪法》《中华人民共和国土地管理法》明确指出：农村、郊区的广阔土地除了国家法律上所规定的土地之外的其他土地归集体所有，但对于集体这一名词的解释还存在争议，法律文本并未明确指出谁能够代表集体，因此在实际操作过程中无法解答这一复杂问题。

---

① 喻中：《重庆农民工转户问题的调查及对策》，载周治滨、曾礼主编《城乡统筹理论与实践研究》，四川人民出版社 2008 年版，第 152 页。

第五章 分化与重组：1997年以后川渝地区城乡关系的多元化发展

二是土地征用制度方面的问题。在城市化建设过程中，社会关注焦点是应该如何处理占地问题，维护农民利益，维护社会安定。而传统的土地征用制度让征地变成国家、政府的单向行为，农民无法抗拒政府对土地的征收，因此经常出现强制征地、劳动力安置不合理、补偿不到位的情况。在大规模征收经营性用地的时候，时有以"国家建设用地"名目征收，使农民难以接受，因此出现了大量的土地纠纷案件。政府、用地单位通过"不平等"的方式获取大量的土地资源，并用这些土地资源创造大量的财富。还有就是征地补偿的标准相对较低。根据《中华人民共和国土地管理法》规定，在征收农民土地确定赔偿金时，根据该地区前三年在农业方面的平均产值来进行计算，确定赔偿金额。该计算方式的不足之处在于没有考虑到市场的作用，没有根据经济发展的基本规律来计算，不具备科学性。

三是土地流转制度存在的问题。按照国务院1995年出台的7号文件规定，在确定土地归集体所有，并不对土地的农业性质进行改变的基础上，在得到发包方许可后，承包方能够在规定的承包期内按照法律规定对土地进行转让、互换、转包等。但是对农村人口而言，土地拥有社会保障的功能，农村人口如果没有在非农产业中获取稳定的工作，还没有被城市保障系统纳入，那么一般情况下就不会将自身所承包的土地轻易地转包出去；同时，中国几千年来流传下来的农地产权制度赋予了土地更多的含义，让农村土地流转表现出一定的封闭性。农村土地流转不畅，既束缚了农业生产经营方式的转变和集约化生产的形成，牵制了农民的流动，制约了城镇化的进程，也制约了城乡一体化的进程。

四是在土地管理方面还存在很多问题。在我国现行的行政体制内，官员的职位变化和其任期业绩有很大的联系，所以部分地方政府的管理通过征地制度上的漏洞以及国家赋予其的权利，将土地资源当作自身任期的第二项财政收入，利用土地资源来获取政治业绩。在征地过程中，利用传统计划经济时期的方式采用低廉的价格来获取农民的土地，然后利用市场经济的方式来高价出售土地。在这种情况下，征地越多，当地政府所能获取的财政收入也就越大，但是最终受到伤害的是农民以及农民赖以生存的土地资源。

(三) 就业制度不公平

进城农民工与重庆市居民在户籍制度、就业机会、社会保障、子女教育等方面都存在不平等。如在就业方面，许多农民工不仅从事着或脏或累或有危险性的工作，因劳动条件较差，伤亡、病害事故屡屡发生，而且还会遭遇拖欠工资；在子女受教育方面，也难以与当地居民享受同样待遇，农村劳动力在进行跨区域流动的时候，青中年劳动人口的子女或者留守农村或是和父母一起前往城镇；在居住方面，大部分外来人口都集中在城乡接合部、城中村这些地方，而这些地方也是城市贫困人口的聚集地。

而就业制度的不公平性体现在以下方面：一是在就业机会方面严重不平等。为了响应国家推行的"阳光工程"战略，带动农村劳动力转移，重庆市政府推行"百万农村劳动力转移就业工程"，据相关数据显示，2000—2006年，重庆市共为116万农村劳动力提供各种技能培训，但是接受培训的农村劳动力仅仅只是劳动力总数的16.3%。[1] 而在这方面，城市居民有完善的保障体系，针对失业、下岗人员，重庆市政府为其提供各种补贴，并对其进行免费的就业培训。二是在就业准入方面存在严重的不公平性。虽然重庆市降低了农村人口进入城市的标准，但是在城市依旧有很多岗位对农村户籍表示明确的拒绝。三在社会保障方面城乡居民差异较大。城市居民有着完善的社会福利保障体系，而农村居民当时什么都没有，虽然重庆市政府下发文件强制要求用人单位要让全体职工参加社会保险，但是因为部分农民工还没有这方面的意识，没有认识到社会保险的重要性，还有部分用人单位忽略农民工权益，以至于很多农民工没有参加社会保险。

(四) 社会保障制度不健全

社会保障制度是市场经济发展到某一阶段的重要产物，是国家文明的重要标志之一。各级政府的职能之一就是建设好社会保障体系。经过半个多世纪的探索与发展，在社会保障体系建设方面，重庆市从初期的试点摸索到后期的全面推行，逐步根据市场发展情况着力构建社会保障

---

[1] 王钊、张应良：《统筹城乡发展的制度屏障及综合配套改革的路径——以重庆为例》，《软科学研究》2010年第25期。

体系。但此一时期，从宏观上看，农村社会保障的覆盖范围比较小，覆盖面比较窄，基础保障功能相对较差。农村地区的社会保障体系还不够完善、不够健全，主要体现在以下方面：一是社会保险的覆盖率相对较低。农村地区的基础养老保险到 2008 年仅仅覆盖了 7% 的农村人口，而其中五种基本险的参保率还不到城市职工的 1/3。二是在三峡库区移民、征地补偿的时候没有考虑到社会保险这方面的因素，有将近 60 万的农村人口在转非时没有被纳入重庆社会保障体系中[①]，而且部分已经参保的农村人口其保费相对较低。三是社会保障体系的管理比较混乱，各个部门的权利出现重叠，不利于社会保障体系的建设。

四 "以城带乡"的探索及城乡失衡的修补

重庆改为直辖市以后，在"以城带乡"促进农村发展方面进行了大量探索与实践，一定程度上修补了城乡之间各方面的严重失衡，推动了农村经济的发展和城乡关系的趋和。

（一）实施以城市经济带动农村经济发展的优惠政策

重庆市政府根据本市"大城市带大农村"的发展情况，制定了多项推动农村经济发展的政策，助推城乡统筹发展。主要的政策优惠有以下方面。

1. 税收优惠

如根据重庆市委市政府下达的相关文件规定，对企业无偿或按政府廉租房标准提供给进城农民工居住的普通住房，5 年内免征房产税；对在农村地区开办的非营利性医疗卫生机构，免征房产税和城镇土地使用税；对在农村地区投资修建的灌溉、供水、排水设施，免征房产税和土地使用税等。[②]

2. 户籍改革

根据国家户籍改革的相关文件精神，重庆市政府以小城镇户籍制度改革为切入点，分阶段逐步放宽户口迁移制度。2003 年 7 月重庆市政府颁布了《关于加快我市城镇化进程进一步深化户籍制度改革的意

[①] 王钊、张应良：《统筹城乡发展的制度屏障及综合配套改革的路径——以重庆为例》，《软科学研究》2010 年第 25 期。

[②] 参见重庆市地方税务局、重庆市财政局《关于促进城乡统筹发展有关地方税收政策的通知》（渝地税发〔2007〕242 号），www.dongao.com，2007 年 11 月 22 日。

见》，进一步降低了户口迁移的标准，有条件、有能力购买商品房的农村人口及其直系亲属可以将户口迁移到城市。

3. 金融支持

政府通过各种优惠政策，鼓励银行等金融机构向农村人口、农业企业给予优惠贷款，为农业发展提供必要的资金支持。

（二）以拓展延伸城市基础设施带动农村基础设施建设

重庆市成为直辖市后，加大了对基础设施的投资建设力度，重点增强了农村地区的水电、交通等相关基础设施的建设工作，通过拓展延伸城市基础设施，带动连接农村基础设施。随着《重庆市高速公路网规划（2003—2020年）》和《重庆市农村公路建设规划（2004—2010年）》的相继审议通过和付诸实施，重庆在"一环五射"高速公路网已经形成的基础上，"二环八射"高速公路建设也全面展开，万开路、渝遂路、界水路、万云路、垫忠路、绕城高速公路等工程相继建成，极大地改变了过去边远区县2—3天才能到主城区的状况，促进了边远区县与主城区的沟通与联系，带动了大片农村的发展。

（三）城市化的发展带动农村城镇化发展

随着城市的发展，各种生产要素价格快速上涨，倒逼一些要素成本相对较高的企业开始朝土地、劳动力更为丰富和便宜的农村地区转移；同时，市政府对污染严重的企业实施"关、停、并、转"政策，也促使一些企业进行产业空间转移，进而推动农村城镇化的发展；城市房价的不断上涨，城市生活成本的不断提高，也促使农民工往小城镇方向转移；此外，因为发展需要，重庆市在广阔的农村地区建立了多个经济开发区，部分农村群体转化为非农群体，也促进了农村城镇化的发展。

重庆成为直辖市以后，至"十五"计划（2001—2005年）初期，市政府"以城带乡"的探索及实践，取得了较好的效果，在促进城市经济发展的同时，带动了乡村经济的发展，为城乡统筹发展进行了有益探索，并在一定程度上修补了城乡之间各种要素流动的不对称、各种供给制度的不均衡，使失衡紧张的城乡关系趋和向好。

第五章 | 分化与重组：1997年以后川渝地区城乡关系的多元化发展

第三节　本阶段川渝地区城乡关系的特点

这一时期，川渝分治，各自都在行政区划调整分化后，重新审视自身发展，出台施行了一系列促进本地城乡经济发展的新政策。但分化、重组后的川渝，无论是四川省还是重庆市，虽然城乡经济尤其是城市经济都取得了长足发展，但城乡二元结构体制的基本特征和固有的体制惯性并没有本质变化。各种数据显示川渝两地城乡之间的发展差距都在明显扩大。两地城乡发展总体上都呈时空趋异性特征，即随着时间的推移，差异在扩大；随着距离中心城市远近不同，城乡差异也不同，距离中心城市越远，城乡差异越大。此外，在这一阶段，川渝两地的城乡关系中，还比较明显地呈现出以下特征。

一　城市发展加快，对农村的依赖减弱

如果说过去川渝地区城乡关系表现为城乡之间互为依存，城市依靠农村"哺育"，农村依赖城市发展，那么在这一阶段，城乡关系开始有了新的变化。虽然从整体上看，城市发展仍需要利用农村地区输出各种农副产品、土地、劳动力等资源，城市的发展依然建立在压缩农村利益的基础上，但城市已经在逐渐摆脱对农村的依赖。随着经济的全球化、市场化的发展以及互联网、物流技术的进步，城市可以在全国，甚至世界范围内进行合适的资源配置，并不需要如过去那般直接从附近农村地区调配。在这种情况下，川渝两地传统农业逐渐衰退，农业相对收入逐渐降低，农民需要选择通过其他方式来获取收入，创业或者外出务工，而现代农业在没有基础和支撑的条件下也难以发展。相反，城市却能够利用自身的优势强行吸纳农民手中的土地资源，并利用农村廉价的劳动力。在资源的比较优势进一步向城市聚拢的基础上，城市的发展越来越快，城乡的差距越拉越大。

二　农村依附于城市，逐渐"空心化"

城市的发展已经不那么需要依赖农村，但是农村、农民的发展却越来越依赖城市。随着优势资源不断流向城市，农业的转型发展变得越来越困难，传统农业附加值过低，现代农业和加工业也缺少发展基础，农民不得不从经济上、物质上依赖于城市。在川渝农村地区，普遍的一个

观点是在家种地不如进城务工。特别是离城市较远的地区，青壮年劳动力大批进城打工，只剩老人和小孩在家留守务农。甚至部分出类拔萃的人，富裕之后，举家迁移，不再回农村。据统计，截至2009年，四川省农村劳动力向城市转移人口大约2700万人到2800万人。① 由于外出打工现象十分普遍，农村劳动力流失严重，大量土地撂荒，村落衰败，逐渐出现"空心化"的特征。由于经济的衰败和物质的匮乏，加之留守的多是老人和小孩，使农村地区犯罪现象多发，随之而来的是农村环境的"脏、乱、差"，严重制约了农村地区的发展。

三 农民工游离于城市文明之外，没有归属感

这一时期，城市在大量使用农村地区丰富的劳动力、土地等资源的同时，未能真正打开城市大门拥抱和接纳农村人口。尽管川渝两地在法律上也出台了一些扶助政策，几经改革户籍制度。但事实上，进城务工的农民基本上都生活在城市的最边缘，无法融入城市生活中。用"半城市化"来形容川渝两地进城务工的农民比较贴切，其主要有以下特征：第一，就业非正规化。在城市务工的农民工，不管是在正规的单位、非正规的单位工作，他们的身份、工作状态都是属于非正规就业，干着城市里最苦最累的活，拿着比较微博的工资，也享受不到各种正规就业的福利，如"五险一金"等，甚至连自身的安全、尊严都无法得到保障。第二，居住边缘化。一般来说农民工都会选择居住在价格较低的城乡接合部、城中村、用人单位提供的集体宿舍。而前两者是城市生活中环境最差、垃圾最多、治安最乱的地方。第三，生活"孤岛化"。农民工生活比较单一，融入不到城市生活中，也没有太多的娱乐生活，每天基本生活状态就是工作、休息之后玩手机、打牌等。由于没有认同感、归属感，游离于城市文明之外，回农村又没有发展前途，农民工显得有点无所适从，找不到自己的方位。

---

① 杨明洪：《农村空心化比粮价上涨更可怕——四川农村空心化背景下的粮食安全战略选择》，《四川党的建设》（城市版）2010年第10期。

第六章

探索与创新：2004年以后川渝地区城乡关系的新变迁[①]

2004年以后中国城乡关系发生了历史性转折。2004年开始，中共中央对工农关系、城乡关系有了新的认识，时任中共中央总书记胡锦涛同志在中共十六届四中全会上提出了"两个趋向"的重要论断[②]，这是我们党在新的历史时期对工农关系、城乡关系在思想认识和政策取向上的进一步升华，此后国家逐步减免农业税，至2005年12月29日全国人大常委会决定：自2006年1月1日起废止1958年6月开始实行的《中华人民共和国农业税条例》，国家正式废止农业税，9亿农民彻底告别了缴纳农业税的历史；这也意味着中国农民缴纳了2000多年的"皇粮国税"的历史成为过去。中国工农关系、城乡关系进入了一个新的历史阶段。2007年6月成渝"全国统筹城乡综合配套改革试验区"正式确定，标志着川渝地区城乡关系开始了新的制度性变迁。

[①] 由于学科专业特点及书稿内容研究预设，本章内容所涉时间下限为2016年。

[②] 2004年9月，胡锦涛在党的十六届四中全会上，针对农业问题提出了"两个趋向"的重要论断：农业是安天下、稳民心的战略产业，必须始终抓紧抓好。纵观一些工业化国家发展的历程，在工业化初始阶段，农业支持工业、为工业提供积累是带有普遍性的趋向；但在工业化达到相当程度以后，工业"反哺"农业、城市支持农村，实现工业与农业、城市与农村协调发展，也是带有普遍性的趋向。"两个趋向"的重要论断，是我们党在新形势下对工农关系、城乡关系在思想认识和政策取向上的进一步升华。

第一节　城乡关系的新纪元：国家层面的重大政策转变
——扭转城市偏向，实施"反哺"政策

一　统筹城乡发展战略的提出

2002年11月党的十六大提出"统筹城乡经济社会发展，建设现代农业，发展农村经济，增加农民收入，是全面建设小康社会的重大任务"；2003年10月党的十六届三中全会通过《中共中央关于完善社会主义市场经济体制若干重大问题的决定》，进一步提出"五个统筹"发展战略①，其中，首当其冲的就是统筹城乡发展战略。统筹城乡发展，就是要更加重视农村发展，破解"三农"难题，坚定贯彻"工业'反哺'农业、城市支持农村"的方针，逐步缩小城乡差距，消除城乡二元状态，实现农村的全面发展；统筹城乡发展，就是要"以城带乡、以工促农"，推动城乡良性互动，实现农业和农村经济的可持续发展。这是中央根据当时中国经济社会发展实际，着力突破城乡二元结构，解决"三农"问题，全面建设小康社会所做出的重大战略决策。从此以后，全国解决"三农"问题的基本思路走上了统筹城乡发展、推进城乡一体化的道路上来。

二　农业税的取消

随着国家综合国力的不断提升和改革的日益深入，中央越来越重视城乡二元结构固化所带来的一系列深层次问题，不断深化改革以缩小城乡差距，积极探索并强力推进出台相关政策解决"三农"问题。在"两个趋向"思想的不断影响之下，减免农业税被提上了国家改革日程。2004年，国家开始减免农业税，2005年12月，国务院正式做出取消农业税的重大决定，从此，我国广大的农村人口不再承担繁重的农业

---

①　"五个统筹"发展战略：《中共中央关于完善社会主义市场经济体制若干重大问题的决定》提出的"统筹城乡发展、统筹区域发展、统筹经济社会发展、统筹人与自然和谐发展、统筹国内发展和对外开放"的发展战略，是新一届党中央领导集体对发展内涵、发展要义、发展本质的深化和创新，蕴含着全面发展、协调发展、均衡发展、可持续发展和人的全面发展的科学发展观。

税，全国 9 亿农民因此而受益。

取消农业税这一重大政策的出台，极大地调动了广大农村劳动者的积极性，有力地推动了农村农业发展和城乡差距的不断缩小，是在国家经济飞速发展、贫富差距有拉大趋势的社会大背景下所采取的必然措施。农业税的取消，让广大农村劳动者从沉重的农业税负下彻底解脱。自古以来，土地均为国家所有，百姓耕种土地缴纳农业税似乎是天经地义的。在国家昌盛之时，历代统治者体恤民情，有时会采取减少农业税的措施，以加强统治者在广大农民心里的地位，但是并没有任何一个统治者颁布过取消农业税的政策。党中央取消农业税这一举措是从古至今，国家和政府所做出的一个重要决定，是空前绝后的，对我国的改革，对城乡的和谐发展都将产生非常深远的影响。

农村人口是我国人口最重要的组成部分，该项政策惠及面之广前所未有，全国 13 亿人口中近 9 亿都能享受到该项政策所带来的福惠，收入的相对增加又会带动这 9 亿人的消费水平，市场也将因注入这 9 亿人的活力而更加的繁荣。在政策红利的不断释放下，农民生产积极性再次提高，城乡之间的心理差距和心理隔离大为减弱，广大农村居民的心理满足感和自信心油然而生；而农业与工业和服务业的对接，体现了工业支持农业，城市支持农村的"反哺"趋势。农业税的取消，成为我国推动城乡统筹发展、城乡一体化发展的重要契机。

第二节　四川省统筹城乡发展的探索与经验

四川省是全国最先探索城乡统筹发展的省份之一。2003 年 10 月，当中央提出统筹城乡发展战略后，作为西部农业大省的四川随即开始了统筹城乡发展的改革探索和实践，省会成都市率先而行，并取得一系列改革成效。2007 年 6 月，中央正式批准成都市为"全国统筹城乡综合配套改革试验区"，成都城乡统筹发展迎来新机遇。四川省政府也借此机会，从三个层次在全省大力推进城乡统筹发展：第一个层次是建设成都试验区；第二个层次是根据各地区的特点，选择了自贡、广元、德阳三个城市作为试点市，在全市范围进行统筹城乡试点；第三个层次是在除了成都市以及试点市之外的市州，有针对性地选择一个县作为试点县，在县域范围进行统筹城乡试点。① 汶川地震之后，为配合灾后重建工作，四川省提出以科技为支撑，不断推动城乡统筹发展，并且制定了《四川省统筹城乡发展科技行动纲要（2008—2020年）》和《四川省统筹城乡发展科技行动八大工程实施方案（2009—2010年）》，从技术、信息、人员、产业、园区等层面为统筹城乡发展带来科技支持。

2012年5月，四川省第十次党代会《科学发展 执政为民 为建设西部经济发展高地而奋斗的报告》指出"我们要坚定不移走统筹城乡发展之路，努力形成城乡一体化发展新格局"，提出要深入实施"两化"互动、统筹城乡发展战略②；并进一步明确了四川统筹城乡发展的科学要义。③

通过多年改革探索和实践，四川特别是以成都市为代表的统筹城乡发展试验区和试验点，逐渐打破城乡之间的壁垒，走向了城乡互动发展的道路。8000多万四川人民也享受到了城乡统筹发展所带来的利益。

一 成都市统筹城乡发展的探索与创新

成都市是四川省推进统筹城乡发展的先行区，也是国家统筹城乡发展的重点试验区。2003年10月，党的十六届三中全会后，成都市立即召开统筹城乡发展工作会，明确指出要逐步推进城乡一体化发展；并结合成都市的具体情况，制定相关政策措施和发展战略。2007年6月成都市被批准为"全国统筹城乡综合配套改革试验区"后，迎来了统筹城乡发展的新阶段。2008年5月12日，汶川特大地震之后，成都抓住灾后重建契机，进一步创新了体制机制，在统筹城乡发展方面创出一条极富自身特色的发展路径，成为全国学习的样板和典范。对成都市统筹城乡发展实践的梳理和经验总结，可以窥见这一时期四川省城乡统筹发展的探索与实践，也能发现这一时期四川省统筹城乡发展过程中所表现出来的诸多创新思想和创新举措。

---

① 蔡昉：《贯彻落实科学发展观统筹城乡发展》，《中国经贸导刊》2009年第2期。
② 刘奇葆：《科学发展 执政为民 为建设西部经济发展高地而奋斗——在中国共产党四川省第十次代表大会上的报告》，http://politics.scdaily.cn/szyw/content/2012-05/23/content_3740133_5.htm，2012年5月23日。
③ 徐明：《科学发展观视野下的四川统筹城乡发展研究》，硕士学位论文，西华大学，2015年。

第六章 | 探索与创新：2004年以后川渝地区城乡关系的新变迁

成都市在推进城乡统筹和城乡一体化发展的过程中，探索和实践了"三个集中""四大基础工程""六个一体化"等统筹城乡发展的一系列机制体制创新举措，在破解城乡二元分治体制、城乡共享城市文明、农村产权制度改革、户籍改革等方面取得较大进展，有力地促进了农业农村体制机制创新和各类要素向农业农村的聚集，推动了成都现代都市农业的发展，使之成为中国在加快缩小城乡差距、解决城乡不平衡进程中"大城市带小农村"的典型"样本"，为全国统筹城乡改革发展提供了经验[1]，成都统筹城乡发展的路径和举措也成为全国学习借鉴的"成都模式"。

（一）强力推进"三个集中"

"三个集中"是指"工业向集中发展区集中、农民向城镇和新型社区集中、土地向适度规模经营集中"。[2] "三个集中"是从根源上解决"三农"问题，统筹推进城乡发展的重要举措。工业向园区集中，有利于新型工业化的加快发展，并以此带动城镇化和服务业发展，为农民创造流入城镇的条件；农民向城镇和新型社区集中，有利于聚集人气、制造商机，带动产业和城镇进一步发展，同时也有利于土地的流转和规模经营；土地向规模经营集中，有利于农业生产方式的转变和现代农业的发展，有利于实现农民持续增收，为进一步推进工业集中和农村剩余劳动力转移奠定基础。"三个集中"是成都推进城乡统筹发展、促进城乡一体化的最根本举措，有效地推进了成都市各郊区县的"三化"[3]发展。

1. 工业向集中发展区集中

为努力把成都建成高新技术产业为先导、现代制造业为基础的新型工业基地，成都市政府出台了《关于加快推进新型工业化实现工业新跨越的意见》（成委发〔2004〕38号），旨在引导企业向工业集中发展区集聚，形成优势产业集群，集约利用土地。在这一精神指引下，成都市政府将布局结构不合理、集聚效应不强、主导产业特色不突出、基础

---

[1] 程又中、李睿：《城乡统筹发展试验：成都"样本"考察》，《华中师范大学学报》（人文社会科学版）2011年第1期。
[2] 马天帅：《破解"三农"难题的成都办法》，《成都日报》2010年6月5日。
[3] "三化"：新型工业化、新型城镇化和农业现代化。

设施配套不健全的116个工业开发区按照"'一区一主业'的定位和工业集群发展规律"进行资源整合,最终形成21个分布于各区(市)县的工业集中发展区(含成都高新区、成都经济技术开发区2个国家级开发区和19个工业集中发展区)。在推进工业向集中发展区集中的过程中,成都市各区县(市)政府坚持与因地制宜、集约用地、环境保护、提高经济效益和发展好群众利益等各方面统筹结合,及时出台一系列支持政策,不断创新服务,通过分类指导和示范引导来实现工业集中集约化的深化发展。据调查统计显示,2008年工业集中发展区入驻的企业已经达到1775户,工业增加值集中度高达68.2%。①

2. 农民向城镇和新型社区集中

在推动落实这一措施时,成都市坚持走新型城镇化道路,坚持以"依法有偿、因地制宜、稳步推进、农民自愿"为原则,科学规划建设城乡新型社区,加大对公共设施的投资,有序引导农民向城镇转移或因地制宜集中居住。2008年年底,全市共建成新居工程共1725.75万平方米(中心城区225.75万平方米,外围郊区1500万平方米),实现了24余万农民的集中居住,其中,中心城区1万余农民,外围区域约23万农民;建成新型农村社区(聚居点)830余万平方米,安置农民21万多人。② 在引导农村居民集中居住过程中,为缓解城乡劳动力供需矛盾,各区县(市)政府还通过各种培训等形式积极引导农村富余劳动力向集中居住区所在地的工业和服务业转移就业。2006—2015年,成都市共建成新型农村社区630余个,集中安置农村居民达到170万人。③

当然,在农民向城镇转移集中的过程中,由于农村社会结构的变化,以及种种制度因素,也存在如人户分离、人地分离、公共服务不足等大量问题。

---

① 《看成都如何统筹城乡发展——成都统筹城乡发展的探索与启示》,https://wenku.baidu.com/view/2c82ee1cfc4ffe473368abe9.html,2011年8月10日。
② 《看成都如何统筹城乡发展——成都统筹城乡发展的探索与启示》,https://wenku.baidu.com/view/2c82ee1cfc4ffe473368abe9.html,2011年8月10日。
③ 杨中华、杨成:《成都市新型农村社区党建工作调查》,http://cpc.people.com.cn/n/2015/0113/c389394-26377636.html,2015年1月13日。

3. 土地向适度规模经营集中

成都市在统筹城乡发展时，坚持以稳定农村家庭联产承包经营为基础，在国家政策和法律范围内，按照依法自愿有偿的原则，通过承租、入股等多种土地转移形式推进土地向农业龙头企业、农村集体经济组织、农民专业合作经济组织和种植大户集中，进而促进农业产业化、规模化和集约化发展。截至 2008 年年底，全市农用地已累计流转 303 万亩。① 早在 2007 年，就已联系带动农户 135.2 万户，吸引 615 家农业产业化龙头企业，建成 152 个农产品基地，成立了 1911 个农村专合组织。②

（二）大力开展"四大基础工程"

成都市统筹城乡发展中的"四大基础工程"，是指农村产权制度改革、农村新型基层治理机制建设、村级公共服务和社会管理改革、农村土地综合整治四大农村工作的创新举措。

1. 农村产权制度改革："确权"、"产改"与"还权赋能"

城乡统筹发展需要城乡一体化的市场基础支撑，因此，针对农村土地、房屋等产权制度的改革已经成为城乡发展的必然要求。从 2003 年开始，成都市就有意识地探索改革农村产权制度、解决农村土地要素流动、增加农民财产性收入的制度创新问题。成都市农村产权制度改革从一开始就表现出市场化、资本化、一体化等特征，其中市场化特征表现为农民的房屋、集体土地经营权、林权等可以流转交易；资本化特征表现为房屋、土地等产权可以像资本一样使用；一体化表现为城乡之间的各种生产要素可以无障碍流通。这些尝试和探索都是对当时的相关法律法规的一种大胆突破。2007 年 6 月，成都市被批准设立为国家级统筹城乡综合配套改革试验区后，成都市委、市政府随即出台了《关于推进统筹城乡综合配套改革试验区建设的意见》（成委发〔2007〕36 号）和《关于深化城乡统筹开拓现代农业新局面的意见（试行）》（成委发

---

① 《看成都如何统筹城乡发展——成都统筹城乡发展的探索与启示》，https：//wenku.baidu.com/view/2c82ee1cfc4ffe473368abe9.html，2011 年 8 月 10 日。

② 刘云、李竞立、周杰：《领异标新 风劲潮急》，《云南日报》2008 年 5 月 29 日。

〔2007〕37号），明确提出要积极推进农村集体土地的资本化运作。①2008年1月，《关于加强耕地保护进一步改革完善农村土地和房屋产权制度的意见（试行）》（成发〔2008〕1号）的出台成为成都市农村产权制度改革率先破冰的标志，成都市政府以"还权赋能"为核心的农村产权制度改革工作正式启动。截至2008年年底，全市共有222个乡镇开展了农村产权制度改革工作，涉及1700个行政村（含涉农社区）24247个村组（社）的122.49万农户，已完成产权确权颁证37.84万户。②

锦江区是成都市农村产权制度改革最早启动的区（县）。从2008年年初开始，该区就致力于推动农村产权改革。具体操作是根据确权颁证、土地整理、流转交易三个环节，按照"大统筹、大集中、大流转"的理念，在整个区整体统筹推进；除三圣乡"五朵金花"外，其余农户全都就近安置到新建的聚居点——新型社区；经过确权、登记、颁证后的集体建设用地和土地综合整理置换出来的集体建设用地指标，扣除用于农民新居部分，全部集中统一对外进行流转交易。

作为确权试点市县的都江堰市，在成都市2008年4月8日第一次召开的确权颁证活动上，其柳街镇一个村的一个组作为代表全部参与并顺利领到了相关确权证书，这些简称"四证两卡"的确权证书几乎涵盖了农村居民土地和房屋的所有权利。按照有关规定，持有"四证两卡"确权证书的农村居民，在保证不改变农村土地集体所有制和农村承包经营权的前提下，优先享有对土地的使用权和收益权等各种权利的处置，甚至在产权规定的有效期限内，还拥有对土地的支配权甚至可以抵押担保等。③ 2008年10月13日，成都农村产权交易所在成都高新区孵化园赢创动力园区隆重成立并揭牌，成为全国首个综合性农村产权交易市场。该平台为农民的土地承包经营权、林权和集体建设用地等农村

---

① 中共成都市委、成都市人民政府：《关于推进统筹城乡综合配套改革试验区建设的意见》，《四川改革》2007年第8期。
② 《看成都如何统筹城乡发展——成都统筹城乡发展的探索与启示》，https://wenku.baidu.com/view/2c82ee1cfc4ffe473368abe9.html，2011年8月10日。
③ 《农村产权制度改革成都破题：流转是核心，确权是基础》，《四川日报》2008年10月20日。

产权有序流转交易提供了极大便利。随后，各郊区县（市）相继成立了农村产权交易中心，交易范围扩展至涵盖土地承包经营权、农村房屋产权、林权、集体建设用地使用权、农业类知识产权、农村经济组织股权等的流转和交易，同时，还向农业产业化项目提供专业的投融资服务。通过几年的实践探索，2015年，成都农村产权交易所升级为省级产权交易中心，同时，四川省开始在全省建立覆盖全省、功能齐全、规范有序的农村产权流转交易市场。①

以"还权赋能"为核心的农村产权制度改革的突破，确保了各类生产要素能够在城乡之间自由流动，推动了农村的产权流转，加强了农村市场经济的基础，促进了农村市场化改革进程的进一步加快。同时，农村产权制度改革还对土地资源的分配和利用进行了优化，进一步提高了农村居民的收入水平，缩小了城乡二元收入差距，极大地促进了城乡的统筹发展。②

2. 农村新型基层治理机制建设

加强农村基层治理机制的建设和完善是统筹城乡发展、充分调动农村、农民积极性、创造性的一个极其重要的制度保障。成都市在建设农村新型基层治理方面，主要进行了这样一些探索：一是全面实行乡镇、村社（社区）党组织书记公推直选制度，同时，广开言路，建立基层事务公开制度；二是精简农村基层单位和管理队伍；三是完善农村基层治理结构；四是健全农村基层议事制度，努力改善基层党群、干群关系，搭建群众议大事、谈民事、说家事的平台；五是改革干部考核评价机制。③

3. 村级公共服务和社会管理改革

这是成都市继农村产权制度改革后实施的又一重大改革举措，其核心是推动城乡公共服务和社会管理一体化，重点是健全农村基本公共服务保障机制和农村基层治理机制。

---

① 《成都农村产权交易所将建成省级交易平台》，《四川日报》2015年6月19日。
② 《成都市改革农村产权制度"还权赋能"土地资本化》，http://district.ce.cn/zg/201102/14/t20110214_22212040.shtml，2011年2月14日。
③ 《看成都如何统筹城乡发展——成都统筹城乡发展的探索与启示》，https://wenku.baidu.com/view/2c82ee1cfc4ffe473368abe9.html，2011年8月10日。

2009年，成都市出台了《成都市公共服务和公共管理村级专项资金管理暂行办法》（成统筹〔2009〕59号），在全国率先将村级公共服务和社会管理经费纳入财政预算并建立增长机制。截至2014年年底，利用市县两级58.62亿元的财政专项资金共实施村级公共服务和社会管理项目12.38万个，农村基本公共服务水平得到明显的提升，基础设施建设也得到极大改善，村民生产生活方式和基层治理机制实现双重改善，城乡公共设施建设和服务水平进一步缩小，城乡社会一体化得到有效发展。[①]

通过几年的探索与实践，到2014年年底，村公改革取得显著成效：农村公共服务设施大为改善，村容村貌更加整洁优美，文化体育生活更加丰富多彩；群众民主意识极大增强，农村基层民主治理机制建设水平明显提升。广大农村群众共享了改革发展成果，城乡差距进一步得到消除。[②]

2015年年初，被称为成都市村公改革升级版的《进一步深化村级公共服务和社会管理改革的意见》（成办发〔2015〕2号）的出台，标志着成都市村公改革进入了一个新阶段。而村公资金监管和工程招投标监管成为市纪委2015年解决群众身边四风和腐败问题的两项重点监管事项。

4. 农村土地综合整治

从2004年开始的农村土地综合整治到2009年11月，成都市共投入88.3亿元，开展土地整理和城乡建设用地挂钩项目135个，累计整理土地面积125万亩，新增耕地19万亩，建成351个农村集中聚居点，

[①] 田莉：《成都市推进村级公共服务和社会管理改革的实践》，《成都发展改革研究》2016年第3期。参见田莉《成都市推进村级公共服务和社会管理改革的实践》，http://www.sc.cei.gov.cn/dir1009/223968.htm，2016年8月12日。

[②] 田莉：《成都市推进村级公共服务和社会管理改革的实践》，《成都发展改革研究》2016年第3期。参见田莉《成都市推进村级公共服务和社会管理改革的实践》，http://www.sc.cei.gov.cn/dir1009/223968.htm，2016年8月12日。

使47.7万农民的生活居住条件得以改善。[1][2] 在统筹城乡综合改革试验中，成都市农村土地综合整治的经验和做法得到国土资源部和省委、省政府及相关专家的肯定，并在全国范围内推广。

2009年11月，成都市政府提出"全域规划、全域设计、全面整治"行动，旨在通过5—6年在全市农村综合整治完成300万亩左右耕地和30万亩农村集中聚居点，涵盖约1000个行政村的500个整理项目[3]，以大力改变农村面貌方式补缺城乡发展"短板"，进一步深化统筹城乡发展实践，逐步实现城乡共同发展繁荣目标。成都市农村的土地综合整治，以彻底转变农民生产、生活方式为着眼点和落脚点，秉承"三个集中""四个性"[4]以及因地制宜等原则，充分尊重群众意愿，充分发挥市场在资源配置中的基础作用，已从单一追求耕地占补平衡逐步发展成为统筹城乡发展的重要平台和加快灾后农房重建的重要保障。

（三）全面落实"六个一体化"

所谓"六个一体化"，就是指城乡规划、城乡产业发展、城乡市场体制、城乡基础设施、城乡公共服务和城乡管理体制等的一体化[5]；它是城乡统筹发展、城乡一体化发展的最直观表现。

城乡规划的一体化，就是坚持城市和农村"一盘棋"考虑，坚持大中小城市和小城镇协调发展，合理规划布局城镇体系和农村空间；精心编制城市和农村的各专项规划，形成城乡统筹、相互衔接、全面覆盖的"全域成都"规划体系和监督执行体系，整体推进城乡现代化建设，构建各具自身鲜明特色、现代文明与历史文化交相辉映、和谐共融的新型现代城乡形态。

---

[1] 城乡建设用地增减挂钩：是指依据土地利用总体规划，将若干拟整理复垦为耕地的农村建设用地地块（拆旧地块）和拟用于城镇建设的地块（建新地块）等面积共同组成建新拆旧项目区（以下简称项目区），通过建新拆旧和土地整理复垦等措施，在保证项目区内各类土地面积平衡的基础上，最终实现建设用地总量不增加，耕地面积不减少，质量不降低，城乡用地布局更合理的目标。城乡建设用地增减挂钩是国家推出的支持社会主义新农村建设、促进城乡统筹发展、破解保护与保障"两难"困境的一项重要管理措施。

[2]《成都农村土地综合整治启动》，《中国国土资源报》2009年11月13日。

[3]《成都农村土地综合整治启动》，《中国国土资源报》2009年11月13日。

[4] 四性原则：发展性、多样性、相融性、共享性原则。

[5] 中共成都市委、成都市人民政府：《关于贯彻落实国务院批复精神 深入推进统筹城乡综合配套改革试验区建设的意见》（成委发〔2009〕20号），2009年。

城乡产业发展一体化，就是以统筹推进"三个集中"为根本方法，联动推进新型工业化、新型城镇化和农业现代化，促进城乡产业一体化。

城乡市场体制一体化，就是建立和完善城乡一体化经济社会运行机制，增强市场驱动力，提升市场的活力，这是统筹城乡发展的一个重要环节。其中最为重要的一个问题便是怎样合理地对城乡资源进行有效的配置以及怎样平衡利益分配。成都市主要采取了以下措施：一是实现农村建设投入社会化以及城乡资产市场化经营、农民耕地承包权资本化运作和农业产业企业化经营；二是通过农业农村投（融）资体制的全面深化改革建立多元化的"三农"投入机制；三是通过培育农业农村市场主体构建农村市场经济的微观基础。①

城乡基础设施的一体化，就是加快城乡重大基础设施建设的联通与对接，加大统筹推进城乡交通等基础设施的跨越式发展，协同推进能源、水利、环境等重大基础设施建设，构建功能完善、运行高效的现代化城乡技术设施体系，使农村环境和农民生活条件得到切实改善。

城乡公共服务的一体化，就是统筹推进城乡公共服务供给。在城乡基本公共服务均衡化、城乡居民共享改革发展成果方面，成都市主要采取了以下措施：一是统筹实施"成都教育八大措施"②，并率先在西部地区普及高中教育；二是推进农村地区基础医疗场所（含乡镇公立卫生院和行政村卫生站）的标准化建设，不断完善和提升农民工、低保人员惠民药店和医疗服务网点的辐射能力；三是大力推进农村文化事业建设，实现了广播电视"村村通"，信息网络"校校通"，建设了农村党支部活动中心、乡镇文化活动中心等文化设施（2008 年）。四是完善农村社会保障制度，截至 2008 年年末，成都市已基本实现了城乡社会

---

① 《看成都如何统筹城乡发展——成都统筹城乡发展的探索与启示》，https：//wenku.baidu.com/view/2c82ee1cfc4ffe473368abe9.html，2011 年 8 月 10 日。
② "成都教育八大措施"：包括"农村中小学标准化建设、帮困助学、农村中小学现代远程教育、农民教育与培训、教育强乡镇、农村教师素质提升、城乡学校结对子百万学生手拉手活动、稳步推进免费义务教育试点"等。

保险制度全覆盖,被劳动部列为中欧社会保险经办能力建设试点城市。①

城乡管理体制一体化,就是建立统筹城乡的大部门管理体制。成都市先后对规划、农业、水务、财政、交通、园林和林业等30多个部门的行政管理体制进行了改革调整,至2008年初步形成了统筹城乡发展的管理体制。②

通过"三个集中""四大基础工程""六个一体化"等统筹城乡发展的系列改革措施,成都市城乡经济长足发展,城乡差距进一步缩小,城乡一体化建设取得实质成效。2014年,全国城乡居民收入比是2.92∶1,这是自2002年以来全国城乡收入差距首次降至3倍以下;而成都市早在10年前就降至3倍以下,2014年城乡居民收入比更降至2.26∶1。③这些都直观而显性地反映了成都市城乡统筹发展一系列改革与创新实践的实际成效。

(四)"全域成都"的典范——"三圣花乡"

1. "全域成都"

2007年6月成都被批准为"全国统筹城乡综合配套改革试验区"后,旋即提出"全域成都"概念,主要包括:城乡规划的"全域覆盖"、城乡交通的"全域畅通"、城乡社会公共服务的"全域均衡"等。该提法主要是通过对区域概念的扩充将城市核心区与外围区县有效融合,从概念提法上消除城乡差异,将新型城乡一体化形态作为成都市城镇化的主要发展取向,让市场要素在全市城乡间无障碍流动,最终实现

---

① 中欧社会保障合作项目从2006年4月开始准备,并在当年9月在北京举行的第一次中欧社会保障高层圆桌会议上正式启动。本项目合作重点是加强中国社会保障经办能力建设。旨在支持中国向可持续的社会保障制度转轨,确保社会保障体制能够让所有中国公民都享受到社会保障待遇,又有经济承担能力。同时,和老欧盟成员国不同,由于新欧盟成员国也面临建立并完善社会保障体系课题,中国的经验反过来可供欧盟借鉴。因此,该项目的合作是双向、互惠的,是1998年劳动保障部成立以来资金规模最大、范围最广的国际合作项目。参见《中欧社会保障项目》,https://baike.baidu.com/item/%E4%B8%AD%E6%AC%A7%E7%A4%BE%E4%BC%9A%E4%BF%9D%E9%9A%9C%E5%90%88%E4%BD%9C%E9%A1%B9%E7%9B%AE/12574789,2018年6月1日。

② 《看成都如何统筹城乡发展——成都统筹城乡发展的探索与启示》,https://wenku.baidu.com/view/2c82ee1cfc4ffe473368abe9.html,2011年8月10日。

③ 《中国城乡居民收入比13年来首次缩小至3倍以下》,http://www.ce.cn/xwzx/gnsz/gdxw/201501/20/t20150120_4384230.shtml,2015年1月20日。

政府可调控资源在城乡全域内的统筹和针对性倾斜，从多角度和全方位增强城乡统筹发展的持续动力。①

"全域成都"建设中，城乡统一户籍、实现城乡居民自由迁徙是不得不突破的"关隘"。"居民"与"农民"是计划经济时代"二元化"户籍管理制度形成的两种身份差别。户籍限制让居住在农村的"农民"在教育、医疗、社保等方面都无法享有与城市居民同等的待遇。无疑，人口流动是"全域成都"发展的前提和基础。

成都市的户籍改革始于2003年，通过先后开展的5次户口政策调整，一步一步破除城乡二元壁垒，建立完善了城乡一元户籍制度：2003年，取消入城指标限制，推行条件准入制；2004年将"农业户口"和"非农业户口"具有明显城乡二元户籍登记制度更改为统一登记为"居民户口"；2006年率先推行本市农民租住统一规划修建的房屋可入户；2008年实行本市农民租住私人住房可入户，彻底打破由货币筑起的阻碍农民向城镇转移的壁垒②；2010年出台了《关于全域成都城乡统一户籍实现居民自由迁徙的意见》（成委发〔2010〕23号），彻底破除城乡二元户籍制度的壁垒。③ 在全域范围内户籍的自由迁徙成为成都市在统筹城乡综合配套改革试验过程中推进城乡一体化方面的创新突破。"城乡居民自由迁徙"、户籍改革"不以牺牲农民利益为代价"、"城乡居民统一享受教育、住房、社保等社会福利"三项措施是此次户籍制度体制机制改革的创新亮点。

截至2016年，"全域成都"已逐步形成"一城两带六走廊"的统筹城乡发展经济格局。"一城"即中心城区，"两带"即龙门山脉和龙泉山脉，"六走廊"即中心城区经华阳至正兴，中心城区经双流、新津到蒲江，中心城区经温江到邛崃，中心城区经郫县到都江堰，中心城区经新都、青白江到金堂，中心城区至龙泉。2016年5月，简阳市划归成都市代管后，成都确定了东拓战略，根据成都市新的规划，中心城区—简阳将形成一条以新型工业化、新型城镇化带动城乡统筹发展的"全

---

① 《全域成都以人为本的新型城镇化》，《西安日报》2017年3月21日第6版。
② 《全域成都以人为本的新型城镇化》，《西安日报》2017年3月21日第6版。
③ 《成都统一户籍2012年城乡居民自由迁徙》，《四川新闻网》，http://scnews.newssc.org/system/2010/11/17/012969606.shtml，2010年11月17日。

第六章 | 探索与创新：2004年以后川渝地区城乡关系的新变迁

域成都"第七经济走廊。

2."三圣花乡"

"三圣花乡"即成都市锦江区三圣乡。这里根据城乡统筹发展精神，按照景区标准，先后打造出"花乡农居""幸福梅林""江家菜地""荷塘月色""东篱菊园"五个主题景点，俗称"五朵金花"，因这里四季花开不断、蝶舞蜂飞，景区基础设施完备、文化氛围浓郁，故又被称为"三圣花乡"。"三圣花乡"地处成都市东郊，始建于2003年，在实践中探索出了一条专业化、规模化、品牌化的都市观光农业发展之路。2006年先后被评为"国家AAAA级旅游景区""首批全国农业旅游示范点""中国人居环境范例奖""国家文化产业示范基地"等。① "三圣花乡"是成都市突破城乡二元格局，打造"全域成都"，以城带乡、以工"哺农"的一个成功范例。其主要经验是：

（1）因地制宜，错位发展。锦江区政府和当地村民充分利用三圣乡紧邻大城市的区位优势和长期的花卉种植传统，按照城乡统筹、城乡一体化发展要求，因地制宜、错位发展②，成功打造出"五朵金花"，创造了一条农民就地实现"市民化"的途径。

（2）景观化打造，城市化建设。三圣乡"五朵金花"按照景区的标准进行规划，同时按照城市建设标准，配套完善了农村基础设施，不仅实现各项基础设施户户通；而且还采取"农户出资、政府补贴"的办法对农房实施了景观化改造，整个景区投入经济实效，仅约1.8亿元就建成了供全市居民休闲娱乐的开放式公园，搭建了一个农业增效、农民增收的好平台，并为后续管理成本找到了平衡点。

（3）文化筑魂，产业支撑。"五朵金花"在规划建设中，以文化为魂、以产业为本，通过挖掘文化提升产业品质，通过开展旅游带动农民致富，以产业支撑农业、以品牌塑造形象，推动了传统农业向休闲经

---

① 《成都统筹城乡发展的经验及启示》，https：//wenku.baidu.com/view/c3469e9a51e79b8968022636.html，2011年7月12日。

② "五朵金花"的错位发展："花乡农居"以发展小盆、鲜切花和旅游产业为主；"幸福梅林"围绕梅花文化和梅花产业链，发展旅游观光产业；"江家菜地"以认种的方式，把传统种植业变为体验式休闲产业，实现城乡互动；"东篱菊园"突出菊花的多种类和菊园的大规模，形成了"环境、人文、菊韵、花海"的交融；"荷塘月色"优美的田园风光，成为艺术创作、音乐创作的艺术村。

济、生态产业的转变。如利用幸福梅林的梅花规模和优势,开发系列旅游产品;将音乐、绘画艺术叠加于荷塘月色;重现江家菜地的农耕文化;让东篱菊园充满菊花韵味等;将单一传统的农业生产转变为文化体验活动,使文化产业与农业产业相得益彰。

(4) 市场运作,农民参与。锦江区在建设"五朵金花"过程中,坚持采用市场化手段,以市场机制进行资源配置。如通过引进花卉龙头企业,吸引民间资金2亿元,政府以极少的投入就打造出一个开放式休闲绿地;各村集体在土地整理的基础上,将归属于集体的土地、堰塘、荒坡等出租,利用回笼的资金进一步维护和提升景区等。[1] 同时,积极鼓励农户利用改造后的农房,采取自主经营、合作联营、出租经营等方式,开办农家乐,推出休闲观光、赏花品果、农事体验等多种形式的旅游休闲项目,有力地促进了农业增效、农民增收。

(五) 成都市灾后农村重建的制度创新

灾后重建工作中,成都市委、市政府在中央指示下,努力探索用统筹城乡发展的思路和办法推进灾后重建,取得了良好的效果和重要的经验。

1. 成都市农村灾后恢复重建面临的主要困难

2008年"5·12"汶川地震所造成的破坏程度是无法估量的。位于成都市龙门山沿线附近的40多个乡镇、524个乡村受到了不同程度的破坏,对当地造成了极其严重的影响,整个成都市因为这场特大型地震而受到波及的人数多达100万,房屋倒塌数量更是不计其数,粗略估计有28万户左右,其中80%主要分布于偏远的农村以及一些小城镇等地方。之后的重建工作,同样也是困难重重。主要表现在以下几方面:一是关于如何筹集灾后重建工作所需的大量资金的问题以及重建项目的部署问题。二是关于如何做好灾后老百姓的就业问题。三是如何将市委

---

[1] 《成都统筹城乡发展的经验及启示》,https://wenku.baidu.com/view/c3469e9a51e79b8968022636.html,2011年7月12日。

市政府所下达的关于做好灾后重建的工作深入贯彻落实好的问题。①

2. 成都市灾后农村恢复重建的主要原则与总体目标

成都市把灾后重建当作一次统筹城乡发展的重要实践,以统筹城乡推进科学重建,以科学重建提升城乡统筹水平。①主要原则:一是坚持灾后重建与试验区建设相结合,家园重建与经济社会发展相结合,政府推动与群众自救、市场运作、社会参与相结合,统规自建、统规统建与货币安置相结合;二是坚持安置点重建规划秉承"发展性、多样性、相融性、共享性"四性原则②;三是坚持因地制宜、灵活机动原则,宜居则居,宜散则散。②总体目标:"把灾区农村建成基础设施和公共服务设施配套完善、居住与产业发展相适应、人与自然和谐相融、传统文化和地方风貌特色鲜明的城镇和农村新型社区。"③

3. 灾后农村恢复重建中的政策制度创新

"5·12"汶川特大地震重建伊始,成都市委、市政府就先后出台了《关于加快灾后城乡住房重建工作的实施意见》(成委发〔2008〕27号)、《关于坚持统筹城乡发展加快灾后农村住房重建的意见》(成府发〔2008〕46号)、《关于促进房地产业恢复发展扶持居民安居置业的意见》(成办发〔2008〕50号)等一系列文件,明确了灾后农村恢复重建的主要原则和总体目标,提出了有关农村房屋重建的六种基本方式、具体信贷与土地优惠政策以及一些相关补助的要求与条件等事项,全面安排和部署灾后农房及相关配套设施的重建。根据系列文件精神,成都市委市政府在灾后农村恢复重建中,主要的政策制度创新体现在以下几方面:

一是科学合理利用相关政策,解决农村重建中的资金短缺问题。主

---

① 回良玉:《国务院关于四川汶川特大地震抗震救灾及灾后恢复重建工作情况的报告》,《中华人民共和国全国人民代表大会常务委员会公报》2008年第5期。参见《国务院关于四川汶川特大地震抗震救灾及灾后恢复重建工作情况的报告》,http://www.npc.gov.cn/huiyi/cwh/1103/2008-12/24/content_1866838.htm,2008年12月24日。

② 《发展性 多样性 相融性 共享性——从彭州市鹿坪村灾后重建看城乡统筹与新农村建设》,https://wenku.baidu.com/view/f643660a76c66137ee0619b0.html,2012年3月13日。

③ 成都市人民政府:《关于坚持统筹城乡发展加快灾后农村住房重建的意见(成府发〔2008〕46号)》,http://gk.chengdu.gov.cn/govInfoPub/detail.action?id=164182&tn=2,2008年7月5日。

要举措是通过对"拆院并院""建设用地增减挂钩"等政策措施的科学合理以及充分利用,解决农村重建中的资金不足等问题。特别是"拆院并院",成为成都市灾区促进灾后重建的特色、亮点,也成为成都市推进城乡一体化建设的重要措施。

根据节省用地的原则,成都市将重建过程中通过"拆院并院"、土地整理、"建设用地增减挂钩"等腾出的农村集体建设用地,与市域范围内的城镇建设挂钩使用,将所得极差地租收益,用于补贴农村房屋重建。对于以市场方式推进增减挂钩比较困难的县(市),由成都市土地储备中心根据一定标准将腾出的农村集体建设用地统一收购储备,用于支持农村住房重建。通过"拆院并院"、土地整理、城乡建设用地增减挂钩等政策措施的创新,成都市筹集了大量资金,强力支持了农村灾后重建。如都江堰市峨乡棋盘村利用上述途径获取6000余万元支持农村灾后安置点的住房建设。[①]

"拆院并院"、土地整理、城乡"建设用地增减挂钩"等政策的作用是显而易见的:一是在减少集体建设用地总量的同时,增加了耕地总量;二是解决了灾后重建最为棘手的资金不足问题;三是农村的田、水、路、林等基础设施统一规划、综合整治,极大地改善了农村基础设施,为农业的规模化经营创造了条件,也为增加村民就业和收入提供了机会;四是可以使村民生活所需要的一些基础设施需求得到统一的安排与配套,可以更好地改善灾后村民的居住环境与生活条件。

二是进一步推进农村产权制度改革,助力灾后重建。为促进灾后农村重建,成都市政府优先在灾区开展集体土地的依法确权、颁证试点,赋予农村集体土地资本属性。市委、市政府也先后出台政策,规定依法所得"腾出"的集体建设用地,在保证建设用地总量不增加、耕地面积总量不减少的情况下,可进行流转,用于工业和服务业等。通过此举,不仅大力促进了农村灾后重建,而且也进一步解放和发展了农村生产力,推动了城乡一体化的发展。

三是充分尊重村民意愿,充分发挥村民自治作用。在灾后农村的恢

---

① 《"拆院并院"获得重建资金的典型——向峨乡棋村》,《四川党的建设》(农村版) 2010年第6期。

复重建中，成都市政府坚持发挥村民主体作用，充分尊重村民意愿。特别是在进行灾后房屋的重建时，更是充分尊重灾民选择，充分发挥村民自治的作用。其中比较典型的是都江堰市。该市规定在房屋重建中，可以通过引入社会资金来进行统规自建，不过项目获批则需要由集体经济组织 2/3 以上的村民投票通过。被引进的社会资金需要提供相应的资信证明，并由农村集体经济组织和社会资金法定投资人共同达成一致协议，项目才能被最终确立下来。

通过以上政策措施和制度的创新，成都市比较好地解决了灾后农村恢复重建工作中所面临的重重问题，并在统筹城乡发展，促进城乡一体化方面取得了显著成绩，一个个基础设施完备、建筑富有川西民居特色、环境优美、百姓安乐的新村聚居点的拔地而起，便是最好的注脚。

自 2003 年以来，成都市在推进统筹城乡发展和城乡一体化建设过程中的各种生动实践，取得了巨大成效：一是"三农"问题积极向好，取得突破性成绩。以农业产业化经营为核心、以新型农村集体经济为着力点的现代农业发展机制基本形成，农村收入结构发生变化，土地租金、住房租金、股金、就业等多元收入已取代过去的单一种粮收入。2008 年成都全市农民人均纯收入比 2003 年增长了 77.3%，达到 6481元。[①] 二是城乡良性互动、协调发展的格局基本形成。"三个集中"的统筹推进，新型工业化、新型城镇化和农业现代化的联动发展，以工促农、以城带乡的体制机制和政策体系的完善，促使了城乡之间的良性互动、和谐共生。三是强力助推了灾后农村的恢复重建。成都市先行一步的农村产权制度改革，使灾区干部群众创造性地找到了一条运用市场化机制多渠道突破资金"瓶颈"、解决灾后重建资金不足问题的有效途径。如引入社会资金参与集体建设用地联建；农村土地、房屋等产权的确权颁证及灾后抵押担保贷款等。农村产权制度改革与灾后重建的有机结合，保障了灾后重建资金需求，同时也为深入推进农村市场化改革提供了重要契机，对成都市和四川省深入推进城乡统筹发展具有重要意义。

---

① 《看成都如何统筹城乡发展——成都统筹城乡发展的探索与启示》，https://wenku.baidu.com/view/2c82ee1cfc4ffe473368abe9.html，2011 年 8 月 10 日。

二 四川其余地市的城乡统筹改革与实践

2007年6月7日,国务院正式批准成都为"全国统筹城乡综合配套改革试验区"。四川省以此为契机,从三个梯度积极探索城乡统筹发展的路径和模式。首先是以"全域成都"为理念,深入推进成都市城乡统筹和城乡一体化改革。其次是选择自贡、德阳、广元三个不同区域条件的城市,进行省内改革试点,探索不同区域不同特点条件下地级城市统筹城乡发展路径。最后是在全省除"三州"外的非试点城市开展县域统筹城乡改革试点。[①]

随着成都市城乡统筹发展的不断深入和四川各试点市县城乡统筹改革的启动和推进,积累了大量的发展经验,取得明显成效,全省各地随之也大力推进统筹城乡发展工作。以下分别以一个试点市和一个非试点市为例,以窥斑见豹,了解和把握这一时期四川除成都之外其余地市的城乡统筹发展情况。

(一)自贡市"双向互动"的城乡统筹模式

自贡市是一个因盐设市的资源型老工业城市,计划体制的烙印较深,思想观念较为保守,在改革开放以后的经济发展大潮中,对市场经济体制的适应还不够好,经济转型升级滞后,经济结构不合理,效益不好,城乡差距较大,城乡二元结构特征较为典型,历史遗留下来的问题较多。但是自贡市工业基础相对较好,科技教育相对较先进,这些也为统筹城乡发展奠定了较好的基础。自贡市在开展统筹城乡发展时,根据自身市情和优劣势,选择了城乡"双向互动"发展的统筹城乡发展路径。

所谓"双向互动",就是在统筹城乡发展的理念下,不断加大基础建设力度,提升产业关联度,促进城乡生产要素自由流动,强化城镇的集聚辐射功能,从而提高工业"反哺"农业、城市支持农村的能力,构建有利于城乡联动、产业互动的体制机制,走以城带乡、以乡促城的发展之路。基于自贡市情和统筹城乡发展的要求,自贡市发布了《自贡市统筹城乡综合配套改革试点总体方案》(自府〔2008〕41号),确立了城镇建设、产业发展、环境构建、要素流动"四大工程"为城乡

---

① 四川省发展改革委:《深入推进统筹城乡梯度改革试点》,《中国经贸导刊》2013年第19期。

第六章 探索与创新：2004年以后川渝地区城乡关系的新变迁

统筹、"双向互动"发展的抓手：

1. 加快城镇体系建设，增强城镇辐射能力

2008年，自贡市确立了"一圈一带两片区"的空间布局，规划建设一个以一个大城市为中心、以两个中等城市和9个中心城镇为支撑、外加一批小城镇的城镇体系。"一圈"是核心区，目标是建设一个能够容纳百万人口的区域性中心城市；"一圈"内要不断加快旧城改造，使区域内农村逐渐发展成为城市社区。"两片"是富顺县和荣县，其县城要建成规模20万人以上中等城市，并不断增强其产业带动力和影响力，提高其对县域经济的辐射作用。九个中心城镇是推动农村城镇化的重点，是农村人口走向城镇，公共服务延伸于农村的桥梁。[①]

2. 实施产业发展工程，引导三次产业协调发展

自贡市的工业基础比较雄厚，拥有对农业反哺的能力。自2008年起，自贡实施产业发展工程，以特色农业推动工业结构调整，以新型工业化带动农业产业化，以现代服务业促进三次产业融合。具体做法：一是坚定不移地走新型工业化道路。着力改造升级传统产业，加大培育特色农产品加工业。二是高度重视现代农业发展。自贡市在统筹城乡发展和深化产业结构改革的过程中，以发展现代化农业为指导理念，大力推进传统农业向现代农业的转型升级。三是大力发展第三产业。借助自贡市的特色资源，着力培育以"盐、龙、灯"为特色资源的特色服务品牌，将广大农村的剩余劳动力转移出来，提高边际效益，实现农民增收。

3. 完善城乡基础设施网络，构建市域内外交通体系

基础设施关乎民生，是经济社会发展的基础。交通、能源、通信等基础设施的一体化，是城乡一体化发展的重要方面。2008年起，自贡市根据自身经济社会发展和市域交通状况，开始构建市域交通体系，加大以交通、能源、通信等为重点的城乡基础设施建设和改造力度，不断完善城乡路网，推动城乡之间形成相互衔接的联动载体，打造市域"半小时经济圈"；同时，积极融入四川省西部综合交通枢纽体系建设，

---

① 徐怀东：《统筹城乡改革发展的路径选择——以四川省自贡市为例》，《新西部》2010年第14期。

与川南四市联手打造川南"一小时经济圈"等,解决对外畅联的问题。市域内外特别是市域内的交通体系建设,极大地拉近了城乡之间的距离,促进了城乡基础设施的一体化发展。

4. 实施资源整合工程,促进城乡之间要素的进一步流动

统筹城乡发展的目的就在于消解城乡二元分割的体制机制,促进城乡之间资源、要素的自由、平等交流,开创出城乡一体化发展的新景象。城与乡,各有其优势的资源,通过有效的整合,能更好地促进彼此的发展。自2008年以来,自贡市大力实施"转移人口进城,公共服务下乡,城乡要素交流"的城乡资源互动、整合工程,充分发挥政策和市场的作用,促进各类资源要素在城乡之间自由、高效流动。一方面,鼓励农村富余劳动力进城务工,解决城市发展所需人力;另一方面,通过以城镇基础设施的完善来带动农村基础设施的建设。以城带乡,以乡促城,从而实现城乡的共荣共赢。城乡资源和要素的整合,扩大了就业,缩小了城乡之间的差距,促进了城乡之间的和谐发展,有力推动了自贡市的城乡统筹发展。

(二) 达州市的"农业偏向"改革

达州市虽然整个市域未被列为四川省级试点城市,但在各试点市县城乡统筹大力发展的基础上,市委市政府也积极探索和推动本地城乡统筹发展。达州市充分结合本地区农业大市的实情,大力发展现代农业,形成了以农村农业为主的带有明显"农业偏向"的统筹城乡发展模式,推动了本地区城乡经济社会的较快发展,优化了地区经济结构,极大地推动了达州市城乡统筹发展。其"农业偏向"改革主要集中于以下几方面。

1. 农村产权制度改革

一是大力开展集体林权制度改革。为贯彻落实《四川省人民政府关于推进我省集体林权制度改革的意见》(川府发〔2007〕25号),达州市2007年制定了达州市集体林权制度改革实施方案。至2012年完成集体林权制度确权颁证主体改革任务。[1] 二是土地承包经营权确权登记

---

[1] 魏坤:《达州市深化集体林权改革"红利"逐步显现》,http://dz.newssc.org/system/20150820/001720778.html,2015年8月20日。

颁证工作。2013年，达州市政府颁发《达州市农村土地承包经营权确权登记工作方案的通知》（达市府办函〔2013〕153号），全面启动农村土地承包经营权确权登记颁证工作。于2016年12月圆满完成了农村土地承包经营权确权登记工作，涉及全市150多万农户、覆盖面积达600多万亩。① 三是小型水利工程产权制度改革。为进一步明晰农村小型水利工程所有权和使用权，确保其安全运行和效益充分发挥，2014年市政府下发《关于深化农村小型水利工程产权制度改革的实施意见》，要求各地各部门以明确水利工程产权为核心，以保障农民合法权益为出发点，确保工程安全运行，积极推进小型水利工程产权改革②，盘活存量，优化组合，充分调动广大农民群众及社会各界参与小型水利工程建设和管理的积极性，切实发挥好小型水利工程综合效益，提高农业综合生产能力，促进全市农村经济持续稳定发展③；当年，全市小型水利产权制度改革就100%完成，全市共组建基层水利站68个，共核定财政全额拨款事业编制503个。④

2. 农业经营模式改革

一是积极培育和发展龙头企业、专业合作社、家庭农场等新型农业经营主体。至2014年，全市已有101家市级以上农业产业化重点龙头企业、2396家农民专业合作社、1098家各类家庭农场。二是建立健全利益联结机制，激发农业产业经营活力。龙头企业和专业合作社出资购买种畜禽和种苗，并将其交由农户养殖、种植，待成熟期再由龙头企业和专业合作社统一出资收购。农户实现了"零首付"生产，同时效益利益还得到了保障，因而生产热情大大激发，涌现达川区月亮湾家庭农场模式⑤、渠县大山柑橘"五统一"模式、开江县堃鑫借菌还菌模式、

---

① 达州市农业局：《达州市农村土地确权工作顺利通过验收》，http：//www. scagri. gov. cn/ywdt/szlb/201701/t20170124_ 500884. html，2017年1月24日。
② 小型水利工程产权：包括建设权、出让资产权、转换经营权。
③ 《我市深化农村小型水利工程产权制度改革》，http：//www. dzrbs. com/html/2014 - 11/17/content_ 56697. htm，2014年11月17日。
④ 刘迪：《达州市深化城乡一体化改革专题研究报告》，http：//www. dzngw. gov. cn/Article/ShowArticle. asp？ArticleID = 345，2014年5月11日。
⑤ 《蒋启芬和她的"月亮湾家庭农场"》，http：//www. dzrbs. com/html/2015 - 03/10/content_ 87940. htm，2015年3月10日。

大竹县东柳醪糟保护价模式等一批典型。[1]

3. 城镇化及新农村建设

一是大力推进城镇化建设，城镇化率显著提高。截至2014年，达州市中心城区建成面积达68平方公里，常住人口82.5人万，全市城镇人口达到267万人以上，城镇化率39.4%[2]（其实，至2014年达州户籍人口虽然有688万人之众，但常住人口只有553万人，另100多万人口多为常年在外打工人员，所以，达州市实际城市化率远高于统计数据），在同类地区中排名靠前。二是成片推进新农村建设，引导公共服务向农村延伸。截至2013年年底，全市建成省级新农村示范片3个，市级1个，县级7个，建成新村聚居点549个（含新农村综合体）。[3]同时，联动推进农村土地、社保、医疗等公共服务配套改革，到2014年，全市共建有231个"1+6"村级公共服务活动中心，开展了17.25万人次的新型农民培训，有力地促进了广大农村地区经济社会的发展。

4. 社会保障制度改革

一是增强技能培训，拓展农民就业空间和增收渠道。至2013年全市累计培训农村富余劳动力120万人次，常年转移农村劳动力180万人。二是加强农村教育文化建设。到2013年，全面实现全市城乡免费义务教育，缓解了农村教育资源不均衡的矛盾；建成乡镇综合文化站312个、村文化活动室1898个、农家书屋2372个。[4] 三是持续推进医疗卫生保障体制机制改革。2008—2011年，建设医疗卫生项目131个，提供城乡居民免费基本公共卫生服务11项，全面完成3年医改目标，新型农村合作医疗参合率达99.83%[5]，农村居民医疗保障实现全覆盖。四是全面推进农村社会养老保障体系改革。农村社会低保面不断扩大，

---

[1] 刘迪：《达州市深化城乡一体化改革专题研究报告》，http://www.dzngw.gov.cn/Article/ShowArticle.asp? ArticleID=345，2014年5月11日。

[2] 《达州市2014年国民经济和社会发展统计公报》，https://wenku.baidu.com/view/77935467a8114431b80dd818.html，2015年4月9日。

[3] 薛宗保：《基于深化改革的城乡一体化建设研究——以四川达州为例》，《安徽农业科学》2014年第31期。

[4] 刘迪：《达州市深化城乡一体化改革专题研究报告》，http://www.dzngw.gov.cn/Article/ShowArticle.asp? ArticleID=345，2014年5月11日。

[5] 《三年医改三个100%达州全民医疗保障迈出新步伐》，《达州日报》2011年12月22日。

受益群众不断增多,社会保障体系逐步完善。五是大力实施精准扶贫工程。2016年,达州市实施"六个一批"攻坚计划和"10+N"专项行动,强力推进脱贫攻坚工作。2015年至2016年10月,为返乡农民发放创业担保贷款7亿元。2016年,全市签约工商资本助推脱贫攻坚项目21个,投资总额达185.2亿元。① 2016年全年149个贫困村实现退出,12.77万人实现脱贫。②

5. 农村金融改革

达州市在加快推进统筹城乡发展过程中,为解决"三农"发展资金问题,着力进行农村金融改革,大力培育和发展新型农村金融机构,不断扩大农村资金互助社试点范围和农村小额贷款覆盖面,多渠道解决"三农"融资难问题。截至2014年,全市各金融机构创新信贷产品达11种,发放贷款余额达207367万元,贷款户数达61690户。③

不过从实际情况来看,不论达州也好、自贡也罢,抑或是别的成都之外的市州,随着国家整体宏观经济的持续向好发展,城乡之间的经济也随着城乡统筹发展改革的推进日益向好发展,但城乡差异在新的内涵下依然十分明显,城乡收入的差异在21世纪很长一段时间是呈逐年扩大趋势的,即使时至2018年,四川省的脱贫攻坚任务依然十分严重。

三 新型农业经营体系的兴起

新型农业经营体系的概念源于中央文件。党的十八大报告明确提出构建"集约化、专业化、组织化、社会化相结合的新型农业经营体系"是发展现代农业的重要突破口。关于新型农业经营体系的内涵,学者邵运川认为,"新型"是相对于传统而言的,是对现有经营模式的优化和创新;"农业经营"是指农产品生产过程中前后各个环节所进行的所有活动总和;"体系"则包括了整体和内部的秩序与联系机制;所以,新型农业经营体系,既包括新型农业经营中的主体,也包括农村基本经营

---

① 《达州市2016年脱贫攻坚工作综述》,《达州日报》2016年10月19日。
② 《达州市2017年将确保实现15.2万贫困人口脱贫》,http://dz.newssc.org/system/20170224/002117765.html,2017年2月24日。
③ 薛宗保:《基于深化改革的城乡一体化建设研究——以四川达州为例》,《安徽农业科学》2014年第31期。

制度，以及农产品生产过程中的内部联系。① 学者刘勇认为，新型农业经营体系，其实质是积极培育和扶持新型农业经营主体，探索建立一种既能保证家庭经营在农业经营中的主体地位，又能使家庭经营通过一定的组织和渠道融入现代农业发展的体制机制，最终实现农业经营的集约化、专业化、组织化和社会化。②

新型农业经营体系主要是为解决小农户和大市场的对接问题，其组织结构包括公司模式、农民专业合作社模式、股份合作制农业企业模式等；这一体系在家庭承包经营制度长期不变的情况下，有效克服了农户分散经营的局限性，使农户能通过新型农业经营主体与市场接轨，走上专业化、商品化、现代化的农业发展路径，实现增产和增收；其对统筹城乡发展的直接推动作用是显而易见和巨大的。

为促进新型农业经营主体的发展，四川省采取了一系列鼓励和扶持措施，主要有：深化产权改革，鼓励农村土地流转，支持农民以土地入股兴办合作社；通过政策优惠倾斜支持开展示范社建设；鼓励组建家庭农场；扶持重点农业龙头企业；加强农民技能培训，推动农民向新型职业农民转变；增强金融支持力度，对涉农项目给予财政、信贷和政策性保险等方面的扶持。

在多方政策支持下，到2016年，四川省农民专业合作社发展到74048家，家庭农场33890家，土地流转率达到33.8%，新型农业经营主体的培育和发展取得显著效果。四川新型农业经营体系的发展主要有以下一些典型模式：③

（一）"公司出资经营+农户土地入股"的农业产业化发展模式

以位于四川省安岳县文化镇的安岳宝森农林专业合作社为例。该社是以"公司出资+农户土地入股"的形式组建的农民专业合作社，建有现代科技农业产业园，以发展生态旅游、现代康养、优质瓜果采摘、

---

① 邵运川：《新型农业经营体系的政策导向及构建研究》，《农业经济》2014年第11期。
② 刘勇：《构建新型农业经营体系的现实困境与路径选择》，《内蒙古农业大学学报》（社会科学版）2014年第3期。
③ 陈训波、朱文：《农业供给侧改革下的新型农业经营主体发展研究——基于四川的调查分析》，《农村经济》2017年第8期。

第六章 探索与创新：2004 年以后川渝地区城乡关系的新变迁

名贵中药材栽培等项目为主。利用土地约 10000 亩，总投入 10 亿元左右，拟五年时间建成。项目自 2012 年 10 月动工以来，以公司出钱为主，为当地农民修建了 86 栋特色民居；同时，农民还通过土地流转租金、园区务工和合作社分红等方式进一步得到实惠。项目建成后，可以带动 2000 余户周边农户、7 万多农村人口，农户人均纯收入可达 8500 元。[1]

（二）"专合社 + 农户 + 基地 + 市场"的产业化联结发展模式

以成都市金堂县官仓果蔬专业合作社为例。该专合社是基于金堂县官仓综合（果蔬）市场而成立的一家农民专业合作社，主营蔬菜的产供销。官仓果蔬专合社实行的是"合作社 + 农户 + 基地 + 市场"的产业化联结模式，对社员实行"五统一"；[2] 社员按专合社要求进行生产，专合社对社员的农产品按保护价收购。到 2013 年，专合社已发展 1600 多户会员，带动 3200 余农户，年销售 5 万吨以上农产品，会员人均纯收入可达 1.5 万元以上。专合社投资兴建的官仓综合（果蔬）市场，是成都市 17 个重点二级批发市场中唯一的产地批发市场，年交易额 4 亿元以上，交易量 18 万吨以上。[3] 专合社还将"官仓"牌创建成了成都市著名商标。同时，专合社制定了标准化生产"一卡通"，记录从种植—生产管理—销售的各环节情况，确保农产品生产质量；专合社还加入了农产品质量追溯系统，2014 年获大豆、玉米（鲜食）绿色食品认证，2015 年取得良好农业规范认证，2016 年，被评为国家级农民合作社示范社。[4] 专合社的效益和带动作用是显著的。

（三）"专合社 + 政府 + 农户"的特色农产品发展模式

以成都市金堂县又新镇的农鑫养殖专业合作社最具有代表性。专合社主要从事金堂特色农产品——黑山羊的标准化养殖。黑山羊具有较高的商业价值，而金堂县自然资源丰富，对于黑山羊的养殖有着天然的优

---

[1] 《"燕桥模式"田野里的新风景——安岳探索打造农村经济社会融合发展新路径》，《资阳日报》2017 年 6 月 8 日。

[2] 统一供种供苗、统一农资供应、统一防疫防病、统一技术指导、统一销售服务。

[3] 《激情创佳 绩苦干铸辉煌——访金堂县朝晖农业发展有限公司董事长陈晓辉》，《四川科技报》2013 年 11 月 20 日第 8 版。

[4] 《我县再添国字号成都市金堂县官仓果蔬专业合作社被评为"2016 年国家农民合作社示范社"》，http://www.jintang.gov.cn/news/detail.jsp?ID=142569，2017 年 3 月 30 日。

势。该专合社采用"专合社+政府+农户"的农业产业联结模式,针对社员的投入困难,政府推出了"借羊还羊"的发展模式,由当地政府和企业共同出资购买种羊,专合社负责管理,农户从专合社借羊回家养殖,一年后归还专合社相同质量和数量的羊即可。通过这种方式,社员养殖积极性提高,规模不断扩大,截至2015年5月,专合社已有社员151户,年出栏黑山羊1万只以上,带动养殖户年均增收5000元以上。[①] 这种方式也为其他地区的农村精准扶贫提供了宝贵的经验。

(四)种养一体化的循环农业发展模式

以金堂县广兴镇牧耕梨禾园家庭农场为例。该家庭农场成立于2013年,是一家种养一体化的家庭农场,主要从事果蔬粮油等无公害农产品种植、标准化养殖生猪养殖和鱼苗养殖。农场在环境保护和农产品种养方面表现突出,2016年被四川省农业厅评为省级示范家庭农场。农场成立以来,为解决生猪养殖污染较大的问题,坚持"种养循环、盘活资源、场户共赢"的理念,将生猪养殖和种植业、农村家用沼气结合起来,实现资源的充分利用,并有效降低种养成本。农场对周边农民的带动作用也是明显的,通过聘请农民打工、为农户免费安装沼气设施等,每年能为每户农民增加4000多元的净收入[②];此外,农场还为周边农户提供农产品种养技术指导和产品销售服务等。

总的来说,2004年以来,至2016年,四川省在成都"全国统筹城乡综合配套改革试验区"的探索和实践带动下,通过分类分层开展国家、省和市三级统筹城乡综合配套改革试点,并以此为基础,在全省推进统筹城乡发展,成效显著:农民收入持续增长,城乡收入差距持续缩小,全省农民人均纯收入由2007年的3547元增至2012年的7001元,增长97.38%,城乡居民收入比由2007年的3.13∶1缩小为2012年的2.90∶1[③],比全国早3年以上下降至3倍以下(如前文所述)。四川省各市州的统

---

① 《"以羊还羊"零风险养殖模式》,http://www.ppxmw.com/ShowNews30632.html,2015年4月29日。
② 陈训波、朱文:《农业供给侧改革下的新型农业经营主体发展研究——基于四川的调查分析》,《农村经济》2017年第8期。
③ 《四川:统筹城乡,试点先行》,人民网,http://npc.people.com.cn/n/2013/0711/c14576-22160126.html,2013年7月11日。

筹城乡发展实践，推动了四川城乡经济的快速发展，进一步消除了城乡之间的各种壁垒，特别是在省会成都市，城乡从基础设施到公共服务全方位一体化的局面基本形成。当然，由于四川各市州发展得极不平衡、不充分，地区差异极大，城乡差异的形态和特征也呈现出极大的差异性。这一时期，一些纳入新农村建设示范片或新村建设示范点建设的区域，或者一些因城市扩张、区位因素影响突出的近郊农村地区，已基本与城市一体化，有些地方在2018年甚而优越于城市普通居民的生活及环境；而一些偏远农村特别是地域广阔的三州广大农村，城乡之间的差异因对比的出现，表现更为鲜明。对拥有广阔农村的四川而言，时至2018年，城乡一体、乡村振兴依然任重道远。

第三节　重庆统筹城乡发展的探索与实践

党的十六大和十六届三中全会提出以统筹城乡发展破解"三农"问题，贯彻"以工哺农""以城带乡"方针后，重庆市和全国很多地方一样，走上了以统筹城乡发展解决"三农"问题、缩小城乡差距的基本思路。2007年，重庆市获批"全国统筹城乡综合配套改革试验区"（发改经体〔2007〕1248号），城乡统筹发展迎来重大机遇。面对重庆市这样一个人口众多、地域广大，城乡发展极不平衡，大城市、大农村、大库区、大移民并存，经济社会二元结构问题突出，世界罕见的特大型城市，重庆市委市政府坚持以"大城市带大农村"，探索出了一条独具特色的统筹城乡发展之路，被称为"重庆样本"。

一　"五个一体化"的大力实施

直辖后的重庆市随时代步伐很快进入了21世纪，"十五"时期（2001—2005年），重庆依然是一个大城市与大农村并存、二元经济结构特征突出的特大型城市。不过，当时市委、市政府以工业化带动城市化和城市整体经济发展的措施取得了很好的成效，城市经济水平逐年上升，已经具备了工业"反哺"农业的能力。因此，当中央提出统筹城乡发展战略后，重庆市委市政府坚持"以城带乡、以乡促城、城乡联动"的发展方针，全面统筹协调城乡可持续发展，对统筹城乡发展的体制机制进行了不断探索与实践，着力推进了城乡基础设施、经济发展、劳动就业、公共服务和户籍管理五个"一体化"建设。

(一) 城乡基础设施一体化

在推进统筹城乡发展进程中,重庆市将基础设施建设的重心由城市转向农村,通过设立专项资金和亚行贷款等方式支持农村公路、农业生产性服务配套设施等项目的修建与改造,全面提升农村基础设施水平,缩小城乡基础设施建设的严重不均衡,努力实现城乡基础设施的一体化、网络化。到2011年,全市农村公路已超10万公里,全市855个乡镇、8741个行政村的农村公路通畅率和通达率均达100%。① 在生产性服务配套上,重庆市突出加强农田水利等薄弱环节建设,大兴农田水利,至2008年,已完成17座大中型重点水源的续建、新建工作,基本完成4个大型灌区和25个节水灌溉示范区的配套改造任务,新增有效灌溉面积120万亩;同时,加快解决工程性缺水问题,以县域为单元因地制宜,坚持蓄引提与合理开采地下水相结合方式支持农民兴建微型水利设施,显著提高了农村供水保障能力,289.33万农村人口饮水困难和122.65万农村人口的饮水安全问题得到了有效解决。为保护和改善农村生态环境,重庆市政府一方面加强天然林资源保护,另一方面大力实行退耕还林工程,使森林覆盖率显著提升,由直辖时的21%增长到2008年的32%。为提高农村土地综合生产能力,重庆市政府加强土地整治力度,推进高标准农田建设,至2008年已改造治理356万亩土地。为进一步改善农村用电和通信,政府还进行了农村电网改造和通信工程建设,促进了农村户户通电、村村通电话和城乡用电的同网同价。②

(二) 城乡经济发展一体化

为了消除城乡经济二元结构,尽快实现城乡一体化发展,重庆市实施"富民兴渝"的发展战略,调整农业结构,大力推进农村第一、第二、第三产业发展以实现农业兴旺、农村繁荣,并结合各区县农村发展实际形成百花齐放的产业发展模式。如开县的农业综合开发模式、酉阳县补助奖励政策模式、南岸区支柱产业带动模式、大足县信息化建设提

---

① 《高速公路密度西部第一 "畅通重庆"让出行更便捷》,《重庆日报》2011年1月29日。

② 谢金峰:《重庆市统筹城乡发展的做法与启示》,《经济研究参考》2008年第32期。

速模式、黔江区基础设施改善模式、荣昌县信贷助推模式、江津区合川区"产业党组织"模式、璧山县城郊经济示范模式等,不仅拓宽了农民增收渠道,还促进了农村经济总量快速增长。① 早在 2007 年全市农民人均纯收入增长速度就首次超过城市居民的增长速度,农民人均纯收入达到 3509 元,较上年同期增长了 22%,比直辖前增长了 2.37 倍。② 为提升农村土地综合效益,促进农业增效、农民增收,重庆市政府以土地流转交易为突破,大力推动农业规模化经营,并大力扶持培育龙头企业,截至 2008 年,已培育 237 家市级以上重点龙头企业,其中有 19 家已成为国家重点龙头企业;为推动城乡经济的一体化,政府大力建设 100 个区域性中心城镇和经济强镇,有效带动了周边农村与城镇的各要素交往,乡镇企业和农村商贸流通业得到快速发展。③

(三) 城乡劳动就业一体化

为增强农村劳动力就业能力,充分提升农村就业率,重庆市各级政府坚持实施就业优先战略和积极就业政策,通过构建"行政+市场"就业创业工作机制,搭建"重庆智慧就业"信息化服务平台,大力开展实施"阳光工程"、移民培训、就业扶贫、"就在山城"等就业促进计划,实现了企业用工、劳动者就业实时无缝对接,并成功培育出一批享誉全国的特色劳务品牌如"富侨保健""石龙技工""三峡服装"等。重庆市政府还积极开展向外转移就业的对外劳务输出项目,到 2008 年全市已累计转移农村富余劳动力就业 748 万人,超过一半以上的农村劳动力通过政府途径实现了就业。④ 为了进一步改善农民进城就业环境,促进农村劳动力有序流动,确保全市劳动力的供需稳定,重庆市政府从 2005 年起在全国率先开展进城就业农民服务管理试点工作,并在主城区采取"政府投入、社区管理、市场运行、以寓养寓"的模式试行"农民工公寓"建设与管理,推动进城农民工子女与城市居民

---

① 曾晶:《重庆市新农村建设中的产业发展模式与经验研究》,《贵州大学学报》(自然版) 2015 年第 6 期。
② 李涛明主编:《重庆调查年鉴 (2011)》,中国统计出版社 2011 年版。
③ 谢金峰:《重庆市统筹城乡发展的做法与启示》,《经济研究参考》2008 年第 32 期。
④ 《重庆市人民政府工作报告 (2008 年)》,http://www.cq.gov.cn/zwgk/zfgzbg/2008/1/92826.shtml,2008 年 1 月 28 日。

子女同等就近入学接受义务教育的落实,基本实现了城乡就业制度的接轨。①

(四)城乡基本公共服务一体化

基本公共服务差异是城乡间差异的一个重要表现,在统筹城乡发展过程中,重庆市高度重视城乡教育、养老、卫生等事关民生的公共服务建设,确保政府公共服务职能实现"保基本、兜底线"。在农村教育方面,经过重庆市各级政府多年的努力,2007年年底全市已实现"基本普及九年义务教育和基本扫除青壮年文盲"的"两基"目标,"普九"任务也提前一年完成;对农村特殊人员(如贫困家庭子女、三峡移民子女、农村退役士兵等),重庆市政府积极推行各种支助措施,如对这些人员就读中等及以上职业学校实行免学费、奖补生活费、住宿费等。在农村养老方面,重庆市政府将构建新型农村养老保障体系作为新农村建设和城乡一体化发展的重中之重,不断建立完善农村低保、特困户最低救助和养老保险等制度,至2007年年底,最低生活保障已在农村地区基本实现全覆盖,全市享受最低生活保障的农村家庭达到32.31万户,覆盖人口达71.85万人,其中,45万人参加了农村社会养老保险,占比达62.6%,15万农村五保户实现了财政供养。②在农村医疗卫生方面,围绕服务农村居民的乡镇卫生院和村卫生室,重庆市政府扎实推进基层医院人才队伍培养建设,逐步落实镇卫生院和村卫生室的基本诊疗设备配置,着力提升乡镇卫生院的医疗服务水平,并引导服务职能由传统基本医疗服务向提供医疗和基本公共卫生服务转变;同时,政府大力推进"新农合"③试点扩展和农村医疗救助,到2007年年底,参加"新农合"的农村人口已占全市农村总人口的80%,并有45万人在政府全面实施农村医疗救助中获益。

(五)城乡户籍管理一体化

城乡二元户籍制度严重制约了统筹城乡发展和新型城镇化进程,为进一步打破户籍二元桎梏,重庆市政府继1994年实施"具有合法固定

---

① 《重庆初步探索出城乡统筹劳动就业新路》,http://cpc.people.com.cn/GB/68742/69481/69482/6073889.html,2007年8月6日。
② 谢金峰:《重庆市统筹城乡发展的做法与启示》,《经济研究参考》2008年第32期。
③ "新农合":新型农村合作医疗。

第六章 | 探索与创新：2004年以后川渝地区城乡关系的新变迁

住所、稳定的职业或生活来源"为准入条件的小城镇户籍制度改革和2003年将农业户口和非农业户口统称为"重庆市居民户口"、放宽一系列户口迁移限制的改革之后，2010年又出台了《关于统筹城乡户籍制度改革的意见》（渝府发〔2010〕78号，以下简称《意见》），进一步消除了农民向城镇转移的体制性障碍，赋予有条件的农民工城镇居民身份，使其享受到与城市居民同等的公共服务待遇。该《意见》的颁布实施，极大地推进了重庆科学的人口城镇化机制的形成，促进了城市化发展，截至2010年，重庆城镇化率继2008年实现50%后，进一步提高至53%，较1996年提高了23.5个百分点，高出全国同期水平近4个百分点。[1]

二 地票与土地流转制度的创新

（一）地票制度

作为全国统筹城乡综合配套改革试验区，重庆从体制机制入手，通过人、地、财联动，探索建立地票制度，形成以工"哺农"、以城带乡发展的机制。2008年12月市政府出台了《重庆农村土地交易所管理暂行办法》（渝府发〔2008〕127号，以下简称《暂行办法》）提出设立重庆农村土地交易所，2009年1月国务院正式颁发了《关于推进重庆市统筹城乡改革和发展的若干意见》（国发〔2009〕3号），同意重庆设立农村土地交易所，开展地票交易试验，重庆地票制度的推行由此正式启动。[2] 地票的正式法律名称为"建设用地挂钩指标"[3]，《暂行办法》第18条明确其为"农村宅基地及其附属设施用地、乡镇企业用地、农村公共设施和公益事业建设用地等农村集体建设用地复垦为耕地后，可用于建设的用地指标"。[4] 城乡建设用地指标的"票据化"交易，突破了城市建设用地国家下达有限指标的唯一性，给地方政府用地制度增加了一条市场化渠道，成为统筹城乡土地利用方面的重大创新。地票

---

[1] 文中数据根据《重庆统计年鉴（2011）》及《重庆统计公报（2010）》经笔者计算整理而得。

[2] 桂梅：《重庆地票的成效与局限》，《国土资源情报》2017年第4期。

[3] 郭振杰：《"地票"的创新价值及制度突破》，《重庆社会科学》2009年第4期。

[4] 重庆市人民政府：《关于印发重庆农村土地交易所管理暂行办法的通知》，http://www.cq.gov.cn/publicinfo/web/views/Show! detail.action? sid＝3936567，2008年12月5日。

263

交易制度的核心是"先造地后用地",将农村宅基地复垦为耕地后,方可新增城市建设用地,不仅有效保护了实有耕地面积,而且城市建设用地也得以增加,缓解了重庆市在统筹城乡发展过程中城市建设用地紧张和边远农村地区土地过度闲置的矛盾。

地票交易制度在重庆的实践实现了建设用地在全市范围内跨区域的置换与流转,促进了城乡的统筹发展,特别是加快了重庆城市化进程。一方面利用偏远农村地区复垦宅基地多出来的建设用地指标支持城区经济发展的建设,另一方面偏远农村农民因土地利用指标的交易而大幅提升其土地价值,提前享受到了城市化进程中土地增值的收益,真正实现了在较大空间范围内城市"反哺"农村,发达地区支持落后区域的统筹发展思想。在重庆农村土地交易所成立仅1周年时(2009年12月),已有7场地票拍卖交易会被先后举办,共成交地票指标1.23万亩,成交金额达11.26亿元(见表6-1);而截至2013年年底,重庆累计交易地票13.15万亩,金额达267.26亿元,已有8.21万亩地票陆续落地使用;办理地票质押贷款5.22亿元(质押土地3859亩)。[1] 这些被交易的地票所获得的庞大资金以各种形式从城市流向了农村,成为当地农村经济发展的重要资金来源。

表6-1　　2008—2009年重庆土地交易所地票交易会交易情况统计

交易场次	交易时间	地票指标（亩）	成交金额（万元）	成交均价（万元/亩）	最高单价（万元/亩）	最低单价（万元/亩）
第1场	2008年12月4日	1100	8980	8.16	8.53	8.02
第2场	2009年3月17日	1300	10450	8.04	8.07	8.03
第3场	2009年5月11日	1100	8180	8.17	8.25	8.1
第4场	2009年6月23日	1100	10280	9.35	9.5	9.3
第5场	2009年8月21日	1200	11230	9.36	9.38	9.33
第6场	2009年10月30日	2500	23900	9.56	9.65	9.3
第7场	2009年12月4日	4000	39580	9.7	9.7	9.7
合计		12300	112600	—	—	—

资料来源:重庆市国土资源和房屋管理局公众信息网。

---

[1] 陈清明、马洪钧、湛思:《农村产权交易市场发育现状及绩效评价——基于重庆市土地流转问卷调研》,《调研世界》2015年第5期。

（二）地票制度的重大意义

1. 推动了城市跨区域"反哺"农村，为农民生活改善创造了条件

按照重庆市政府 2015 年出台的《重庆市地票管理办法》（重庆市政府第 295 号令）规定要求，地票拍卖交易会实际成交金额按规定扣除建设用地复垦成本后的净收益需全部"反哺""三农"，拨付给地票交易指标的直接权利人，单户交易总面积未超过 667 平方米的部分，地票净收益的 85% 归宅基地使用权人，15% 归农村集体经济组织；超过 667 平方米部分对应的地票净收益全部归农村集体经济组织，避免资金在拨放过程中受到县乡各级的截留。对于农民宅基地的复垦不仅在一定程度上改善了农村的居住环境和整体风貌，同时也让农民有了一笔额外的经济来源，可以自建改建农村房屋，可以进城购买商品房屋，使居住条件得以改善、生活水平得以提高，也使"城乡统筹、重点在乡"的发展原则得到有效贯彻，从而带动乡村发展。

2. 集体经济组织获得大笔资金，保障了农村公共产品供给水平的提高

《重庆农村土地交易所管理暂行办法》（渝府发〔2008〕127 号，以下简称《暂行办法》）明确规定："农村集体经济组织获得的土地交易收益，纳入农村集体财产统一管理，用于本集体经济组织成员分配和社会保障、新农村建设等公益事业。"乡、镇政府做好对农村集体经济组织获得的土地交易收益的监管和审核工作，不得将其资金挪作他用。村集体需将所获得的土地交易价款作为专项资金使用，用途仅限于村容村貌、人畜饮水等农村基础设施建设项目。所建项目需经上级政府审核批准，建成之后需上级政府进行合格验收，一切合乎规定方可拨付项目款项，从而在制度层面上束缚了村级干部的权力"寻租"行为，激发了村社集体的治理积极性，保障了农村公共产品的供给数量和质量。

3. 荒芜宅基地的复垦，减少了土地资源的浪费

根据相关数据，重庆市农村每户宅基地大概 0.75 亩，2008 年年底大约有 81 万亩闲置宅基地。[①]《暂行办法》出台后，有效推动了农村荒芜宅基地的复垦整理工作，进一步挖掘了农村耕地潜力，有效缓解了各

---

① 况红：《重庆农村宅基地闲置情况及复垦对策建议》，《新重庆》2009 年第 11 期。

级政府在保护耕地红线上的困境。与此同时，部分地区因荒芜宅基地的复垦实现了碎片化耕地的连片耕种可能性，从而为其实施土地规模化经营，开展高标准农田水利建设提供了基础条件，并较大程度上释放了束缚在农村土地上的劳动力资源。

4. 农民的主体性得到尊重，农民的权益得到了保护

《暂行办法》关于农村土地复垦必须"坚持规划控制、政府指导、农民自愿、统一管理、统一验收"原则，体现了政府对农民主体性的充分尊重，不得强迫农民复垦。为了充分保证农民的合法权益，《暂行办法》明确规定农村土地复垦主体为"拥有该土地所有权的农村集体经济组织或拥有该土地使用权的自然人"，凡申请宅基地及其附属设施用地复垦的农户，需有稳定住所、稳定生活来源及其土地的权属证明。在土地复垦过程中，不仅要给农民发放"明白卡"，且在乡（镇）、村两级公示，还要对地票交易结果的具体信息进行公布。在农村土地复垦过程中，精细化的制度管理规定和完善的多层面监督措施有效推进了规模化宅基地复垦过程理性且有序，使农民的财产权、知情权和监督权得到了有力保障。[1]

5. 土地流转制度的创新，推动了重庆土地管理模式的创新

家庭联产承包责任制的弊端在于农业生产小规模、分散化，抵御自然灾害和市场风险能力弱，必须引导土地流转，并与城镇资本下乡结合，促进规模经营。地票交易制度，使重庆市在坚持家庭联产承包经营责任制基础上，在租赁流转、入股流转、委托代耕流转基础上，探索建立了一套与城镇化、工业化和农村现代化相适应，有利于城乡资源优化配置，能最大限度地调动农民积极性和创造性的土地管理模式，有效地推动和促进了重庆市的城乡统筹发展。

三 资本下乡

（一）资本下乡，政府先行

重庆市城乡统筹的另一个特色是资本下乡。城镇资本通过利用农村资源，发展相关产业，很大程度上缩短了城乡之间的差距，使农村的发

---

[1] 刘锐：《城乡统筹视域下的地票制度完善研究》，《西北农林科技大学学报》（社会科学版）2016年第5期。

第六章 探索与创新：2004年以后川渝地区城乡关系的新变迁

展速度能与城镇保持协同，从而推动城乡的统筹发展。重庆市政府在统筹城乡综合配套改革中，本着有利于"三农"基础建设和长远发展，专门设立统筹城乡综改"城市资本下乡"示范项目，要求被列入的企业充分发挥"带动能力强、农民受益广、农村面貌变化大"的作用来破解传统农业发展困境，同时对城市资本下乡的非粮化、非农化倾向在总体范围内进行了严格控制。在统筹城市和农村地区的基础设施建设过程中，特别重视政府投资集团的先导作用，由政府设立的公路建设投融资企业——重庆高速公路发展有限公司（以下简称"高发公司"）负责城乡高速路网的连接建设工作；重庆高等级公路建设投资有限公司（以下简称"高投公司"）负责县乡联网公路建设；重庆城市建设投资公司（以下简称"城投公司"）负责辐射农村地区的基础设施建设；重庆水务集团和水利投资（集团）有限公司（以下简称"水投集团"）全面推进供水排水及污水处理设施向农村区域的延伸覆盖；重庆能源投资集团有限公司（以下简称"能源集团"）、电力公司加大农村燃气等清洁能源和电源建设以及电网的改造力度；重庆地产集团承担农村土地储备整治工作，在土地资源的集约利用、城市配套功能的优化升级等方面发挥了重要作用；中国通信公司则受政府引导和支持，负责对农村地区通信条件的改善提升工作，进一步提高农村地区的生活水平。在政府投资集团带动下，越来越多的城市资源向农村建设聚集。随着统筹城乡发展的不断推进，重庆市又加大了农村金融改革与创新。一方面大力解决农村地区存取款难问题，设立"万村千乡"现金服务点；另一方面加大对涉农贷款金融机构的财政奖补力度，有效缓解"三农""融资难、融资贵"的问题。以银行为首的金融机构和城市工商资本也加大了对"三农"发展的支持力度，截至2016年年末，重庆市金融机构涉农贷款余额4677亿元，同比增长6.9%，占贷款总额的18.87%。[①]

（二）资本下乡的具体路径

在统筹城乡发展过程中，城市工商资本、金融资本作为下乡资本的主力，主要通过以下四种路径支持"三农"经济发展。

[①] 重庆市金融工作办公室：《2016年末全市银行业涉农、小微、扶贫贷款余额1.1万亿元》，http://www.cwf.gov.cn/zwgk/news/2017-2/149_1895.shtml，2017年2月15日。

1. 特色资源+资本

2012年，重庆因其丰厚的旅游资源而入选世界十大旅游目的地，农村地区自然文人旅游资源更是独具特色，如巫山借助神秘悠远的神女文化打造新三峡文旅融合的新面貌、奉节借助自然山水与灿烂人文着力打造诗意天地诗歌高地等，巨大的发展潜力吸引着不少资本青睐。重庆市旅发委深入开展资源变资产、资金变股金、农民变股东"三变"改革，通过旅游主题活动形式大力发展乡村旅游。如北碚区紧扣"农业现代化"走出了一条城镇资本带动农村产业专业化、规模化和园区化发展的新路子，围绕渔业所打造的"大地渔村"已形成集水产养殖、垂钓、观光、餐饮于一体的综合性渔业基地，被评为中国第五届十佳小康村、重庆市新农村建设十佳示范村。为了引导农民集中居住，统一规划建设的具有地方特色的"重庆农谷"，极大地节约了农村建设用地，改善了村民基本公共服务，获重庆村镇建设金奖。[①]

2. 传统优势产业+资本

重庆市各区县立足自身农业产业基础和资源禀赋，按照生态增值、质量兴农的发展思路大力发展特色效益农业，通过延伸农业产业生产链条，把农产品加工业培育成各具特色的支柱产业。依托得天独厚的自然条件，重庆三峡库区被农业部列为全国柑橘优势产业区，截至2015年年底，重庆市柑橘种植面积297.3万亩，年总产量达到268万吨，种植环节的产值达到111亿元。[②] 柑橘产业巨大的市场增长空间吸引了龙头加工企业的大量投入，北京汇源集团、重庆三峡建设集团、重庆恒河果业公司及美国博富文公司等龙头企业纷纷在三峡库区投巨资建设柑橘加工工厂和生产基地，大大提高了柑橘产业的发展水平。涪陵依托其生猪养殖的传统优势实施"以企带村"工程，探索出了影响深远的"东江模式"，以项目集聚城市工商资本反哺农业，建成了美心（集团）统筹城乡发展示范区、金科（集团）现代农业生态示范园、南方（集团）金山谷农牧科技园、桂楼（集团）农业生态园、天木（公司）农业观

---

① 《政府工作报告（摘要）》，http://beibei.gov.cn/dsqzd40q/content_12934，2010年9月7日。
② 《重庆市柑橘产量实现"九连增" 100万户果农户均收入超过1万元》，重庆市政府网，http://www.cq.gov.cn/today/news/2016/1/8/1412530.shtml，2016年1月10日。

光园五大以企带村（片）的各具特色的产业扶贫示范园区。重庆金科集团展弘农业发展公司在涪陵区义和镇投资1亿多元建设现代农业园，租赁农民土地5700亩（截至2008年），成片整治后移土培肥改良土壤，科学规划建设干道、便道、供排水管网、储水池等，雇用当地村民耕种，带动了农业增效、农民增收、农村发展。以桃树种植、水果加工、观光旅游为主的"金峡桃源"，大力推进规模化畜禽养殖、畜禽产品加工为主的"胜天牧野"等主题农业园区建设，初步形成了城乡产业链对接、市场和产地对接的良性发展格局。[①]

3. 重大项目+资本

重庆市各区县结合自身发展实际，通过策划实施一批高起点、高质量的大项目、好项目，以项目带动资本，以资本催生产业，实力企业和优质项目的融合协调促生了不同梯次的金字塔形产业集团体系形成。重庆两翼区域依托丰富的矿产资源开展重化工和能源产业集群，渝东北地区借助其丰富的天然气和煤炭资源优势培育了天然气精细化工产业集群，并在产业链条上围绕硅材料、电石、锰、钡、铁矿、新型干法水泥等延伸了电联产业群和风电、核电等能源项目；渝东南民族地区则大力发展黑色及有色冶金资源加工和水电清洁能源产业等。沿江区县则充分利用两江的水资源和地理位置优势，依托神溪船业、江万船厂、京穗游艇等重点船舶制造企业（项目）形成临港产业集群，加快发展各种船舶制造业。

4. 城镇开发+资本

重庆市在区域发展过程中实施点轴式的开发模式，在加强和提升区域性中心城市和次区域中心城市的增长点建设的同时，不断完善县域城镇体系，增强其与中心点的互动和协作，凸显城镇经济增长极的辐射与服务功能。围绕所处区位、资源和交通优势强化城镇的功能定位，重点发展工矿型、商贸型、农产品加工型、交通枢纽型等各具特色的经济强镇。如九龙坡区的白市驿镇依托"重庆农科城"和"花卉产业城"，以乡村旅游、生态休闲旅游为主题，立足于服务城市，全力发展观光、休

[①] 杨耀钦、李灿、郝风等：《引导城市资本下乡推动城乡统筹发展》，《南方农业》2009年第9期。

闲、娱乐等第三产业；武隆区仙女山镇坚持因地制宜和统筹发展原则，以新城区开发为契机吸引市场化资本开发高品质的项目，大力推进文旅融合，打造新型旅游业态；北碚区静观镇双塘村以农业科研—教育—推广体系为主导，打造出集高新农业展示、新产品引进、乡村旅游、科普教育于一体的"美丽乡村嘉年华"，已成为重庆市新农村建设、城乡统筹改革的重点示范工程，被评为重庆十大乡村旅游项目和重庆创意产业基地。①

四 农民工市民化的体制机制创新

中国的"三农"之所以成为难题，就在于人多地少，破解困局必须大量减少农村人口，加快城镇化进程。农民工连接城乡，是统筹城乡最好的结合点，也是城镇化的突破口。截至2009年，重庆共有农民工780多万人，占农村劳动力的60%，占全市人口的1/4②，在统筹城乡综合配套改革中，重庆市委、市政府着力进行了农民工市民化的体制机制创新探索与实践。

（一）建立适合农民工的灵活的社会保障制度

2007年6月以前，重庆市农民工养老保险是直接纳入城镇企业职工基本养老保险的，但这一制度并不适合农民工流动性大、收入低的特点。一是农民工参保后流动就业或返回农村，社会保险关系和资金不能转移接续。二是参加城镇职工基本养老和医疗保险，企业和个人缴费比例高，农民工和用人单位难以接受。三是农民工达到法定退休年龄时缴费不满15年的，一次性领取基本养老保险个人账户储存额，由于个人账户仅为本人缴费部分，农民工觉得不如银行储蓄。③

为此，重庆大胆改革探索，进行制度创新。2007年5月24日，重庆市人民政府办公厅出台了《重庆市人民政府办公厅关于印发重庆市农民工养老保险试行办法的通知》（渝办发〔2007〕147号），其中有两个比较创新的举措：一是为农民工量身定做养老保险。坚持低费率、

---

① 杨耀钦等：《引导城市资本下乡推动城乡统筹发展》，《南方农业》2009年第9期。
② 黄朝永：《重庆城乡统筹——探路中国农村第三次变革》，http://hai2611608.fy-fz.nc/art/507926.htm，2009年8月12日。
③ 曾崇碚：《城乡统筹与农民工养老保险体制的健全——重庆市农民工养老保险试行办法解析》，《重庆工商大学学报（西部论坛）》2007年第6期。

可转移、广覆盖的原则，企业、个人缴费比例分别由工资总额的20%、8%降为10%、5%；探索市内社保接续方法，规定企业和个人缴纳保费占总额的14%划入个人账户，且个人账户中所缴纳的绝大部分保费都可随缴费地点的变更而转移。在全市范围内，农民工可以流动就业和参保，且社会保险随其最终落户地而灵活转移。二是为农民工制定出台了大病医疗保险办法。参保后最高可享受统筹基金70%的报销比例和3万元支付限额，超额部分由大额医疗互助保险支付。

（二）创新农民工转户进城制度，妥善解决农民工子女就学问题

为了提升农民工的城市地位及其子女的教育问题，重庆市放宽了农民工在非主城区所有城镇落户限制，凡以买房和租赁经济适用房的形式在非主城区拥有合法住所的农民工及其家庭成员均可申请落户。此外，重庆市还在13个区推行与城镇居民同等享受社区公共服务的流动人口居住证管理，将原有户籍所承载的各种社会福利等分配功能逐渐剥离，以促成城乡统一的户籍管理制度的最终形成。[①] 对农民工子女的入学问题，重庆市政府规定可在其打工区或居住区就近入学，2010年指定了640所公办学校无条件地接受农民工子女入学申请，严禁学校收取法律规定外的任何费用，解决了农民工子女教育问题，进一步打消了农民工进城定居的顾虑。[②]

（三）分类处置农民工的承包地

在对农村土地的处理上，分门别类，灵活处理，不以退出农村宅基地和承包地为转户（农转非）前提，对自愿退出土地的转户农民工，允许错位、错时退出。对于长期在城市工作、举家迁居城市的农民工，虽然没有城市户籍，但拥有城市资产和农村承包地，可以鼓励农民工放弃承包地，转户成为市民。对于在城市立足未稳，或者心存顾虑、不愿意转户进城的农民工，要保护其土地承包权，让他们进城能放心务工，回乡则有地可种。[③]

[①] 《重庆市统筹城乡一体化发展的经验做法》，https://wenku.baidu.com/view/ca4951343968011ca300917b.html，2012年4月19日。
[②] 《重庆640所公办学校接收进城农民工子女》，《重庆晨报》2010年11月7日。
[③] 黄奇帆：《重庆农民工户籍改革的探索：复杂的社会变革于平静中推进》，《学习时报》2011年3月7日。

（四）完善培训制度，强化就业的信息化服务

农民工因其所受教育程度和技能水平低下而生活在城市的社会底层，为了加快新型城镇化建设发展，有序推进有条件的农民工市民化，重庆市不断完善农民工职业技术培训制度，强化农民工就业的信息化服务。在职业培训上，重庆市依托各区县职业教育培训基地对新增农村剩余劳动力实施免费中职教育，推行"培训基地+就业基地""中介+培训+就业""校企联合办学"等培训模式；鼓励农村剩余劳动力外出就业，打造出了富侨保健、石龙技工、万州缝纫工、开县建筑工、云阳船工等一大批劳务品牌。在对农村剩余劳动力就业服务上，重庆市加强城乡劳动力就业信息化网络建设，将农民工进城就业纳入公共就业服务体系，建立"全国劳务电子商务平台"，引导农民及时关注全国各地劳务需求信息，有效缩短其摩擦性失业的存续时间。截至2008年年底，平台已与5000家企业签署了就业服务合同，获得了25万农民工的关注并注册信息，为3万个农民工和企业岗位进行了匹配服务。[1] 此外，平台还提供政策咨询、务工指南、法律咨询援助等服务。

（五）促进农民工安居

一是建立公寓供给制度。截至2007年3月，重庆市在主城区建成36栋农民工"阳光公寓"，每人每月房租仅30元、水电气费16元，为1.3万进城务工的农民提供了廉租住房，为在城镇务工的低收入农民工栖身提供了保障。二是建立经济廉价房制度。重庆市每年为农民工推出1万套低价商品房，对购房农民工提供税费减免和财政补贴优惠政策。南岸区政府统一规划修建安置住房，转户农民可按240元/平方米优惠价购买安置房，也可自购住房，区财政按30平方米/人、600元/平方米补助安置费；将连续在本区城镇就业5年以上的农民工纳入城市住房保障体系。[2] 梁平、垫江等县提供经济适用房给长期举家定居城镇、自愿放弃农村承包地和宅基地的农民工家庭购买；江津等区县则推进外出务工人员新居工程建设，为家庭收入较低的农民工提供廉租房，并规定

---

[1] 《重庆"全国劳务电子商务平台"帮助农民工就业》，http://finance.ifeng.com/roll/20081228/285990.shtml，2008年12月28日。

[2] 《重庆直面800万农民变市民的社会难题》，http://news.163.com/07/1212/15/3VH9LRN5000120GU.html，2007年12月2日。

第六章 | 探索与创新：2004年以后川渝地区城乡关系的新变迁

农民工不论有无固定用工单位，均可缴存住房公积金。

重庆市在推进统筹城乡发展的过程中，最具特色的就是其独有的农民工市民化体制机制创新。根据农民工工作、居住特点制定了灵活的入户政策，并着力解决了农民工的社保、子女教育等后顾之忧。在农民工的技能培训上，重庆市不仅将工作技能作为培训的对象，并且还针对农民工素质开设了相关的培训课程。不仅针对农民工的知识储备，还结合其发展方向分别制定不同的培训内容，使其能够快速接受城市的生活和工作，并提高自身的维权意识、公民意识、守法意识等。这些政策和措施，充分体现了重庆市政府以人为本，推动城乡协同发展的理念与决心。[1] 这些措施也极大地推动了农村剩余劳动力的转移。至2006年年底，重庆市已转移农村劳动力706.3万人，比上年增长6.2%，占全市农村劳动力总数的51.7%。[2]

五 以"开放"促进城乡统筹

开放是中国经济发展的催化剂，中国经济的腾飞得益于改革开放。但对广大"封闭"的农村地区而言，开放对于缩小城市和农村之间的差异是起负面作用的，传统意义上的开放使资源向城市集中，反而拉开了城乡差距，对统筹城乡发展有消极的影响。然而重庆市坚持以开放促进城乡统筹，却取得了城乡共同发展的显著成效，究其原因，在于找准了城乡统筹与开放经济的结合点，实现了城乡之间的双向共同开放。[3]

（一）城乡产业共同开放

重庆市在统筹城乡发展过程中高度重视城乡之间产业的共同开放与协调融合，以总部经济的发展模式打造贯通城市与农村的产业链，促进城乡之间形成共同受益、相互制衡的利益纽带。按照总部经济的模式进行空间布局，技术性较强的产业把总部设在城市，将生产加工基地布局在欠发达的农村地区，由此使产业能够以较低的成本取得中心城市的战略资源和欠发达地区的基础资源，实现两个不同区域优势资源在同一个

---

[1]《重庆城乡统筹从解决农民工问题突破》，《农民日报》2007年11月19日第1版。
[2]《重庆农村劳动力转移就业工作成效明显》，https://news.qq.com/a/20061229/000741.htm，2006年12月29日。
[3] 李敬等：《制度创新与统筹城乡发展——来自重庆统筹城乡综合配套改革试验区的经验》，《农业经济问题》2012年第6期。

产业的集中配置；对于农业资源性较强的产业，则直接在资源富集的农村地区设立"总部"，而利用城市和乡镇的市场优势设立销售"分部"，拓宽农产品的销售渠道，提供农业产业的产值效益。总部经济的发展模式在城乡一体化的发展进程中将城市和农村的产业价值在同一链条上进行了有机整合，使城市和农村形成了有效的分工和利益联系关系，推动了城乡之间从分割走向融合。

（二）城乡贸易共同开放

自统筹城乡发展以来，重庆市坚决扭转政府职能错位、越位、缺位现象，秉持城乡贸易共同开放理念，全面加快农村地区道路交通建设，降低城乡贸易的交通成本；积极搭建城乡产品交易平台，促进城乡贸易双向有效开展；充分尊重市场机制在城乡贸易中的主导作用，尽力减少对农产品价格的政策干预，真正消除工农业产品价格的各种隐性"剪刀差"，确保农村居民和城镇居民在市场经济中的平等地位。通过城乡贸易开放，打通城乡间的双向"贸易高速公路"，通过平等的市场交换使城市与农村之间建立相互依赖关系。2010年，重庆市为了促进城乡产品供需双方的便利对接，专门组织了50家以上超市企业，对接两翼地区500个以上农林产品专业合作社。[①] 此外，重庆市还设立了农畜产品交易所，开展农畜产品、农业生产资料及相关大宗商品的即期和中远期电子交易，平抑物价、稳定市场，为农牧业的稳定和可持续发展提供了保障。

（三）城乡资本共同开放

通过城乡资本开放，建立向农村倾斜的利益引导机制，着力促进城市工商资本和人力资本下乡，建立城乡一体化的要素市场。从重庆市经济发展实践看，大量资本拥挤在城市，造成边际收益的下降，导致重复建设和盲目建设，而大量的农村剩余劳动力又无法转移到工业、服务业，使城市和农村都陷入发展"瓶颈"之中。根据这一现实情况，重庆市调整发展思路，将市场利益向农村倾斜，鼓励城市资本配置农村资源，给城市资本向农村发展提供了足够的动力。同时，又为农村剩余劳

[①] 李敬等：《制度创新与统筹城乡发展——来自重庆统筹城乡综合配套改革试验区的经验》，《农业经济问题》2012年第6期。

动力转移至工业、服务业创造了条件。另外，重庆市政府非常重视农村金融体系在联系城市资本与农村资源中的重要性，从农村金融机构入手，提升其服务功能和质量。据统计显示，2009年，重庆小额贷款公司开业60家，放贷70亿元。2010年重庆农商首次以农房作为抵押进行相关贷款，额度最高可达抵押农房价值的60%。[1]

重庆市由于"大城市+大农村+大库区+大生态"的特殊市情，城乡统筹发展面临着几个主要问题：一是城乡分治刚性化发展趋势依然较为明显；二是城乡之间互动乏力、发展不协调；三是城市体系结构不健全，中心城市扩散效应不足，小城镇体系建设乏力。[2]针对这种情况，重庆自获批国家统筹城乡发展综合配套改革试验区以来，围绕统筹城乡发展中土地、农村剩余劳动力转移和城乡经济社会协调发展三个根本内核问题，积极探索出一条具有明显区域特色的统筹城乡发展之路：以市场化运作方式开展土地利用改革，在不破坏耕地红线保护前提下加强土地流转，通过土地复垦实现土地的集约利用，从而换取产业和资本支撑；以农民工市民化为发展目标，借助产业项目引导、城市资本支撑和制度保障全覆盖促进农村剩余劳动力的转移；以结对帮扶构建"圈翼"合作发展机制，围绕重大产业项目突出"造血"帮扶重点，夯实"两翼"产业经济基础，通过财政倾斜加大帮扶力度，注重帮扶实效，最终实现城市与农村的统筹协调发展。

第四节 川渝城乡统筹与城乡一体化互动分析

总的来说，这一时期川渝两地通过"全国统筹城乡综合配套改革试验区"的改革和建设，城乡二元结构已经有了极大突破，城乡之间呈现出前所未有的良性互动和协调共生，有力地促进了川渝两地城乡之间的一体化发展。为探求此一阶段城乡统筹对川渝城乡一体化的具体影响，以下拟采用经济学上的协整与格兰杰因果检验分析其数量特征与

---

[1] 重庆市城乡统筹办公室编：《重庆市2010年统筹城乡综合配套改革实验报告》，2010年。

[2] 靳拥军：《重庆城乡统筹发展的理论与实践》，《光明日报》2010年11月8日第11版。

关系。

一 研究方法

采用经济学研究方法对川渝城乡统筹与城乡一体化的关系进行探究，首先，要获得这两者的量化指标（利用主成分分析法降低空间维度）；其次，为避免伪回归的问题，需要检验两者的序列平稳性；再次，采用Johansen协整检验法验证川渝城乡统筹与城乡一体化之间是否存在共同的长期均衡趋势；最后，采用格兰杰因果检验法分析川渝地区城乡统筹和城乡一体化在统计意义上的因果关系。

二 指标选取

1. 城乡统筹状况指标

借鉴刘耀森、涂文明关于城乡统筹加权指标的计算方法，选取反映川渝地区城乡统筹发展状况的量化指标，见表6-2。

表6-2　　　　　　　城乡统筹指标体系

指标	计算公式	说明
城乡居民收入比	城镇居民人均可支配收入÷农民人均纯收入	衡量城乡居民收入差距
城乡居民生活水平比	城镇居民恩格尔系数÷农村居民恩格尔系数	衡量城乡居民生活水平差距
城乡居民消费水平比	城镇居民人均总消费水平÷农民人均总消费水平	衡量城乡居民消费水平差距
产业结构比例	（第二产业产值+第三产业产值）÷第一产业产值	反映城乡产业规模差异
人均农业总产值	农业总产值除以农业人口数	反映农村产业化程度

注：通过五个维度方差贡献率确定权数，计算出城乡统筹指数（CXTC）。①

2. 城乡一体化测度

借鉴周江燕、白永秀（2014）测度城乡发展一体化水平的指标体系及方法，从经济、社会、空间格局和生态环境四个维度进行加权，从

---

① 刘耀森、涂文明：《四川省经济发展与城乡统筹关系的实证研究》，《云南民族大学学报》2012年第29期。

而得到城乡一体化指数。一体化指数采用两步法计算：第一步以各维度的基础数据通过主成分分析提取权数并加权确定各维度数值，第二步再次利用主成分分析提取权数并加权以计算城乡一体化指数（CXYTH）。①

3. 数据来源

本研究选取四川省与重庆市2004—2016年的时间序列数据为样本，所有数据均出自历年《四川统计年鉴》《四川农村统计年鉴》《重庆市统计年鉴》和CNKI中国经济与社会发展统计数据库或以此为依据计算整理而得，计量软件采用SPSS15.0和Eviews7.0。

三　城乡统筹与城乡一体化互动分析

1. 协整检验

协整检验可以判断两个时间序列变量是否长期存在稳定的关系。如果通过了协整性检验，则表明两者存在共同的随机性趋势。通过对两个变量进行差分法处理，序列间呈现一阶单整，可以进行协整检验。检验结果见表6-3。

表6-3　　　　城乡统筹与城乡一体化协整检验结果

四川省					重庆市				
原假设	特征根	迹统计量	5%临界值	概率	原假设	特征根	迹统计量	5%临界值	概率
None	0.6102	33.27	29.78	0.0000	None	0.7614	34.74	29.78	0.0000
Atmost1	0.1475	11.38	15.50	0.2785	Atmost1	0.0658	8.65	15.50	0.3204

注：协整方程包含常数项和趋势项，取滞后2期。

由表6-3可以看出，四川省和重庆市城乡统筹与城乡一体化之间均存在长期的协整关系，受到共同的随机趋势所支配。但二者之间的长期均衡关系是否构成数量上的因果关系，可采用统计学里的格兰杰因果关系检验方法进行验证。

---

① 周江燕、白永秀：《中国省域城乡发展一体化水平：理论与测度》，《中国农村经济》2014年第6期。

2. 格兰杰因果关系检验

其基本原理是：一个变量 X 的滞后项如果显著地影响另一个变量 Y，则从统计上看，可以认为 X 是 Y 的原因；反之，则认为 X 不是 Y 的原因。同理，如果变量 Y 的滞后项显著地影响 X 的值，则从统计上看，可以认为 Y 是 X 的原因；反之，则认为 Y 不是 X 的原因。显然，可以对城乡统筹和城乡一体化这两个变量进行检验，判断两者是否具有统计上的因果关系，或者互为因果关系。下面对两者进行格兰杰因果关系检验，结果见表 6-4、表 6-5。

表 6-4　四川省城乡统筹与城乡一体化格兰杰因果检验结果

原假设	F 值	P 值	滞后阶数	检验结果
CCTC 不是 CXYTH 的格兰杰原因	5.6575	0.00451**	2	拒绝原假设
CXYTH 不是 CCTC 的格兰杰原因	2.7861	0.03795***	2	拒绝原假设
CCTC 不是 CXYTH 的格兰杰原因	1.3084	0.1274	3	接受原假设
CXYTH 不是 CCTC 的格兰杰原因	2.9763	0.03269***	3	拒绝原假设

注：***、**分别表示在1%、5%的水平下显著。

表 6-5　重庆市城乡统筹与城乡一体化格兰杰因果检验结果

原假设	F 值	P 值	滞后阶数	检验结果
CCTC 不是 CXYTH 的格兰杰原因	8.6849	0.00069***	2	拒绝原假设
CXYTH 不是 CCTC 的格兰杰原因	3.7604	0.04591**	2	拒绝原假设
CCTC 不是 CXYTH 的格兰杰原因	5.5334	0.06328***	3	拒绝原假设
CXYTH 不是 CCTC 的格兰杰原因	3.2795	0.03064**	3	拒绝原假设

注：***、**分别表示在1%、5%的水平下显著。

由表 6-4、表 6-5 可知，总体上看四川省与重庆市城乡统筹和城乡一体化之间互为格兰杰因果关系，两者互动趋势明显。

实证分析表明，2004 年以来，四川省与重庆市城乡之间互动性明显加强。城乡之间一体化进程加快为城乡统筹提供了基础，而城乡统筹的不断深入发展又反过来进一步推动了城乡一体化。这一时期，经济的发展占据主流地位，并导致了社会、文化、生态环境等方面的改变。随着经济体制改革动力的逐渐释放,阻碍城乡之间生产要素流动的壁垒被逐渐打破,城乡经济、社会总体上出现良性发展态势。这种改革红利的释放在很大程度上缓和了城乡之间割裂,甚至是对立的关系,使城乡发展出现互补、互动的趋势。但是,应该看到,随着改革红利、人口红利的逐渐消退,城乡良性互动发展受到挑战,而能否形成城乡协调发展的长效机制,变得十分重要。

第七章

结　语

一　主要研究结论

城市和乡村共同构成人类社会密不可分的两个组成部分。城乡关系是社会生产力发展和社会大分工的产物，是一定社会条件下政治关系、经济关系、社会关系、文化关系等诸多因素在城市和乡村之间的集中反映，是国民经济社会不可分割的两个部分，相互联系、相互依赖，互为资源、互为市场。20世纪50年代以来，中国选择了具有中国特色的社会主义发展道路，建构了城市偏向的城乡二元体制。虽然经历40年改革开放的发展，城乡之间发展不平衡、不协调的矛盾依然十分突出。如何处理好城乡关系关系到两个一百年计划能否顺利实现和社会主义优越性能否充分体现这两个根本问题。

和谐共生、一体化的城乡关系是城乡经济社会协调发展和乡村振兴的核心内容。川渝地区是中国经济第四增长极，是西部经济发展龙头，川渝地区城乡关系的协调发展某种意义上决定了西部何时在何种程度上实现城乡协调和城乡一体。从历史的发展、变迁角度出发对川渝地区城市与乡村的关系及其在城市与乡村发展中的作用影响进行长时段考察，不仅可以全面把握川渝地区城乡关系演变的历程、特点及其对川渝地区城市、乡村以及城市化发展的影响，而且有利于从中外历史发展的高度去思考川渝地区城乡统筹协调发展中的重大问题，为实现川渝地区城乡统筹发展和当下的乡村振兴、城乡一体提供更为全面清楚的历史启迪和发展智慧。系统研究川渝地区70年来城乡关系的发展演变及其历史经验教训，对于川渝地区、中国西部，乃至全国城乡关系的发展建设，对于贯彻落实习近平新时代中国特色社会主义思想、建设繁荣富强美丽和谐中国都是非常有益的。

本书以历史学、经济学为基本研究方法，综合运用社会学、人类学以及地理学、规划学等多学科的知识和方法，采取横向研究与纵向研究相结合、史实论述与理论分析相结合、全面分析与重点研究相结合的多角度、多层面研究方法对新中国成立以来的川渝地区城乡关系演化规律和内在特征进行了系统研究，其主要的研究结论包括：

（1）1949—1957年的川渝地区城乡关系在恢复与重建的共有时代特征下正在重构，城乡互助、兼顾协调的新型城乡关系渐趋形成。这一时期，川渝地区城乡关系因党和国家"城乡兼顾"发展思想和政策的实施而呈现出新的发展特征，旧有的"壁垒分明"的城乡关系实现了改造，新的城乡互助、兼顾协调的关系渐趋形成；城市数量和人口得到了显著增加，城市的空间结构进一步完善，城乡经济快速恢复和发展。这一时期，城乡之间既有畅通、活跃的人、财、物等要素的往来与交流，也有已经开始出现的不和谐端倪，不过，总的来说和谐依然是这一时期城乡关系的主旋律。

（2）1958—1977年的川渝地区城乡关系在典型的计划经济时期共有制度基础下，因地方性因素而演化出明显的个性特征。"二五"时期的城市重工业化、农村人民公社化与"大跃进"、"文化大革命"期间的政治运动、知识青年上山下乡和三线建设等重大历史性事件，因其相较于其他省份在川渝地区的作用力的不同，使川渝地区的城乡关系在共有的体制内，演化出有别于其他地区的个性化特征，其主要表现就是三线建设连续十余年的投资和建设促使川渝地区工业水平跃升了一个台阶，使川渝地区经济结构发生了质的变化，为后来本地城乡关系的进一步改善打下坚实的基础；而"大跃进"和"文化大革命"政治运动因川渝地区更为"左"向的政策，造成社会经济波动相比其他省份更大，城乡关系的恶化幅度更明显。整个这一时期的城乡关系是城乡二元结构存续史上最僵化、最割离、最分裂的时期，也使这一时期的农村在为重工业发展提供农业积累的同时却陷入了更为深重的贫困。

（3）1978—1996年的川渝地区城乡关系在国家改革开放的大背景下呈现出以调适与更新为主的结构性变化特征。改革开放初期，川渝地区先行先试的农村经济体制改革和随后的城市经济体制改革，极大地促进了川渝地区城乡经济的发展和地区经济结构的调整与变化；城乡之间联系渠道与纽带的恢复和加强，商品流通的日渐活跃，推动了城乡间的互动交融与协调发展，缩小了城乡居民在收入等方面的差距，城乡的鸿沟在变革中不断弥合。但随着一系列以市场化为基本导向的城乡经济体制改革的深化和城乡间要素流动的加强，城市工业部门与农村农业部门之间的劳动生产率的差异导致了农村资源向城市的单向度流动，市场机制驱使着资金、技术、人力和人才等要素向城市集聚，推动了城市经济的迅速发展和城市居民收入的大幅提升，城乡收入差距显著拉大。作为劳动力富集地区的四川省，成为全国著名的劳务输出大省；而劳务的输出，在短时期促进川渝地区农民增收和经济拉动的同时，则为后来较长时期内川渝地区农村的空心化和农业的相对衰败埋下了伏笔。川渝地区经济结构和农村社会结构的变化，也促使川渝地区城乡关系的内涵进一步多元化，城乡差距的内涵也随之发生了结构性变化。总之，改革开放背景下的这一时期，川渝城乡经济体制的一系列改革，实际上也开启了川渝地区城乡差距拉大，以及城乡差距的内涵由原来僵化的二元结构向多元化转变的关键时期。

（4）1997—2003年的川渝地区城乡关系在川渝分治背景下因省情市情的变化而呈现出多元化发展趋势。重庆被设为直辖市以后，川渝两地的城乡关系由于各自省情市情的变化而走向发展上的分化与重组，由此衍生出各自不同的城乡关系发展特点，并同时对城乡二元体制产生了影响。四川省在区域调整后，较为现实地选择了工业化和城市化作为新的经济增长点；但是这种选择使城乡之间在经济、社会、政治乃至文化发展上的差距不但没有缩小，反而呈扩大之势，城乡发展分化越来越大，城乡关系走向失衡。重庆市直辖后，面对"大城市带大农村"的困境，选择了工业优先发展战略，得益于行政体制改革后包袱的减轻和行政级别升级后国家在政策、资金上的支持，重庆市现代工业取得飞速发展；但城乡之间的差异也呈日趋扩大之势，生产要素流动与制度供给都不利于农村的发展；好在重庆及时实施"以城带乡"行动，一定程度上修补了城乡之间各方面的严重失衡，推动了农村经济发展和城乡关系的趋和。这一时期，整个川渝地区的城乡关系，虽然呈现出多元化发展趋势，但因历史相同、文脉相通，且处于分治初期，也表现出许多共同之处：城乡发展总体上都呈时空趋异性特征；城市发展加快，对农村的依赖减弱；农村依附于城市，逐渐"空心化"；以及农民工问题突出等。

（5）2004年以后的川渝地区城乡关系在国家层面认识和政策的重大转变以及川渝统筹城乡发展改革探索与创新实践背景下开始了新的制度性变迁。国家相关政策对川渝两地城乡关系的建构发挥着重要的作用，而川渝率先开始的"全国统筹城乡综合配套改革试验区"的实践探索与创新，则开启了川渝地区城乡关系新的制度性变迁。其结果是川渝地区工业"反哺"农业、城市支持农村的城乡互动良性发展局面的出现，农村基础设施与公共服务的不断完善，农民收入的不断增加等。川渝城乡关系的新变化、新特点反映了对城乡二元结构的极大突破，城乡之间呈现出前所未有的良性互动和协调共生，有力地促进了川渝两地城乡的一体化发展，城乡关系进入良性发展新纪元。但由于川渝两地区域内差异较大，发展极不平衡，城乡一体化的任务依然沉重。

二 相关政策建议

政策建议一：细化国家层面的城乡关系的顶层设计。城乡关系是国家现代化建设的核心内容之一，也是国家治理现代化的重要组成部分。城乡关系失衡是社会主义新时代新矛盾的现实体现，制约着我国经济社会的健康发展。自党的十六大以来，国家先后对城乡关系的方针、目标进行了准确定位，习近平总书记对新型城乡关系建设的重视，有力地推进了城乡关系的健康发展。如果说城乡关系是国家、社会和个体三者共同作用的结果，以既有的城乡关系为前提，那么在党和国家对城乡关系的总体定位的框架体系内，目前的主要工作应在细化国家层面的制度安排上下功夫。

政策建议二：充分发挥国家的主导作用。良好的城乡关系具有巨大的公共红利和正外部性，是新型城乡关系建设的目标追求。为此，一是应针对新时代农村发展过程中的"三农"问题和农业边缘化、农村空心化和农民老年化的特征，出台更为细致，具有可操作性的城乡关系建设指导方案；进一步均等化城乡公共服务，不仅要完善农村的公共服务体系，而且还要不断地提高农村公共服务的质量。二是加大财政对农村基础设施的投入力度，充分利用国家财政转移支付制度，加大对落后地区的财政转移支付力度,促进其农村道路、交通、通信、水利等基础设施的发展。三是加大对农村的义务教育投资,尤其是在改善农村义务教育的师资、办学条件方面的投资。四是加大农村改革,通过放权赋能的方式,激活农村内部的各类主体的积极性,形成农村发展的内生动力。

政策建议三:充分发挥社会资本的作用。良好的城乡关系既包括了经济建设,也包括了社会建设。缩小城乡在经济、社会发展水平上的差距是理顺城乡关系的关键所在,而理顺城乡关系需要建立起合理而科学的城乡关系治理结构,形成多元主体合作的城乡关系治理结构,这客观上离不开国家、社会和个体等多元主体的合作。无疑社会资本的参与将有效地促进良好城乡关系的形成。一方面良好的城乡关系离不开农村的经济发展,而农村的经济发展必须解决其组织化程度低和经营管理人才缺乏两大问题,资本下乡将进一步优化农村土地、劳动、资金和技术等要素结构,从而促进农村经济的发展;另一方面良好的城乡关系离不开农村基层的治理,虽经多年的探索和实践,但农村基层治理水平仍差强人意,进一步提高需要借助社会力量,如今天的大学生村干部、志愿者以及NGO等参与农村社会建设的探索性实践,正在形成成功经验,这些成功经验的推广应用不仅是乡村振兴的内容,也是新型城乡关系建设的内容,作用和影响深远。

政策建议四:充分发挥农民的主体作用。补足农村经济社会发展的"短板"是目前和未来很长一段时间城乡关系建设的核心问题,而不管是社会主义新农村建设还是乡村振兴战略的实施都离不开农民的主体作用。也就是说,农村经济社会的发展离不开农民自主性和积极性的提高。目前,农村经济社会发展最大的问题是伴随着城市工业部门和农村农业部门的劳动生产率差距扩大而导致的农村经济、金融和劳动力资源的城市单向流动,农业边缘化、农村空心化和农民老年化三者互为因果,共同促进了乡村的衰落。在新的历史阶段,如果从可持续发展和和谐社会构建角度去审视新型城乡关系,那么城乡关系不仅涉及城镇化要强调以人为本,而且乡村振兴也是农民的振兴,是新型职业农民的培育过程,这客观要求在新型城乡关系的构建过程中,不仅其结果要惠及数亿农民,而且要建立起相应的制度和程序,要构建起让农民参与农村经济社会建设的新机制,从而充分发挥农民的主体作用。

政策建议五：应重视新中国 70 余年来的城乡关系演化规律研究。今天的中国城乡关系作为一种经济社会建设的结果具有中国特色，中国城乡关系的演化规律并没有出现发展经济学中的收敛，是西方发展经济学难以解释的特有现象。因此，有两个方面值得关注：一是中国城乡关系的建构虽然服从于国家经济发展战略，但在国家统一战略框架内，不同地区城乡关系却有不同的地域性特征，这无疑需要在对城乡关系进行总体把握的基础上，着眼于某一历史阶段，以特有的区域为对象，对具体的城乡关系建构过程进行解释。二是中国城乡关系不仅是经济和社会关系，它还包括了政治关系，这客观上要求对中国城乡关系进行多学科的跨学科研究，以形成具有中国特色的城乡关系理论论断。中国城乡关系的中国特色为中国社会科学的话语体系构建提供了良好的历史素材，加大对城乡关系研究的支持将有利于丰富中国特色社会主义理论体系，理论意义和现实意义重大，值得引起社会各界的高度重视。

三 研究展望

纵观新中国成立以来川渝地区城乡关系的发展演变过程，先后经历了恢复与重建、体制内演化、调适与更新、分化与重组、探索与创新等阶段，从国家控制和总体动员到民间自主创新和多元合作共创，已经成为中国城乡关系发展演化的基本趋势。在新的历史条件下，以川渝等区域城乡关系发展演变为个案，认真地总结新中国 70 余年来城乡关系的发展演变规律特征和机理，总结其经验与教训，不仅有利于解决中国现代化建设进程中的发展不平衡、不充分的矛盾，而且也有利于构建起具有中国特色的社会科学话语体系。以此为城乡关系研究的基本前提，一方面中国城乡关系研究应在点上对重大历史事件与城乡关系演化规律、模式和两者之间的作用机理展开深入研究，以从更深层次认识清楚中国城乡关系演变过程中的内在复杂性。另一方面，应在多个学科基础上，采取田野调查的方式，对新中国成立以后，尤其是改革开放后城乡关系的空间演化规律进行深入研究，在形成对个体层面的城乡关系演化的历史性描述的基础上，形成概念，从而建立起中国城乡关系的理论新视角。

参考文献

安贞元：《人民公社化运动研究》，中央文献出版社2003年版。

薄一波：《若干重大决策与事件的回顾》（下卷），人民出版社1993年版。

巴县志编纂委员会编：《巴县志》，重庆出版社1994年版。

薄一波：《若干重大决策与事件的回顾》（上卷），人民出版社1997年版。

毕世杰主编：《发展经济学》（第1版），高等教育出版社1999年版。

白永秀、吴丰华：《中国城乡发展一体化：历史考察、理论演进与战略推进》，人民出版社2015年版。

陈其南：《文化的轨迹》，春风文艺出版社1978年版。

成都市社会科学研究所：《成都经济调查报告选（1979—1981）》，成都市社会科学研究所1981年版。

重庆市经济地理编辑委员会编：《重庆市经济地理》，重庆出版社1987年版。

重庆市地方志编纂委员会总编辑室编：《重庆大事记》，科学技术文献出版社1989年版。

崔之元：《第二次思想解放与制度创新》，牛津大学出版社1997年版。

陈志潜：《中国农村医学——我的回忆》，四川人民出版社1998年版。

陈友华、赵民编：《城市规划概论》（第1版），上海科学技术文献出版社 2000 年版。

重庆市渝北区政协文史学习委员会编:《渝北文史资料》（第10辑），文史资料编辑部 2004 年版。

成都市政协文史学习委员会编:《成都文史资料选编（建国初期卷）》，四川出版集团、四川人民出版社 2007 年版。

《重庆》课题组:《重庆》，当代中国出版社 2008 年版。

重庆市城乡统筹办公室编:《重庆市 2010 年统筹城乡综合配套改革实验报告》，2010 年。

程开明:《从城市偏向到城乡统筹：城乡关系演进特征研究》，浙江工商大学出版社 2010 年版。

岑乾明:《马克思恩格斯的城乡观及其当代价值研究》，中国社会科学出版社 2013 年版。

杜受祜、张学君主编:《近现代四川场镇经济志（一）》，四川省社会科学院出版社 1986 年版。

当代中国的计划工作办公室编:《中华人民共和国国民经济和社会发展计划大事辑要》，红旗出版社 1987 年版。

当代中国丛书编辑委员会编:《当代四川的工人阶级和工会运动》，四川人民出版社 1991 年版。

当代四川丛书编辑部编:《丝绸名城南充》，当代中国出版社 1991 年版。

当代四川丛书编辑部编:《当代四川物资流通》，四川人民出版社 1991 年版。

当代四川丛书编辑部编:《科学电子城绵阳》，四川人民出版社 1992 年版。

当代四川丛书编辑部编:《当代凉山》，当代中国出版社 1992 年版。

当代四川丛书编辑部编:《钢铁钒钛之都攀枝花》，当代中国出版社 1993 年版。

当代四川丛书编辑部编:《工业新城德阳》，当代中国出版社 1993 年版。

当代四川丛书编辑部编:《纺织食品城遂宁》，当代中国出版社 1993 年版。

当代四川丛书编辑部编:《当代阿坝》,当代中国出版社1993年版。

《邓小平文选》(第3卷),人民出版社1993年版。

《邓小平文选》(第2卷),人民出版社1994年版。

当代四川丛书编辑部编:《熊猫故乡雅安》,当代中国出版社1995年版。

当代四川丛书编辑部编:《乌江门户涪陵》,当代中国出版社1995年版。

段志洪、徐学初主编:《四川农村60年经济结构之变迁》,巴蜀书社2009年版。

段应碧主编:《工业化进程中的城乡关系研究》,中国农业出版社2010年版。

党双忍:《制度并轨与城乡统筹》,中国环境出版社2011年版。

发展中的大西南编辑部编:《发展中的大西南(1949—1989)》,贵州省新闻出版局1990年版。

费孝通:《费孝通文集》(第13卷),群言出版社1999年版。

傅泽平、廖振跃:《深化统筹城乡综合配套改革研究——四川统筹城乡经济发展的实证分析》,西南财经大学出版社2014年版。

葛绥成:《四川之行》,中华书局1934年版。

高宇天:《当代四川基本建设》,四川省社会科学院出版社1987年版。

郭元希:《四川城市改革十年》,四川省社会科学院出版社1989年版。

郭书田、刘纯彬:《失衡的中国——城市化的过去、现在与未来》,河北人民出版社1990年版。

龚自德主编:《中共四川地方史专题纪事(社会主义时期)》,四川人民出版社1991年版。

国家统计局编:《2001中国发展报告——中国的"九五"》,中国统计出版社2001年版。

国家统计局国民经济综合统计司汇编:《新中国六十年统计资料汇编》,中国统计出版社2010年版。

何辉:《中江机械厂发展简史》,载《中江文史资料选辑》(第8

辑），中国文史出版社 1960 年版。

黄树则、林士笑主编：《当代中国的卫生事业》（上），中国社会科学出版社 1986 年版。

何克、周殿昆主编：《四川市场体系研究》，四川大学出版社 1991 年版。

何畅：《新时期四川经济发展战略》，西南财经大学出版社 1996 年版。

郝寿义、安虎森主编：《区域经济学》（第 1 版），经济科学出版社 1999 年版。

胡恒：《皇权不下县？清代县辖政区与基层社会治理》，北京师范大学出版社 2015 年版。

侯水平、范秋美编：《四川城镇化发展报告（2015）》，社会科学文献出版社 2015 年版。

侯水平、陈炜主编：《四川城镇化发展报告（2016）》，社会科学文献出版社 2016 年版。

江金权主编：《从十五大到十六大》，中共党史出版社 2001 年版。

李廷文主编：《华蓥今古》，科学技术文献出版社重庆分社 1988 年版。

刘洪廉：《中国人口》（四川分册），中国财政经济出版社 1988 年版。

廖家岷主编：《四川乡镇企业十年（1977—1986）》，四川人民出版社 1988 年版。

陆仰渊、方庆秋主编：《民国社会经济史》，中国经济出版社 1991 年版。

兰瑞华主编：《四川地县统计资料》，中国统计出版社 1991 年版。

泸县县志办公室编：《泸县志》，四川科学技术出版社 1993 年版。

龙光俊：《四川经济展望（1997）》，四川人民出版社 1996 年版。

刘清泉主编：《四川经济地理》，新华出版社 1997 年版。

罗元铮主编：《中华民国实录》（第 5 卷上），吉林人民出版社 1998 年版。

刘江主编：《中国地区发展回顾与展望》（重庆市卷），中国物价出版社 1999 年版。

刘江主编：《中国地区发展回顾与展望》（四川省卷），中国物价出版社 1999 年版。

刘应杰：《中国城乡关系与中国农民工人》，中国社会科学出版社 2000 年版。

李益彬：《启动与发展——新中国成立初期城市规划事业研究》，西南交通大学出版社 2007 年版。

李培林：《当代中国城市化及其影响》，社会科学文献出版社 2013 年版。

李铁、乔润令编：《城镇化进程中的城乡关系》，中国发展出版社 2013 年版。

刘珺、宋周：《城乡一体化中的农民社会权益保障问题研究》，科学出版社 2014 年版。

廖伯康：《城市改革中的"第一个吃螃蟹者"——重庆经济体制综合改革试点回忆》，载中国政协文史馆编：《文史资料选辑（第 164 辑）》，中国文史出版社 2014 年版。

黎昕主编：《新型农村社区建设研究》，华中科技大学出版社 2015 年版。

李建军：《大城市与周边村庄关系理论与实证研究》，商务印书馆 2015 年版。

梁波：《我们的去向：全球化语境下的中国"城乡关系"书写》，社会科学文献出版社 2016 年版。

绵阳市粮食局编：《绵阳市粮油志》，绵阳市粮食局 1993 年版。

门生、韩轶、薛晓东等：《地震灾后重建与统筹城乡战略相关问题研究：四川省彭州市灾后重建的实践与思考》，电子科技大学出版社 2010 年版。

马光川、秦瑞鸿：《城乡变迁与社会资本重构》，山东人民出版社 2015 年版。

南溪县文史资料委员会：《南溪县文史资料选辑》（第 21 辑），南溪县文史资料委员会 1993 年版。

南充市地方志编纂委员会编：《南充市志》，四川科学技术出版社

1994年版。

聂华林、李泉：《中国西部城乡关系概论》，中国社会科学出版社2006年版。

裴叔平、周叔莲、陈栋生主编：《中国地区产业政策研究》，中国经济出版社1990年版。

攀枝花经济辐射及民族关系课题组编：《攀西裂谷上的生长点》，四川民族出版社1995年版。

漆先望：《四川区域经济协调发展战略研究》，西南财经大学出版社2011年版。

四川省巴县县志编纂委员会编：《巴县志》（卷十一）（刻本），巴蜀书社1939年版。

四川省统计局编：《四川统计年鉴（1984）》，四川省统计局1984年版。

四川省政协名山县文史资料研究委员会编：《名山县文史资料（第二辑）》，1986年版。

四川省统计局编印：《四川省财贸统计资料（1978—1986）》，四川省统计局1987年版。

四川省经济体制改革委员会、生产体制处、《改革导刊》部汇编：《效益的新起点——四川省深化企业改革经验汇编》，四川省社会科学院1988年版。

四川省农业合作经济史料编辑组编：《四川农业合作经济史料》，四川科学技术出版社1989年版。

四川省统计局、国家统计局国情调查总队编：《四川统计年鉴（1989年）》，中国统计出版社1989年版。

四川年鉴编辑委员会编：《四川年鉴（1991）》，四川年鉴编辑委员会1991年版。

四川省统计局编：《四川统计年鉴（1991）》，中国统计出版社1991年版。

四川省地方志编纂委员会编纂：《四川省志·医药卫生志》，四川科学技术出版社1992年版。

四川宜宾市地方志办公室编：《宜宾市志》，新华出版社1992

年版。

四川绵竹县志编纂委员会编：《绵竹县志》，四川科学技术出版社1992年版。

四川自贡市工商行政管理局编：《自贡市工商行政管理志》（上卷），成都科技大学出版社1993年版。

四川自贡市自流井区志编纂委员会编纂：《自贡市自流井区志》，巴蜀书社1993年版。

四川岳池县志编纂委员会编纂：《岳池县志》，电子科技大学出版社1993年版。

四川省攀枝花市编纂委员会编：《攀枝花市志》，四川科学技术出版社1994年版。

四川万县志编纂委员会编：《万县志》，四川辞书出版社1995年版。

四川省地方志编纂委员会编纂：《四川省志·粮食志》，四川科学技术出版社1995年版。

四川年鉴编辑：《四川年鉴（1996）》，四川年鉴社1996年版。

四川省地方志编纂委员会编纂：《四川省志·农业志》，四川辞书出版社1996年版。

四川省政协广元市委员会文史资料研究委员会：《广元市文史资料》（第11辑），四川省广元市委员会1997年版。

四川资中县志编纂委员会编纂：《资中县志》，巴蜀书社1997年版。

四川自贡市地方志编纂委员会编纂：《自贡市志》，方志出版社1997年版。

四川内江市中区编史修志办公室编纂：《内江市志》，巴蜀书社1997年版。

四川省统计局编：《四川统计年鉴（1998）》，中国统计出版社1998年版。

四川泸州地方志编纂委员会编纂：《泸州市志方》，方志出版社1998年版。

四川省地方志编纂委员会编纂：《四川省志·政务志》（上册），方志出版社 2000 年版。

孙久文:《区域经济规划》(第 1 版),商务印书馆 2004 年版。

四川省人民政府研究室主编:《加快四川省新型城镇化对策研究》,天地出版社 2011 年版。

四川省教育厅编纂:《四川省志·教育志(1986—2005 年)》,方志出版社 2016 年版。

谭力主编:《当代成都简史》,四川人民出版社 1999 年版。

陶武先、王荣轩主编:《成都五十年》,中国统计出版社 1999 年版。

谭继和主编:《当代四川要事实录》(第一辑),四川人民出版社 2005 年版。

隗瀛涛主编:《近代重庆城市史》,四川大学出版社 1991 年版。

王庭科:《民营经济在崛起》,四川人民出版社 1999 年版。

王春才:《三线建设铸丰碑》,四川人民出版社 1999 年版。

王振亮:《城乡空间融合论:我国城市化可持续发展过程中城乡空间关系的系统研究》,复旦大学出版社 2000 年版。

吴毅:《村治变迁中的权威与秩序:20 世纪川东双村的表达》,中国社会科学出版社 2002 年版。

隗瀛涛主编:《近代长江上游城乡关系研究》,天地出版社 2003 年版。

王景新:《明日中国:走向城乡一体化》(第 1 版),中国经济出版社 2005 年版。

王小琪、陈延平:《四川统筹城乡发展机制探析》,电子科技大学出版社 2006 年版。

武力:《中国共产党与当代中国经济发展研究(1949—2006)》,中共党史出版社 2008 年版。

温铁军:《"三农"问题与制度变迁》,中国经济出版社 2009 年版。

王洪超、谢元态、陈芳娣:《中国城乡关系的历史学透视》,中国农业出版社 2010 年版。

王大伟:《城乡关系视角下的农村土地制度变迁绩效》,商务印书馆 2012 年版。

王笛:《走进中国城市内部:从社会的最底层看历史》,清华大学出版社 2013 年版。

王雨:《填四川》,重庆出版社 2015 年版。

王春光:《超越城乡:资源、机会一体化配置》,社会科学文献出版社 2016 年版。

薛驹主编:《十四大报告二十二讲》,中共中央党校出版社 1992 年版。

谢世杰:《求实创新,加快四川发展》,中共中央党校出版社 1997 年版。

许建文:《中国当代农业政策史稿》,中国农业出版社 2007 年版。

杨超等主编:《当代中国的四川》(上册),中国社会科学出版社 1990 年版。

杨超等主编:《当代中国的四川》(下册),中国社会科学出版社 1990 年版。

杨超等主编:《当代四川商业》,四川人民出版社 1991 年版。

姚志能:《希望之路——四川农村十年改革纪实》,四川人民出版社 1991 年版。

杨超:《当代四川水利》,四川人民出版社 1991 年版。

杨超:《当代四川轻工业》,当代中国出版社 1997 年版。

杨超主编:《当代四川简史》,当代中国出版社 1997 年版。

余德鹏:《城乡社会:从隔离走向开放——中国户籍制度与户籍法研究》,山东人民出版社 2002 年版。

杨天宗、季铸主编:《反思城市》,四川大学出版社 2012 年版。

叶裕民、焦永利编著:《中国统筹城乡发展的系统架构与实施路径:来自成都实践的观察与思考》,中国建筑工业出版社 2013 年版。

叶超:《体国经野:中国城乡关系发展的理论与历史》,东南大学出版社 2014 年版。

杨勇:《成渝都市圈发展战略研究》,厦门大学出版社 2016 年版。

张肖梅编著:《四川经济参考资料》,中国国民经济研究所 1939 年版。

中共天津市委总学委会编:《论城乡关系》,中共天津市委总学委会 1949 年版。

赵作为编著：《从水利建设看人民公社的优越性》，中国农业出版社 1959 年版。

中共中央文献编辑委员会编辑：《毛泽东选集》（第 5 卷），人民出版社 1977 年版。

中共中央马克思恩格斯列宁斯大林著作编译局译：《马克思恩格斯全集》（第 46 卷）（上），人民出版社 1979 年版。

中共中央文献编辑委员会编：《周恩来选集》（下卷），人民出版社 1980 年版。

中华人民共和国国家农业委员会办公室编：《农业集体化重要文件汇编》（下），中共中央党校出版社 1981 年版。

中共中央文献编辑委员会编：《刘少奇选集》（上卷），人民出版社 1986 年版。

中共广汉县委研究室汇编：《广汉的改革与发展》，中共广汉县委办公室 1987 年版。

中共中央文献编辑委员会编：《任弼时选集》，人民出版社 1987 年版。

中国城市建设年鉴编委会编：《中国城市建设年鉴（1986—1987）》，中国建筑工业出版社 1989 年版。

中国城市经济社会年鉴理事会编：《中国城市经济社会年鉴（1989）》，中国城市经济社会出版社 1989 年版。

张学君、张丽红：《四川近代工业史》，四川人民出版社 1990 年版。

中共中央文献编辑委员会编：《毛泽东选集》（第 4 卷），人民出版社 1991 年版。

中共中央文献研究室编：《建国以来重要文献选编》（第一册），中央文献出版社 1992 年版。

中共中央文献研究室编：《建国以来重要文献选编》（第二册），中央文献出版社 1992 年版。

中共中央文献研究室编：《建国以来重要文献选编》（第八册），中央文献出版社 1993 年版。

中国人民政治协商会议重庆市委员会文史资料委员会：《重庆文史资料》（第40辑），西南师范大学出版社1993年版。

周国璋主编：《四川农村粮食购销》，四川大学出版社1993年版。

中国农业全书四川卷编辑委员会编：《中国农业全书·四川卷》，中国农业出版社1994年版。

周叔莲、郭克莎主编：《中国地区城乡经济关系研究》，经济管理出版社1994年版。

中共中央文献研究室编：《建国以来重要文献选编》（第十册），中央文献出版社1994年版。

中共中央文献研究室编：《建国以来重要文献选编》（第十二册），中央文献出版社1994年版。

中共中央文献研究室编：《建国以来重要文献选编》（第十四册），中央文献出版社1994年版。

中共四川省委党史研究室编：《四川农村体制改革》，成都出版社1995年版。

中共四川省委党史研究室组织、罗宗荣、龚自德等编：《四川乡镇企业》，成都出版社1995年版。

张广友：《改革风云中的万里》，人民出版社1995年版。

周绍坤：《星光灿烂——四川县域经济巡礼》，四川人民出版社1996年版。

中共中央文献研究室编：《建国以来重要文献选编》（第十三册），中央文献出版社1996年版。

中共中央文献研究室编：《建国以来重要文献选编》（第十五册），中央文献出版社1997年版。

政协四川省仁寿县委员会文史委员会编：《仁寿文史》（第十二辑），政协四川省仁寿县委员会文史委员会1997年版。

中共中央文献研究室编：《邓小平思想年谱（1975—1997）》，中央文献出版社1998年版。

中共四川省委党史研究室编：《中国新时期农村的变革·四川卷》，中共党史出版社1998年版。

中共中央文献研究室编：《毛泽东文集》（第6卷），人民出版社

1999年版。

中共四川省委党史研究室编:《中国共产党四川历史大事记(1949—1978)》,四川人民出版社2000年版。

张守广:《卢作孚年谱》,江苏古籍出版社2002年版。

张国:《中国城乡结构调整研究——工业化过程中的城乡协调发展》(第1版),中国农业出版社2002年版。

中央编译局:《马克思恩格斯全集》(第1卷),人民出版社2002年版。

中央编译局:《马克思恩格斯全集》(第21卷),人民出版社2003年版。

赵勇:《城乡良性互动战略》(第1版),商务印书馆2004年版。

政协铜梁县委员会编:《铜梁文史资料》(第十六辑),政协铜梁县委员会2006年版。

中共中央文献研究室、中共重庆市委编:《邓小平西南工作文集》,重庆出版社2006年版。

郑长德:《发展经济学与地区经济发展:以四川省为例》,中国财政经济出版社2007年版。

中共中央党史研究室组织编写:《执政中国》(第四卷),中共党史出版社2009年版。

政协秀山自治县委员会教科文史资料委编:《秀山文史资料(第十四辑)》,2009年版。

中共中央党史研究室:《中国共产党历史(第2卷)(1949—1978)》,中共党史出版社2011年版。

赵文欣编:《统筹城乡发展探索:解析成都模式之邛崃实践》,四川人民出版社2011年版。

中央编译局编:《马克思恩格斯全集》(第46卷),人民出版社2012年版。

折晓叶、艾云编著:《城乡关系演变的制度逻辑和实践过程》,中国社会科学出版社2014年版。

张晓山编:《构建新型城乡关系:新农村建设政策体系研究》,中国社会科学出版社2014年版。

张果、曾永明：《新型城镇化后农村人口发展模式与内在机理研究：以四川省为例》，科学出版社2016年版。

鲍成志：《现代工业与城市发展研究——以中国西部区域中心城市成都为例》，硕士学位论文，四川大学，2002年。

白坤：《重庆市城乡协调发展的现状分析及对策研究》，硕士学位论文，重庆大学，2008年。

陈明：《建国初期城乡关系研究（1949—1957）》，硕士学位论文，四川大学，2005年。

曹海滑：《新农村建设中的城乡关系研究》，硕士学位论文，兰州理工大学，2010年。

付春：《新中国建立初期城市化进程、原因及特点分析（1949—1957年)》，硕士学位论文，四川大学，2005年。

方彩虹：《马克思恩格斯城乡关系思想与构建中国和谐城乡关系研究》，硕士学位论文，西南大学，2009年。

蓝文权：《邓小平城乡关系思想研究》，硕士学位论文，陕西师范大学，2011年。

刘甜甜：《制度变迁视域中我国城乡关系的历史演进及其规律研究》，硕士学位论文，湖南师范大学，2013年。

李杰：《建国后山西省城乡关系变迁分析》，硕士学位论文，山西财经大学，2013年。

马军显：《城乡关系：从二元分割到一体化发展》，博士学位论文，中共中央党校，2008年。

彭晓伟：《中国共产党的城乡关系理论与实践》，博士学位论文，西南交通大学，2008年。

史军：《中国城乡关系的历史考察及协调发展对策研究》，硕士学位论文，山东师范大学，2000年。

王炬：《重庆城市带动农村发展模式研究》，博士学位论文，西南大学，2009年。

吴丰华：《中国近代以来城乡关系变迁轨迹与变迁机理（1840—2012)》，博士学位论文，西北大学，2013年。

徐沈倩：《我国城乡关系协调发展问题研究》，硕士学位论文，上海师范大学，2010 年。

徐明：《科学发展观视野下的四川统筹城乡发展研究》，硕士学位论文，西华大学，2015 年。

袁安贵：《论四川二元经济结构调整》，硕士学位论文，西南财经大学，2005 年。

张兰英：《民国时期四川农村土地制度》，硕士学位论文，四川师范大学，2002 年。

周兰兰：《20 世纪川东、南地区中等城市与区域发展研究》，硕士学位论文，四川大学，2003 年。

张立艳：《建国以来城乡关系演变的历史考察与现实思考》，硕士学位论文，东北师范大学，2005 年。

张传烈：《建国以来城市管理思想研究——以城乡关系理论为视角》，吉林大学，博士学位论文，2008 年。

朱冬静：《国外城乡关系研究动态及其启示》，硕士学位论文，安徽大学，2013 年。

赵天娥：《中共第一代领导人的城乡关系思想研究》，博士学位论文，东北师范大学，2013 年。

张玲：《基于马克思主义城乡关系理论的中国城乡关系问题研究》，硕士学位论文，西安建筑科技大学，2014 年。

张勇：《四川省城镇空间结构优化研究》，博士学位论文，西南财经大学，2014 年。

白雪瑞：《中国城乡关系与经济发展》，《北方论丛》2007 年第 2 期。

白永秀：《城乡二元结构的中国视角：形成、拓展、路径》，《学术月刊》2012 年第 5 期。

城乡二元结构下经济社会协调发展课题组、周叔莲、郭克莎：《中国城乡经济及社会协调发展》（下），《管理世界》1996 年第 4 期。

陈吉元：《中国农业可持续发展之路》，《中国改革》1997 年第 1 期。

陈永忠：《四川省国企改革的回顾和 1998 年展望》，《理论与改革》1998 年第 2 期。

蔡云辉：《城乡关系与近代中国的城市化问题》，《西南师范大学学报》（人文社会科学版）2003年第5期。

陈东林：《"三年自然灾害"与"大跃进"——"天灾"、"人祸"关系的计量历史考察》，《当代中国史研究》2004年第1期。

蔡云辉：《论近代中国城乡关系与城市化发展的低速缓进》，《社会科学辑刊》2004年第2期。

陈明、刘爱华：《新中国建立前后党和国家领导人对新型城乡关系的思考及其原因初探》，《中国市场》2007年第9期。

蔡昉：《贯彻落实科学发展观统筹城乡发展》，《中国经贸导刊》2009年第2期。

蔡云辉：《新中国成立60年来我国城乡关系研究述评》，《学术探索》2011年第8期。

陈方：《城乡关系：一个国外文献综述》，《中国农村观察》2013年第6期。

崔一楠、李群山：《1965年四川广元对三线建设的支援》，《当代中国史研究》2014年第2期。

陈训波、朱文：《农业供给侧改革下的新型农业经营主体发展研究——基于四川的调查分析》，《农村经济》2017年第8期。

陈锡文：《以新型城镇化与新农村建设双轮推进城乡一体化》，《求索》2017年第11期。

戴宾：《四川农村试点小城镇发展的现状及问题》，《农村经济》2004年第4期。

杜志雄、张兴华：《世界农村发展与城乡关系演变趋势及政策分析》，《调研世界》2006年第7期。

董志凯：《工业化初期的固定资产投资与城乡关系——对1950—1980年代工业建设的反思》，《中国经济史研究》2007年第1期。

杜伟、黄善明：《"全域成都"视野下成都市城乡公共资源的优化配置与保障》，《成都发展改革研究》2010年第4期。

董济杰：《马克思主义城乡关系理论的中国化进程》，《理论月刊》2016年第6期。

樊丙庚：《四川"三线"建设》，《城市规划》1988年第6期。

范虹珏：《城乡关系转型背景下"农民市民化"之困境与走向》，《中共四川省委省级机关党校学报》2014 年第 2 期。

高扬文：《三线建设回顾》，《百年潮》2006 年第 6 期。

高伯文：《中国共产党对新中国工业化初期城乡关系的探索与经验》，《党史研究与教学》2009 年第 5 期。

郭冬梅：《建设协调的西部城乡关系》，《实践（思想理论版）》2009 年第 11 期。

高伯文：《一九五三年至一九七八年工业化战略的选择与城乡关系》，《中共党史研究》2010 年第 9 期。

高勇：《关于近年新型城镇化建设的研究综述》，《科技与企业》2014 年第 11 期。

关永强、张东刚：《"斯密型增长"——基于近代中国乡村工业的再评价》，《历史研究》2017 年第 2 期。

桂梅：《重庆地票的成效与局限》，《国土资源情报》2017 年第 4 期。

黄启国：《加快四川城市化进程的思考》，《城市研究》1998 年第 1 期。

何一民、范瑛、付春：《中国城市发展模式研究》，《社会科学研究》2005 年第 1 期。

何一民、周明长：《156 项工程与新中国工业城市发展（1949—1957 年）》，《当代中国史研究》2007 年第 2 期。

回良玉：《国务院关于四川汶川特大地震抗震救灾及灾后恢复重建工作情况的报告》，《中华人民共和国全国人民代表大会常务委员会公报》2008 年第 5 期。

何一民、吴珂：《探寻中国城市发展之路——何一民教授访谈》，《学术月刊》2008 年第 12 期。

韩俊：《中国城乡关系演变 60 年——回顾与展望》，《改革》2009 年第 11 期。

何一民：《革新与再造：新中国建立初期城市发展与社会转型相关问题纵横论》，《福建论坛》（人文社会科学版）2012 年第 1 期。

何一民、朱艳林：《国民经济恢复时期城乡关系的变化及影响》，

《深圳大学学报》（人文社会科学版）2014年第5期。

贾高建：《社会整体视野中的城乡关系问题》，《中共中央党校学报》2007年第2期。

李井泉：《人民公社是我国社会发展的必然产物》，《红旗》1959年第20期。

李仁忠：《农业投入的思考》，《四川财政》1994年第8期。

卢周来：《三线建设与改造对四川省经济的影响及启示》，《军事经济研究》1996年第7期。

李光耀：《四川农村经济发展的思路和对策》，《天府新论》2001年第4期。

陆益龙：《1949年后的中国户籍制度：结构与变迁》，《北京大学学报》（哲学社会科学版）2002年第2期。

李晓澜、宋继清：《二元经济理论模型评述》，《山西财经大学学报》2004年第1期。

李泉：《中外城乡关系问题研究综述》，《甘肃社会科学》2005年第4期。

李庆刚：《十年来"大跃进"研究若干问题综述》，《当代中国史研究》2006年第3期。

李泉：《中外处理城乡关系的实践与启示——兼论西部地区的城乡协调发展》，《开发研究》2006年第5期。

罗哲：《甘肃城乡二元结构实证研究——基于城乡关系与城乡发展的计量分析》，《开发研究》2007年第4期。

罗峰：《从分治到统筹：城乡关系阶段性转型》，《社会主义研究》2008年第3期。

林毅夫、陈斌开：《重工业优先发展战略与城乡消费不平等》，《浙江社会科学》2009年第4期。

李占才：《改革以来我国农村劳动力转移政策的演化及其经验》，《当代中国史研究》2009年第6期。

李德成：《新中国前30年农村基层卫生人员培养模式探究》，《当代中国史研究》2010年第2期。

柳士双：《欧盟的城乡关系政策及其启示》，《江西农业大学学报》

（社会科学版）2010 年第 6 期。

李翠霞、邱红玉：《人口流动背景下的城乡关系变迁》，《人民论坛》2010 年第 17 期。

刘吕红、阙敏：《"三线"建设与四川攀枝花城市的形成》，《唐都学刊》2010 年第 6 期。

李德英：《民国时期成都平原乡村集镇与农民生活——兼论农村基层市场社区理论》，《四川大学学报》（哲学社会科学版）2011 年第 3 期。

李敬、张阳艳、熊德平：《制度创新与统筹城乡发展——来自重庆统筹城乡综合配套改革试验区的经验》，《农业经济问题》2012 年第 6 期。

刘祖云、李烨：《"城乡关系"学术文献的理论考察》，《中共四川省委省级机关党校学报》2014 年第 2 期。

罗必良：《农地流转的市场逻辑——"产权强度—禀赋效应—交易装置"的分析线索及案例研究》，《南方经济》2014 年第 5 期。

李文明：《中国农民发展的现实困境与改革路径》，《农业经济问题》2014 年第 6 期。

李建建、许彩玲：《毛泽东城乡关系思想：脉络梳理及经验启示》，《当代经济研究》2014 年第 11 期。

刘磊：《城乡关系视野下中国农村土地制度改革的道路选择》，《南京农业大学学报》（社会科学版）2015 年第 6 期。

林春：《再议土地改革——中国和印度的启示》，《开放时代》2016 年第 2 期。

刘锐：《城乡统筹视阈下的地票制度完善研究》，《西北农林科技大学学报》（社会科学版）2016 年第 5 期。

李发根：《创新还是延续："内卷化"理论的中国本土溯源》，《史学理论研究》2017 年第 3 期。

马远军、张小林、梁丹等：《国外城乡关系研究动向及其启示》，《经济问题探索》2006 年第 1 期。

马爱群：《改革开放以来党对城乡关系理论的探索》，《世纪桥》2008 年第 20 期。

宁志一、刘晓兰：《论三线建设与四川现代化进程》，《党史研究与教学》1999年第6期。

邱国盛：《1949年以来中国城市现代化与城市化关系探讨》，《当代中国史研究》2002年第5期。

邱国盛：《当代中国逆城市化研究（1949—1978）》，《社会科学辑刊》2006年第3期。

秦代红、刘礼、夏涌：《全域成都城乡统一户籍的探索与实践》，《发展改革研究》2011年第6期。

邱国盛：《职工精简与20世纪60年代前期的上海城乡冲突及其协调》，《安徽史学》2011年第6期。

邱国盛：《苏联经验与中国经历：20世纪50年代中国城乡关系的演变》，《史学集刊》2012年第2期。

孙同川：《重庆城市改革十年》，《改革》1988年第6期。

宋宜昌：《三线建设的回顾与反思》，《战略与管理》1996年第3期。

舒维双、吴祥玉、任波：《坚持改革开放，促进农村发展——四川省农村改革20年回眸》，《经济体制改革》1998年第6期。

石忆邵：《城乡一体化理论与实践：回眸与评析》，《城市规划汇刊》2003年第1期。

苏明：《国民经济转型时期工农关系、城乡关系和国民收入分配关系的研究》（上），《宏观经济》（财政研究）2003年第4期。

苏明：《国民经济转型时期工农关系、城乡关系和国民收入分配关系的研究》（下），《宏观经济》（财政研究）2003年第5期。

苏明：《我国中长期正确处理城乡关系的思路和政策建议》，《财会研究》2003年第6期。

孙成军：《马克思主义城乡关系理论与我们党城乡统筹发展的战略选择》，《马克思主义研究》2006年第4期。

孙成民：《四川知青上山下乡始末》（上篇），《四川党的建设》（城市版）2016年第4期。

孙成民：《四川知青上山下乡始末》（中篇），《四川党的建设》（城市版）2016年第5期。

孙成民：《四川知青上山下乡始末》（下篇），《四川党的建设》（城市版）2016年第6期。

田永秀：《近代城市统治地位的建立——近代城乡关系析论（一）》，《社会科学研究》2004年第3期。

田永秀：《城市对农村的带动——近代城乡关系析论（二）》，《社会科学研究》2004年第4期。

田永秀：《农村滞后对城市发展的桎梏——近代城乡关系析论（三）》，《社会科学研究》2005年第1期。

武力：《1949—1978年中国"剪刀差"差额辨正》，《中国经济史研究》2001年第4期。

武力：《1978—2000年中国城市化进程研究》，《中国经济史研究》2002年第3期。

武力：《中国计划经济的重新审视与评价》，《当代中国史研究》2003年第4期。

瀛涛、田永秀：《近代四川城乡关系析论》，《中华文化论坛》2003年第2期。

汪红娟：《"文革"时期三线建设述略》，《江西教育学院学报》（社会科学版）2005年第5期。

武力：《1949—2006年城乡关系演变的历史分析》，《中国经济史研究》2007年第1期。

王伟、吴志强：《基于制度分析的我国人口城镇化演变与城乡关系转型》，《城市规划学刊》2007年第4期。

武力：《论改革开放以来中国城乡关系的两次转变》，《教学与研究》2008年第10期。

完世伟：《当代中国城乡关系的历史考察及思考》，《当代中国史研究》2009年第2期。

武力：《新中国60年城乡关系的演变和共同发展》，《中华魂》2009年第11期。

王德平、王健平：《城乡社保并轨的"全域成都"》，《社保论坛》2011年第6期。

武力：《城乡一体化：中国农村和农民的复兴梦》，《红旗文稿》

2014年第1期。

王毅：《三线建设中的重庆军工企业发展与布局》，《军事历史研究》2014年第4期。

武力、张强：《乡村社会治理结构的四次变革》，《国家治理》2015年第14期。

吴垠：《城镇化的古典模式与新古典模式》，《中国人民大学学报》2016年第3期。

武力：《中国共产党对"三农"问题的认识历程及其启示》，《党的文献》2016年第6期。

王毅：《三线建设中川渝地区机械企业发展与布局初探》，《开发研究》2016年第3期。

王毅：《三线建设与川渝地区城市发展》，《理论月刊》2017年第9期。

厦门大学经济研究所：《人民公社化后城乡关系》，《厦门大学学报》（哲学社会科学版）1960年第1期。

谢世杰：《加快小城镇建设是四川农村经济社会全面发展的必然选择》，《理论学习导刊》1995年第6期。

许经勇：《构建城乡一体化的新型城乡关系——建设社会主义新农村的理论思考》，《财经问题研究》2006年第9期。

奚建武、唐亚林：《复合型二元结构：考察城乡关系的新视角》，《社会主义研究》2008年第5期。

夏永祥：《改革开放30年来我国城乡关系的演变与思考》，《苏州大学学报》（哲学社会科学版）2008年第6期。

奚建武：《结构转化城乡关系变迁的新动力——基于城乡复合型二元结构视角》，《调研世界》2008年第12期。

谢金峰：《重庆市统筹城乡发展的做法与启示》，《经济研究参考》2008年第32期。

徐怀东：《统筹城乡改革发展的路径选择——以四川省自贡市为例》，《新西部》2010年第14期。

徐涛：《四川三线建设略论》，《前沿》2012年第2期。

徐学庆：《我国城乡关系的失衡及其调整》，《中州学刊》2014年第 4 期。

徐思远：《城乡关系变迁对农村农民影响的研究综述——建国初至今》，《农村经济与科技》2014 年第 5 期。

薛宗保：《基于深化改革的城乡一体化建设研究——以四川达州为例》，《安徽农业科学》2014 年第 31 期。

徐有威、陈熙：《三线建设对中国工业经济及城市化的影响》，《当代中国史研究》2015 年第 4 期。

叶超：《国外城乡关系理论演变及其启示》，《中国人口·资源与环境》2008 年第 1 期。

杨汝岱：《中国改革初期的四川探索》，《炎黄春秋》2010 年第 7 期。

叶超：《中国城乡关系的文化地理特质》，《人文地理》2012 年第 6 期。

叶裕民：《中国统筹城乡发展的系统架构与实施路径》，《城市规划学刊》2013 年第 1 期。

张雨林：《我国城乡关系的历史考察》（上），《中国农村经济》1989 年第 9 期。

张雨林：《我国城乡关系的历史考察》（下），《中国农村经济》1989 年第 10 期。

张星炜：《社会主义的中国特色与四川经济社会发展讨论会综述》，《理论与改革》1995 年第 2 期。

张化：《建国后城乡关系演变刍议》，《中共党史研究》2000 年第 3 期。

赵阳、周飞舟：《农民负担和财税体制：从县、乡两级的财税体制看农民负担的制度原因》，《香港社会科学学报》2000 年秋季卷。

张曙：《"文革"中的知识青年上山下乡运动研究评述》，《当代中国史研究》2001 年第 2 期。

中国致公党北京市委员会：《北京市现代化进程中的城乡关系调整》，《北京观察》2002 年第 2 期。

张伟：《试论城乡协调发展及其规划》，《城市规划》2005 年第 1 期。

郑炎成、陈文科：《县域经济在国民经济中的现实地位变迁：理论与实证》，《财经研究》2006年第3期。

郑国、叶裕民：《城乡关系发展阶段与统筹发展模式研究》，《中国人民大学学报》2009年第6期。

张兆曙：《农民日常生活视野中的城乡关系及其出路》，《福建论坛》（人文社会科学版）2009年第12期。

张乐天：《对新中国"前十七年"农村教育发展的政策考察》，《社会科学战线》2010年第3期。

曾一果：《改革开放以来媒介叙事中的"城乡关系"》，《南京理工大学学报》（社会科学版）2011年第3期。

郑有贵、陈东林、段娟：《历史与现实结合视角的三线建设评价——基于四川、重庆三线建设的调研》，《中国经济史研究》2012年第3期。

张克俊、林冬生、丁延武等：《四川省统筹城乡发展科技行动的成效、经验及建议》，《农村经济》2012年第10期。

周明长：《三线建设与中国内地城市发展（1964—1980年）》，《中国经济史研究》2014年第1期。

张勇：《介于城乡之间的单位社会：三线建设企业性质探析》，《江西社会科学》2015年第10期。

周明长：《三线建设调整改造与重点区域城市发展》，《贵州社会科学》2016年第10期。

［德］艾约博：《以竹为生：一个四川手工造纸村的20世纪社会史》，江苏人民出版社2017年版。

［美］阿瑟·刘易斯编著：《二元经济论》，北京经济学院出版社1989年版。

［美］费景汉、古斯塔夫·拉尼斯：《劳力剩余经济的发展》，王月、甘杏娣、吴立范译，华夏出版社1989年版。

［美］刘易斯·芒福德：《城市发展史——起源、演变和前景》，倪文彦、宋峻岭译，中国建筑工业出版社1989年版。

［美］李明珠：《近代中国蚕丝业及外销（1842—1937年）》，徐秀丽、王弼德、章克生译，上海社会科学院出版社1996年版。

［美］麦克法夸尔、费正清：《剑桥中华人民共和国史（1949—1965年）》，中国社会科学出版社1990年版。

［美］莫里斯·梅斯纳：《毛泽东的中国及其发展——中华人民共和国史》，社会科学文献出版社1992年版。

［美］马尔科姆·吉利斯：《发展经济学》，中国人民大学出版社1998年版。

Gunnar Myrdal, *Economic Theory and Underdeveloped Regions*, London: Duckworth, 1957.

Dale W. Jorgenson, "*The Development of a Dual Economy*", *The Economic Journal*, 1961.

Harris, J. R., Todaro, M. P., "*Migration, Unemployment and Development: A Two-sector Analysis*", *The American Economic Review*, 1970.

后　　记

　　本书是在我的国家社科基金项目"新中国成立以来川渝地区城乡关系演变研究"（项目批准号：12XZS016）最终成果基础上修改而成。主要以新中国成立以来川渝地区城乡关系的历史演化轨迹、基本特征和规律认识为目标，从历史轴的角度将川渝地区城乡关系的演变划分为五个阶段，在对历史事件和城乡关系结构进行系统研究的基础上，着重考察了不同时期、不同阶段川渝地区城乡关系发展演变过程中的共性与个性特征及其对城乡经济社会发展的影响，从而为人们认识在共有的制度基础下不同区域的城乡关系演变特征、演化规律以及与城乡发展的关系提供了理论和历史史料的支撑。本书在历史审视的基础上，还就当前推进新型城市化进程和乡村振兴战略、构筑具有中国特色的新型城市化道路和乡村振兴路径提出了自己的思考和对策建议。

　　由于项目研究所涉时间跨度大，研究基础薄弱，资料收集困难，工作量比较大，加之研究期间岗位变动，管理任务日益繁重，更添艰辛。所幸学校领导和同事给予大力支持，获得了时间保障，几经寒暑，终于完稿结题。在本书写作过程中，参阅了若干前辈和同人的研究成果，已尽可能在书中注明，在此表示真诚的感谢。课题组成员南京师范大学的陈明博士、四川大学的付志刚博士、内江师范学院的曹俊歆老师提供了部分章节初稿，西南石油大学刘鸿渊教授、宜宾学院周明长博士、内江师范学院党委副书记纪委书记史仕新教授、内江师范学院经济与管理学院胡艳、杨占锋、周亚、陈双群等一干老师，都曾在课题研究过程中给予我种种帮助和支持，在此一并致以深深的谢意！

　　任何一项研究都不是容易的，任何一项研究也都不可能穷尽所有问

后　记

题，本书亦然。笔者自知才疏学浅，书中谬误和遗漏在所难免，敬请读者不吝赐教。

2021 年 2 月 26 日